Hermann Goldhagen

# Nothiger Unterricht in den Religionsgrunden gegen die Gefahren der heutigen Freidenkeren

Hermann Goldhagen

**Nothige Unterricht in den Religionsgrunden gegen die Gefahren der heutigen Freidenkeren**

ISBN/EAN: 9783741158001

Hergestellt in Europa, USA, Kanada, Australien, Japan

Cover: Foto ©Lupo / pixelio.de

Manufactured and distributed by brebook publishing software (www.brebook.com)

Hermann Goldhagen

# Nothiger Unterricht in den Religionsgrunden gegen die Gefahren der heutigen Freidenkeren

Nöthiger

# Unterricht

in den

# Religionsgründen

gegen die Gefahren

der heutigen

## Freydenkerey,

mit gnädigster Gutheißung

einer

hohen geistlichen und weltlichen

## Obrigkeit,

nach einer leicht faßlichen Art

entworfen

von

**Hermann Goldhagen**

aus der Ges. Jesu

der heiligen Schrift Doctor

---

Mannheim

gedruckt in der akademischen Buchdruckerey,

1769.

# Vorrede.

Die Wünsche vieler um die Aufrechthaltung der Religion und der guten Sitten löblichst besorgten, auch höchst zu verehrenden Standes-Personen giengen in diesen überaus gefährlichen Jahren dahin, daß ein deutlicher Begriff der Lehrsätze der wahren Christlichen Religion samt den hierzu dienlichen Gründen und Beweis-

[illegible]

fen in deutscher Sprache auf eine leicht faßliche Weise möge ausgesetzt werden, woraus alle Lehrbegierige, besonders junge Leute von Fähigkeit und guter Erziehung den gegen die heutige Freydenkerey so nothwendigen Unterricht ohne sonderliche Mühe schöpfen könnten. Ein gleichmäßiges Verlangen haben auch die Herren Protestanten zu Berlin geäussert, und mit Aussetzung eines würdigen Preises die Schriftsteller ihrer Gemeinde schon zum andernmal aufgemuntert, ihre dießfällige Gedanken durch einen Entwurf eines eigentlichen Lehrbuchs in der Religion ins Reine zu bringen, und zur Untersuchung einzuschicken, damit das Bessere erwählt und auch belohnt werden könne.

Man

Man sieht nämlich von allen Seiten genugsam ein, wie vielen und grössern Gefahren alle absonderlich junge Leute, so in den Grundsätzen der Religion mittelmäßig gegründet aus Abgang des Vortrags zu gebrauchen, oder aus Unachtsamkeit und Nachlässigkeit des ehemals gehabten Unterrichtes wenig bewanderten Jugend, bey dermaliger Beschaffenheit des Christenthums ausgesetzet seyen, wo die gegen den Thron und das Altar bewaffnete Gottlosigkeit die Fahne der Unabhängigkeit und des Unglaubens immer schwinget, und mit einer ruchlosen Miene über den Untergang des Glaubens und die Verderbniß der Sitten schon lächlet; wo man fast alle von den heiligen Aposteln in Ansehung der letzteren Zeiten vorgesagt Kennzeichen bey einer großen und täglich anwachsenden Menge der Menschen wahrnehmen muß.

[illegible] Wo man vor allem nach der Ermahnung des H. Petrus wissen soll, daß in den letzten Tagen Spötter kommen werden, so Betrug voll seynd, und die Religion samt den höchsten Geheimnissen zum Gelächter machen; ihren eigenen bösen Begierlichkeiten als Venus Sclaven nur nachhangen, und sich getrauen zu sagen: wo bleibt der verheißene allgemeine Gerichtstag? Dann seit dem unsere Voreltern gestorben seynd, gehet alles nach dem nämlichen Wege. 2 Epist. III. 3. Wo die Worte des heil. Paulus eintreffen: und 2 Epist. zu dem Timoth. III und IV. Kap. der Christ

Chr-

Gottes sagt ganz deutlich, daß zu den letzteren Zeiten einige vom Glauben abfallen, den Betrugsgeistern (die man auch Irrgeister nennt) und den Lehrsätzen anhangen werden, die durch List des Teufels aufgekommen seynd; die mit verstellter Miene einer sonderbaren Ehrbarkeit Lügen verschwätzen, und ein mit den schändlichsten tief eingeprägten Lasterflecken gebrandmarktes Gewissen haben. Wo der größte Haufe der Menschen nur auf sich selbst und ihren Eigennutz bedacht, mit der Gewinn- und Geldsucht angestecket ist; wo man aus Stolz und Hochmuth andere kaum über die Achsel ansiehet, ohne Scheu Gott und die heilige, die Kirche und den Pabst mit

Spott und Lästerworte durchziehet: wo man aller Pflicht gegen die Eltern, aller Dankbarkeit gegen die Gutthäter, aller Lieb gegen die Seinige, aller Barmherzigkeit gegen die Arme und Nothleidende vergessen ist. Wo die Treu und Aufrichtigkeit verschwunden, das Schänden, Schmähen und Verläumden zur Gewohnheit, die Frechheit und Unzucht zur Mode worden ist. Wo die Achtung und Gutherzigkeit gegen fromme und der alten Andacht ergebene Personen aufhöret; wo man alles auch ins geheim vertraute landmährig macht; den Schein der Andacht und Menschenliebe annimmt, die Wahrheit der Tugend aber und wirkliche Gutthätigkeit nur dem, nach

Mey-

Verwirrung der Welt, schwachen Geistern überlassen. Wo endlich, wie der Apostel Judas am 17 vers meldet, nach der Weissagung der Aposteln unseres Herrn Jesu Christi, die Spötter vorkommen, die nach dem Trieb ihrer unordentlichen Begierden in allen Gottlosigkeiten wandeln, die sich selbst als viehische des Geists Gottes beraubte Leute absondern, und dem Geheimnuß der Bosheit, so schon weit genug betrieben, mit allen Kräften forthelfen.

Um nun der so beängstenden Gefahr die Religion und das Seelenheil zu verlieren, mit einer Schutzwehr oder Rettungsmittel an die Hand zu geben, habe ich gegenwärtigen kurzen Unterricht dem oben angezeigten gottseligsten Ver-

lan-

[illegible]

langen gemäß einzurichten gesucht; und ein hierzu ungefehr dienliches besonderes Französisches Werklein: Grundlehren der Religion, also zum Gebrauch genommen, daß ich solches ordentlicher eingetheilet, hingegen zu dem schon gedachten Absehen genauer bestimmt, an vielen Stellen zu deutlicherem Begriff besser erkläret, und mit verschiedenen Zusätzen und Abhandlungen vermehret habe; wohin besonders die fünfte Abhandlung gehöret, in welcher ich den verächtlichen Gesinnungen der Freygeister in Ansehung der so vielen auch Christlichen Religionen auf solche Art zu begegnen gesucht hab, daß auch Leute von geringer Einsicht den augenscheinlichen Vorzug der Römisch-Catholischen Religion für alle anderen ein Parteyen, die sich zu einer Christlichen Religion bekennen, deutlich und mit Ueberzeugung erfahren; und vergewissert seyn mögen, daß alle andere falsch seyen, welche eben diese Catholische Religion alle dieselbige verdammen und versichert, daß man in selbigen nicht könne selig werden.

Ich werde zwar nicht nach dem Wunsch der Herrn Protestanten zu Berlin diesen Unterricht aufgesetzt haben; allein ich hab eben hierdurch gegen die Einwendungen der Freygeister dasjenige erinnern müssen, was allen nach den Protestantischen Gesinnungen verfertigten Lehrensätzen jederzeit abgegangen ist, und inskünftig abgehen wird: nämlich deutliche, gewisse, so wir wegen anführen, gleiche, und in Ansehung der

der sicherste überzeugende Beweis, warum man vor allen andern Christlichen Parteyen in Orient und Occident, auch vor der so alt Catholischen Religion allein z. E. die Lutherische oder Calvinische Lehr als Göttlich annehmen müsse. In dem hab ich in eben dieser Abhandlung, so viel es die nothwendige Sorg der Wahrheit gelitten, mich aller Mäßigung und Bescheidenheit bedienet, damit alles Anzügliche und Bittere sowohl in den Worten als Ausdrücken, deren sich doch die Protestantische Schriftsteller in Behandlung der Catholischen Religion so frey bedienen, vermieden würde. Mein Absehen gieng nur dahin, die Gründe der Christlichen Religion in einem kurzen Begriff und schicklicher

[illegible] der Catholischen Religion.

dem

den Absichten gemäßen Schreibart durch genau bestimmte Fragen und Antworten mit solcher Deutlichkeit und Ueberzeugung insonders für junge Leute vorzutragen, daß man gegen alle Gefahren der Freygeisterey in seiner Christcatholischen Religion beruhiget, fest und unüberwindlich seye.

Sollten einige aus der sogenannten Metaphysick genommene Beweißthümer jenen, so von den Philosophischen Wissenschaften gar keine Kenntniß haben, nicht so hell in die Augen leuchten, mögen selbige wohl übergangen werden, weilen insgemein andere, so leicht faßlich seynd, beygefüget werden.

Gelehrte haben in allen Sprachen größere Werke, in welchen die Wahrheit der Christlichen Religion zu dem

höch-

höchsten Staffel der Ueberzeugung und Gewißheit gebracht wird; in welchem sie auch folglich die Gründe der Religion desto eindringlicher einsehen, und die Einwürfe der Freygeister zuverlässig beantworten lernen. Gegenwärtige kurze Abhandlung kann für ein Handbuch dienen, so mit leichter Mühe wiederholen weg gelesen und in die Gedächtnuß eingedruckt werden. Möge der Urheber und Vollender des Glaubens Jesus Christus unser Herr und Gott reichliche Gnade und Segen ertheilen wolle.

Prag den 21. Hornung.
1 7 6 8.

PAUL.

FACULTAS

# R. P. PROVINCIALIS

SOCIETATIS JESU

PER

PROVINCIAM RHENI

SUPERIORIS.

Ego infra scriptus Societatis JESU per Provinciam Rheni Superioris Praepositus Provincialis, potestate mihi facta ab Admodum Reverendo Patre nostro Laurentio Ricci Societatis nostrae Praeposito Generali Facultatem concedo Academiae, quae est Mannhemii, Typographiae librum, cui titulus:

Bibliothe-

Nöthiger Unterricht in den Religions-Gründen gegen die Gefahren der heutigen Freydenkerey a P. Hermanno Goldhagen ejusdem Societatis vernaculo sermone conscriptum, atque à deputatis ad id e Societate Patribus lectum & approbatum imprimendi. In cujus rei fidem literas has manu propria subscriptus & consueto officii sigillo munitas dedi Moguntiae 13. Junii 1769.

(L.S.)

Aemilianus Hafner Soc. Jesu.
Mppria.

Cen-

# Entwurf

## des folgenden Unterrichts.



b Zweyt-

Seite



Dritter

## Dritte Abhandlung.

### [illegible]



## Vierte Abhandlung.

### Von der christlichen Religion.

Seite.



[illegible]

X o X

# Fünfte Abhandlung.

## Von der katholischen Religion.

# Vorbericht

## Von der Nothwendigkeit der Religionswissenschaft.

### §. I.

### Frag.

**Ist dermalen ein besonderer Fleiß vonnöthen, die Religionsgründe zu wissen?**

### Antwort.

Die Umstände unsrer Zeiten machen diese Wissenschaft allerdings nothwendig. Man ist zwar von [illegible] Jahren her [illegible] in der Christlichen Lehre unterrichtet worden; [illegible] aber für dieses Alter genug war, [illegible] zur Zeit unserer Vorältern in diesen [illegible] ten Jahrhunderten immer ersprießlich seyn. [illegible] zu der Zeit, worinn wir leben, keine genugsame [illegible] Gegenwehr zu seyn. Man greift, lästert die Christliche Religion von allen Seiten an; man lästert sie in unzähligen Schriften; man spottet ihrer in den Gesellschaften; man bringt [illegible] mit einer unglaublichen Frechheit und [illegible]. [illegible] ist es der [illegible] zu [illegible]. [illegible]

Gründe im [illegible] gegen [illegible]

tet, so muß [illegible], einen Zweifel zu schlichten, den sich die Leidenschaften und die Neigungen des Herzens zu [illegible]. Jn Wahrheit, schmeichelnde Wünsche, grobe und [illegible] Leidenschaften, die [illegible] es aber [illegible] ist, daß sich ein in seinen Religionsgründen wenig [illegible] Geist nicht [illegible], aber gar [illegible]; [illegible] das Gold einen [illegible] Eindruck macht [illegible]; der geheime Reiz der Leidenschaften bringt sich an; der Feind hat eine heimliche Verständniß mit unserm Herzen; und so geschieht es, daß man am [illegible] der Religionsgründe den Schatten [illegible] nimmt, einen [illegible] Einfall, der einen Schein der Wahrheit hat, für einen richtigen Vernunftschluß; ein [illegible] falsch [illegible] für eine Wahrheit; einen [illegible] Vorurtheil für einen sicheren Grundsatz. Man rechnet sich zur Ehre, daß man nicht, wie der Pöbel denkt; und merket nicht, daß jene, welche so viel Verachtung für den Pöbel zeigen, den [illegible] einer Sekte [illegible] zu [illegible] zu [illegible].

## §. II.

### Frag.

Welche sind dieser Gefahr meistens ausgesetzt?

### Antwort.

Junge Leute [illegible], so erst in die Welt eintreten, oder einige Persosein gewesen zu werden glauben. Diese Zeit, so sie angenehmer scheint, ist sie die gefährlichste für den Gang unseres Lebens; die ersten Empfindungen und Gefälligkeiten ihres Alters, die Unerfahrenheit, der Unverstand und Hitze der Jugend, die unwiderstehliche Gewalt der Neugierde, der brennende [illegible] Durst der Wohllust, und die [illegible] Gestalt der Welt bethören und greifen sie so gewaltig an, daß weder die [illegible] [illegible] Unschuld, noch das gute Beyspiel, noch die gewissenhafte Erziehung, eine einzige [illegible] zur Tugend dem Laster lang [illegible] können; wenn nicht [illegible] [illegible] tief im Herzen eingeprägt [illegible], und auch ihre Gewißheit die Gefahr [illegible] fernen wird. Wenn man aber die [illegible] so [illegible] [illegible] der [illegible] [illegible] Gewohnheit, der [illegible] [illegible] [illegible] [illegible], so wird nach und nach auch die beste Grundsätze [illegible] gehindert; die [illegible] [illegible] werden [illegible]; man fängt an, die guten Lehren zu vergessen, oder [illegible] zu seyn; man gewöhnt sich, eine Regel zu leben, und ehe man es [illegible] merkt, kann man sich gar bald seiner ganzen Schamhaftigkeit [illegible], seine Scham(?), seine Ehre, seine Vorsicht, seine [illegible]. Man [illegible] sich seinen [illegible] [illegible] [illegible], und die [illegible] [illegible] des Lebens durch seine Gründe; und [illegible] erhaltet nur das Andenken seiner ehemaligen Gewissenhaftigkeit, um einen Körper [illegible] den [illegible] zu [illegible], in welchem man sich gestürzet hat. Die [illegible] Erfahrung von der

[illegible]

[illegible]

## §. III.

### Frag.

### Was erfordern dann die Religion der jetzigen Zeiten?

### Antwort.

Eine vollkommene Ueberzeugung, daß [illegible] ... Diese Ueberzeugung auf [illegible] ... der Mensch, wenn er [illegible] ... als Gott. [illegible] ... der Vernunft, von der [illegible] ...

[illegible]

ten. Hiernächst gibt man ihm zu verstehen, daß jener Theil von uns selbst, welcher denkt, empfindet und schließet, der so vorzügliche Handlungen hat, ein geistliches und unsterbliches Wesen sey; und ziehet daraus die Folge, daß er zu einem Ziel und End erschaffen worden. Hierauf wird auf die ersten Begriffe des Guten und des Bösen, so wie er uns selbst lehren, die Nothwendigkeit einer natürlichen Religion festgesetzt. Man lässt zugleich [illegible] anmerken, wie das Verderben des menschlichen Herzens dieses natürliche Gesetz und diese ersten Religions[illegible] verfälschet habe. Man bemerkt, daß der [illegible] [illegible] Stand, in welchem das menschliche Geschlecht gewesen, einen neuen Unterricht von dem Gott zu wesentlichen Dienst erfordert habe und zeiget hierauf, wie Gott dem Menschen den Weg der Offenbarung gegeben habe; daß diese Offenbarung dem [illegible] [illegible] werden, daß solches gewiß und sicher sey, weilen sie auf [illegible] Beweise der Wunder Gottes gegründet ist, und die göttliche Kennzeichen für sich hat. Man macht von den großen Wahrheiten, so diese Offenbarung in sich fasset, einen Entwurf, nämlich von Erschaffung der Welt, von der Einigkeit Gottes, von dem Fall des ersten Menschen, von der Verheißung eines Erlösers, der durch lange Jahrhunderte durch die Weissagungen der Propheten angekündet und bestimmt worden, die menschliche Natur, die in der Person [illegible] [illegible] durch die Gnade unbracht werden, wieder herzustellen. Man zeiget also die Glaubwürdigkeit der Bücher, worinn diese Offenbarung enthalten und schriftlich überliefert worden ist. Man zeigt ferner, daß diesen wahrhaften Büchern, und Männern [illegible], schlechterdings geglaubet seyn. Wenn [illegible] des [illegible] der [illegible] Lehrmeinung, und [illegible], was für ein Gewicht die Ueberlieferung für dieses heilige Buch habe. Hierauf wird festgesetzt, daß Jesus Christus der Messias und der wahre Sohn Gottes sey. Man beweist seine Gottheit durch seine Wunderwerke, durch seine Lehre, und besonders durch seine Auferstehung. Man bringt die Probe dieser Wahrheit bis auf den höchsten Grad der Gewißheit, so jemals die Menschen haben können. Man erkläret die Gewißheit seiner Gottheit durch die Erfüllung seiner Weissagungen, unter welchen die Errichtung und Erhaltung der christlichen Kirche die allerwichtigste ist. Das Christenthum enthält [illegible] so viele göttliche Kennzeichen, daß sie einen jeden vernünftigen und [illegible] Unter- der Menschen vollkommen überzeugen und beruhigen können.

Wenn die diese Lehrsätze und Wahrheiten die auf eine leichte Art können [illegible], und ohne große Mühe gelesen werden, wird man die heutigen Zeiten wegen ihrer allgemeinen Gefahren und [illegible] Einwürfe, welche die Gründe des Glaubens der Religion erschüttern.

ben *), macht [illegible] und [illegible] Erfolge der [illegible] in [illegible] unvermeidlich [illegible], und [illegible] die [illegible] für die [illegible] der [illegible] oder [illegible] welche durch [illegible] der [illegible], so [illegible] für die [illegible] aller andern [illegible] zu [illegible] geäussert.

Erste

* [illegible]

# Erste Abhandlung.

## Von den Grundwahrheiten der Christlichen Religion.

### Frag.

**Welche seynd die Wahrheiten, so zum Grund dienen müssen, die Christliche Religion handfest zu beweisen?**

### Antwort.

Diese:

Erstens, daß die Welt nicht ewig seye; daß sie einen Anfang gehabt, und einen Urheber haben müsse.

Zweytens, daß ein GOtt seye, das ist, ein über alle Materie erhabener Geist, so einer andern Natur seye, und der in seinen Vollkommenheiten müsse unendlich seyn.

Drittens, daß jener Theil von uns, so in uns denkt, und den wir unsere Seel nennen, ein geistliches und unsterbliches Wesen seye.

Vier-

Viertens, daß, wo einmal das Daseyn Gottes angenommen ist, die Nothwendigkeit einer natürlichen Religion müsse anerkannt werden.

## Erstes Kapitel.

# Von einem Anfang der Welt.

### §. 1.

### Frag.

**Wie beweisest du, daß die Welt müsse einen Urheber haben?**

### Antwort.

Man beweist es durch folgende Gründe: 1) aus dem daß dieses herrliche Weltgebäude so schön und künstlich, wie es wirklich erscheint, so ist anzunehmen, daß ein Grund, ein [illegible] dieser Materie sey, und daß selbige eine ganz gewisse Art, Ordnung und Einrichtung in ihrer Bewegung und Lagen habe; denn sonsten müßte die Welt eine abscheuliche Unordnung und [illegible] seyn, wie ein Chaos, in welchem die verschiedenen Körper, Kräfte, Gestalten und dergleichen ohne Ordnung und Zusammenhang eingeschlossen wären. — Man muß diese Materie ihr Wesen und Daseyn von einem [illegible] Ursach, von einem Schöpfer haben; denn wo sie nicht erschaffen, oder ihr Wesen und

[illegible]

geschehen und gewissen [illegible] gefunden habe, so merkwürdig wäre, der [illegible] diese besondere Gestalt, die man im Kleinen sowohl als im großen [illegible] muß, zu geben; kann jedermann sehen bey ersten Blick, daß die Materie bald diese bald jene Form und Gestalt annehmen, sich zu [illegible] [illegible], oder [illegible], als z. E. Holz [illegible], bald Steine, Blättern und Äste [illegible] u. d. m. —

Aber auch man [illegible] seyn; man [illegible] ist ein [illegible] [illegible] Zusammenhang aller der kleinsten Theilgen dieser Materie, so die Gründung der ganzen Welt und so viele Millionen der Kunst- und regelmäßigen Körper hervorgebracht hat; oder ein [illegible] [illegible], so ein [illegible], [illegible], [illegible] und über alle Materie erhabenen Geist seyn muß; allein dieser so [illegible] Zusammenhang der kleinsten Theilgen oder ein blosse Ohngefehr kan uns keine so regelmäßige gross Werk vorbringen, wo man eine [illegible] und [illegible] Ordnung nicht nur in der Verbindung aller seiner Theile und Veränderungen, sondern auch in jedem einzigen [illegible] Cörpern, in jedem Gewächsen, Thier, Bäumen, Kräutern u. d. g. und in allen ihren Theilen und [illegible] [illegible]. Die aus einem Schriftkasten, der viele tausend Buchstaben untereinander liegen, [illegible] [illegible] Buchstaben werden in Ewigkeit keine [illegible] Zeile, geschweige ein Buch zu Stande bringen. [illegible] aber so wenige Buchstaben gegen die [illegible]

[illegible]

[illegible]

Ursprung aller Dinge, so die Welt entstanden? Wie jene Ordnung äußert sich nach einer bestimmten Regel, der ohngefähre Zufall ist ihr gerade entgegen. Setzen wir nun an statt eines solchen Zufall aus ein blindes Ohngefähr ein Ding, und geben einen deutlichern Begriff. Das blinde Ohngefähr aber ist ein [illegible] Wort, und gilt so viel, als wenn ich sagen: Das Unding hat die so schöne und ordentliche Welt gestaltet, welches aber eben so ungereimt lautet, als die andere Auslegung des Zufallen, [illegible] die so von einem blinden Ohngefähr auf eine blinde Nothwendigkeit, so der Welt die Dasein und Einrichtung gegeben habe, verfallen. Sollten sie nicht aus einer ganz geringen Betrachtung der Welt deutliche Spuren der Wahl, der Weisheit, der Absicht und Verfügung nebst unleugbaren Endabsichten gar fast überall antreffen, wo welches eine blinde Nothwendigkeit unmöglich kann verrichtet werden; allein solche Ungereimtheiten entstehen aus dem Eigensinne derjenigen, welche ihren Geist zwingen, alles zu leugnen, aber an allem zu zweifeln.

## §. II.

## Frag.

**Wie wird bewiesen, daß die Welt, so wie [illegible], einen Anfang gehabt habe?**

[illegible]

## Einwurf.

Durch die [illegible] der [illegible], welche man leichtlich aus den versteinerten Thier[illegible], so die Welt [illegible], erkennen mag.

Erstlich ist gewiß, daß die Erde durch die Folge der Jahren Veränderungen leide. Die Regen, so auf die Gipfel der Berge und Hügel fallen, spülen die Erde davon ab, und machen dieselben stets niedriger. Man nehme die Welt vom Ursprung der Schöpfung her, wenn man ihr selbsten Anfang zuschreiben will; so würde eine unendliche Länge der Jahren solche Veränderungen [illegible] gemacht haben, das Meer würde ganz ausgefüllt, und die größten Gebirge würden mit anderen Theilen der Erde in Gleichheit stehen.

Antwort. Der Ursprung der menschlichen Gesellschaft ist nicht so alt, als daß die [illegible] [illegible] wollen; und ist es gar deutlich, daß ein [illegible] [illegible] sey, so können [illegible] Völker [illegible]; denn in Folge der Erfahrung müssen nothwendig die [illegible] zahlreicher seyn als der [illegible]. Je weiter man den Stammbaum eines Volks in die verflossene Zeiten hinauf sieht, in desto geringerer Anzahl wird sich das Volk befinden; je näher aber der Stammvater ist, desto geringer ist die Anzahl dieses Volks [illegible]. Daher kann folgen, daß es eine unendliche Menge der Menschen geben müsse, wenn man das [illegible] in eine unendliche Entfernung setzt, und daß die ganze Erde nicht

Ursprünge der Welt [illegible] und [illegible] [illegible] ihres [illegible].

nicht allein nicht bewohnet seyn, sondern daß nicht einmal Raum genug auf derselbigen seyn würde für die Menge der Menschen, so durch eine unendliche Reihe der Geburten entstanden wären.

Drittens hat man nur die Augen zu werfen auf die Künsten, die Wissenschaften, die Gesetze, die Handlung, die Geschichten und dergleichen, so wird man die deutlichste Spuren antreffen, daß das menschliche Geschlecht nicht von unendlichen Jahren, viel weniger von Ewigkeit her sey. Wie unartig war z. E. vor alten Zeiten die Baukunst? wie grob und ungeschickt das Geld? wie schlecht und einfältig die Art zu schreiben? wie [illegible] die Schiffarth in die offene See, ehe [illegible] Magnetnadel erfunden worden? die Weltweisheit war bey denen sonst so gelehrten Griechen [illegible], daß Socrates sich zu rühmen [illegible], er habe solche vom Himmel herab geholet; bey [illegible] [illegible] hat man von Zeiten [illegible] zu [illegible]. Die Geschichtschreiber haben so enge Schranken, daß man alle zuverläßige Nachrichten der ältesten Völker in einen Zeitraum von 6000 Jahr beschließen kann. So sollte wohl die [illegible] [illegible], daß wenn so viele [illegible] [illegible], so von dem Anfang der Erde schon [illegible] [illegible] worden, auch [illegible] [illegible] [illegible] worden, welche die [illegible] [illegible] [illegible] [illegible] [illegible]. Die [illegible]

Erde

Erfahrung, und selbst die Gesetze unsrer Zei-
ten so unvollständig, und noch ungeschliffen, daß,
wer sie mit den jetzigen zusammenhält, noth-
wendig den geringen Anfang derselben erkennen
muß. Wie diese Bemerkungen machen leicht be-
greiflich, daß die Welt einen Anfang gehabt
habe; so daß dieser Anfang nicht allzuweit entfer-
net seye, daß man in dessen Erkenntniß nicht
kommen möge; daß es [illegible] unmöglich
seye, einen ersten Menschen zu zeugen, der
[illegible] und [illegible] alles anderen be-
stimmt werden; woraus dann folgt, daß selbi-
ger von einem ganz Weisen geschaffen worden,
welcher das große Weltgebäude erschaffen hat;
und dieses ursprüngliche Wesen, so [illegible]
muß angenommen werden, kann niemand anderst
als GOtt selbsten seyn.

## Zweytes Kapitel.

# Von dem Daseyn Gottes.

### Frag.

**Mit welchen Gründen beweisest du das wirkliche Daseyn Gottes?**

### Antwort.

Ich beweise es erstens aus dem ersten Grundsatz aller Ueberlegung. Zweytens aus dem Glauben, so Gott in uns gepflanzet hat, und der sich auf unfehlbaren Gründen

werden

werden läßt. Drittens mit der Vorstellung des herrlichen Weltgebäudes. Viertens mit dem Begriff schließen, den wir von Gott haben.

§. 1.

Frag.

Was ist, und wie beweiset der erste Grundsatz aller Ueberzeugung des Daseyns Gottes?

Antwort.

Aus diesem Grundsatz, der in [illegible] der Empfindung meines eigenen Daseyns bestehet, schließe ich, daß ich [illegible] sey; und durch diesen Schluß [illegible] ich zum Bewußtseyn des Daseyns Gottes gelangen. Ich versichere mich [illegible] meines Daseyns in [illegible], daß ich denke; denn in Wahrheit, wenn ich denke, so bin und bestehe ich auch; aber zu gleicher Zeit erkenne ich, daß ich [illegible], so ich mir bewußt, nicht mir selbst schuldig bin, daß es nicht von mir abgehangen hat, mir solches anfänglich zu geben; daß es auch von mir nicht abhänge, solches zu erhalten. So bin ich auch dieses [illegible] schuldig einem Wesen, so [illegible] einiger [illegible], als ich z. E. der Materie; denn die Materie kann nicht denken, [illegible] der [illegible] und Theilung unterworfenen [illegible] [illegible]; und [illegible] [illegible] [illegible], [illegible] [illegible] den [illegible] [illegible] Grund; da [illegible] [illegible] [illegible] der [illegible] [illegible]

[illegible] [illegible] [illegible] [illegible] [illegible]

Menschen [illegible] gewesen. So wahr es dem [illegible] Ursprung [illegible] der [illegible] einen [illegible], so unwidersprechlich ist also ich, nun da ich die [illegible] Vermögen zu denken überkommen habe; folglich versichere ich auch einen Geist [illegible], daß ich erschaffen seye, und anderer Geist, daß ich ab[illegible], wenn ich bin, einem Wesen, so höher ist als ich, schuldig seye; und welches Wesen die Menschen nicht seye. Dieses höhere Wesen nenne ich Gott.

## §. II.

### Frag.

**Kann das Daseyn Gottes auch einem [illegible] in dem Menschen befindlichen Gedanken von einer Gottheit bewiesen werden?**

### Antwort.

Ganz sicher, denn diese Meynung, daß ein Gott seye, gründet sich auf die [illegible] [illegible] zwischen dieser ersten Wahrheit und anderen Urtheilen. Alle in einer Gesellschaft lebende Menschen waren zu allen Zeiten einstimmig, die [illegible] von einer Gottheit, so die Welt regieren, zu erkennen; auch kann man nicht sagen, daß dieses ein Vorurtheil seye, welches solche Meynung sich erhalten [illegible] allein in der Gesellschaft [illegible] Gebräuchen z. B. der Vermischung der Völker, der verschiedenen Neigungen

[illegible]

## §. III.

### Frag.

Woher lässet sich der Eindruck, so wir von der Gottheit in unsern Herzen haben, herleiten?

### Antwort.

Aus folgenden Betrachtungen.

[illegible]

Erkennen. Alle Güter und alle Ergötzlichkeiten der Welt sind niemals im Stande, das Herz [illegible] Herzens auszufüllen. Der Mensch erstrecket seine Begierden über die Zeit hinaus; [illegible] kann und [illegible] als alles dasjenige, so sie zeitlich zum Gegenstande haben. Die unendliche Begierde seines Herzens giebt dem Menschen zu erkennen, daß er noch einer unendlichen Glückseligkeit fähig sey; und er nun dieses nicht erkennet, machet ihn [illegible]; wenn er erkennet, erfüllt ihn, ohne ihn zu vergnügen; und weil er davon nicht erkennen kann, erhebt und entflammet das Herz, und macht ihn aufmerksam, daß seine Seel nicht allzeit in der Erniedrigung, worinn sie sich befindet, verbleiben werde; daß sie nicht allzeit mit diesen kleinen [illegible] nur [illegible] seyn, auf welche sie [illegible] [illegible] ist, ohne das Vergnügen darinn zu finden. Es ist kaum ein Gegenstand von solchem [illegible] vorhanden, als alles was [illegible] ist, fähig auszufüllen; so ist [illegible] ein ursprüngliches Wesen, welches diese [illegible] des [illegible] [illegible], und diese unendliche Fähigkeit für einen unendlichen Gegenstand uns eingepräget hat; so muß dann dieser [illegible] Gegenstand, der das menschliche Herz [illegible] [illegible] hat, [illegible] seyn und [illegible].

[illegible]. Die Furcht und der [illegible] [illegible] [illegible] dem Menschen natürlich; und [illegible]

[illegible] [illegible] [illegible] eine Ursach haben, so kann sie so viele [illegible] Triebe der Furcht [illegible], so den Menschen [illegible], den [illegible] des göttlichen Wesens [illegible], so bald man sein Leben in Gefahr sehen; die Empfindung, welche damals sein Herz erfüllte, sagt ihm, es sey ein GOTT, und zu diesem müsse man seine Zuflucht nehmen.

[illegible] [illegible] [illegible] [illegible] [illegible] [illegible] [illegible]

Erklärung. Gott, da er uns einen Grad einer Vernunft gegeben, die nothwendigen [illegible] [illegible] [illegible] [illegible] [illegible] und und [illegible] [illegible], hat uns ein Herz [illegible], so [illegible] in [illegible] [illegible], wenn wir [illegible], [illegible] nicht [illegible] zu haben, [illegible] [illegible] [illegible]; daher kommen, daß, sobald wir einige Ungerechtigkeit, oder einige Grausamkeit [illegible] von andern begehen, wir [illegible] [illegible] durch eine [illegible] [illegible] Bewegung [illegible]. Man darf [illegible] und [illegible] [illegible], die den Wilden [illegible], sobald sich der Gebrauch der Vernunft [illegible] [illegible], [illegible] von der Natur und [illegible] der Erziehung; dieses ist so wahr, daß man auch in den [illegible] und [illegible] Menschen einige Spuren des [illegible] [illegible]. Es ist folglich dieses Herz, so die [illegible] [illegible] [illegible] [illegible] [illegible] [illegible], ein [illegible], daß ein Gott sey, der alles sehen, und über alles ein Richter ist.

Die

Die Erfahrung endlich der [illegible] eines [illegible], das über die Nahrung der Menschen wachet, das ihr Gebieth, wenn es ihm gefällt, erschüttert, und [illegible] auch noch in diesem Leben die Glückselige durch solche Strafen, die uns seine Macht deutlich anzeigen, glücklich, erhalten eben diese Wahrheit im Innersten unsrer Herzen.

[illegible]. Die Vereinigung der Seel und des Leibs ist unserm Blick verborgen. Wir wissen selbst nicht, auf was Weis es hergehe, wie bey einem lebenden Geschöpfe begegne, daß wir z. B. wollen, daß unser Leib eine Bewegung mache. Diese Wirksamkeit des Verstands, der den Gedanken einer Bewegung des Leibs verursacht, und diese Wirksamkeit der Bewegung des Leibs, die den Gedanken des Verstands verursacht, ist dem Menschen ein Geheimnis; aber bey tiefem Nachsinnen merket er, daß seine Seel erschaffen sey; und daß es nothwendig eine unendliche Weisheit, dessen Macht über unsern Verstand gehe, geben müsse, welche diese Seel und diesen Leib erschaffen, mit einander so vereinigt, und eine ausführliche Verbindung gestiftet habe unter zwey Dinge, die gar keine haben.

[illegible]. Ein ungefehr entwickelnde und auf einer über alle Dinge gehende [illegible] Wesen gehen und zu erkennen, daß mit diese Wahrheit von dem Daseyn eines

Herzens meinen in unsern Liedern singen, die wir darüber oft gefunden haben, aber die man auch oft durch [illegible] [illegible] Worte ent- [illegible]. In diesem Stücke, so [illegible] das Zeugniß einer von [illegible] Christlichen Seel [illegible], beweisen die Bücher unserer Heiligen die Heyden; und zu einem [illegible] Zeuge [illegible] kann man die [illegible] berufen. In der That, wenn man die Worte der [illegible]sten genau betrachten will, so wird man unendlich viele [illegible] finden, so die Gottheit beweisen. Ist es zu thun um die Gesundheit, um die Krankheit, um die Regierung, um den Sieg, um den Ursprung der Kriege, um erschreckliche Begebenheiten, so entdecken allzeit die Rede von Gott, als von dem Oberherrn, der alles wirket, und alles regieret. Gegen ihn erhebt man allezeit die Augen, und richtet sein Gebethe. Tausend unter dem Volk gewöhnliche Ausdrücke beweisen hier die Wahrheit dieses Beweises von der Gottheit; und ist es nicht nothwendig, ein langes Verzeichniß davon zu machen: denn es ist die gemeinsame Sprache der Natur, und folglich die Sprache der Wahrheit. Das heißt, das menschliche Herz sehr wenig erkennen, wenn man aus dergleichen ungefehr [illegible] Worten gar nichts machen wollte: diese entdecken so viel deutlicher die Gesinnungen unsers Geists, als die besten überlegte Worte: hieraus ist [illegible], daß solche die Ausdrücke der Gesinnungen seyn.

wel-

[illegible] und die Natur [illegible] eingetrankt; daß [illegible] [illegible] [illegible] von [illegible] [illegible], welches auch in unserer Seele, [illegible] [illegible] [illegible], [illegible] ist; und daß sie also ein [illegible] [illegible] des [illegible] [illegible] [illegible].

[illegible]. Die Empfindung des Schmerzens, so die Menschen quälet, bringt sie bald dahin, ein herrliches Vergnügen abzulegen, als [illegible] ein Gut, [illegible] man mit [illegible] [illegible]. Also kommt man [illegible] [illegible] die [illegible] des [illegible] oder des [illegible] zu empfinden gibt, [illegible] der [illegible] [illegible], als [illegible] [illegible] [illegible] [illegible]; [illegible] [illegible] ist unsere Seel nicht [illegible] an [illegible] so [illegible] [illegible] Empfindung. Von der andern Seite ist es [illegible], als es [illegible] nicht [illegible] werden, daß die Wärme einer Empfindung nicht [illegible] [illegible]: ein Leib, [illegible] [illegible] ein Leib ist, ist [illegible], als man [illegible] [illegible] [illegible]. Man [illegible] [illegible] [illegible] der Natur des Menschen [illegible] so [illegible] Empfindung [illegible] [illegible], als ein [illegible] [illegible] Wesen, welches seine [illegible] auf [illegible] [illegible], die [illegible] [illegible], [illegible], und [illegible] zu [illegible] gibt, wie es sie [illegible] [illegible] [illegible] es will.

[illegible]. Wir haben ein in unser Herz eingeschriebenes Gesetz der Natur; wir haben die Begriffe vom Guten und vom Bösen; wir tragen sie in uns: sie kommen von der Natur, und [illegible] von der [illegible] ziehung verbindet. Daher entstehet, daß wir erkennen, es sey z. B. ein rechtmäßiges Gesetz (wenn man auch alle menschliche Gesetze der Welt sähe) seinem Freunde unter Leuten bringen. Eben so ist es mit andern Grundsätzen des natürlichen Gesetzes. Wer wird sich unterstehen, solches zu leugnen? wer wagt den Menschen wird sagen dürfen, daß es keine wahrhafte Ungerechtigkeit auch in den allerabscheulichsten Lastern gebe, und daß der Unterschied zwischen dem Laster und der Tugend in der Meynung der Völker bestehe? Oder was zeigt eben so viel, als alle Schullehrer und alle Theile der Gesellschaft vernichtigen? woher aber alle Menschen die Begriffe vom Guten und Bösen haben, und das natürliche Gesetz in ihre Herzen so eingepräget ist, daß sie solches weder ändern können, gänzlich auszurotten vermögen: woher ist denn jene unbegreifliche Gewißheit, die sich die Begriffe so uns eingepräget hat, wenn es nicht Gott gethan hat?

## §. IV.

### Frag.

**Was sagt uns das große Weltgebäude von Daseyn eines Gottes?**

### Antwort.

Der herrliche Gegenstand, welcher uns in die Augen der Anblick des großen Weltgebäu-

des

es verschaffet, und wenn die [illegible] Werkzeuge der Geschöpfe, so überall [illegible] sind, zusammenstimmen, gleich einem [illegible] Beweis des Daseyns Gottes. In der That, wenn man mit Aufmerksamkeit betrachtet die Verbindung aller Theile desselben, und alles andern, so uns daran in Verwunderung setzt; die Unterscheidung aller Werke der Natur, so uns die Weisheit des Urhebers vor Augen stellt; diese wunderbarliche Mannigfaltigkeit, durch welche die Himmel sich in dem weiten Schooß der Welt [illegible] oder [illegible] [illegible] [illegible] die [illegible] Bewegungen der Gestirne, welche so richtig und so beständig sind; die verschiedenen Erscheinungen jener unvergänglichen und glänzenden Cörper; der ordentliche Lauf der Sonne, so nach den Bedürfnissen der Geschöpfe abgemessen ist; der Mond mit seinen Veränderungen; die unendliche Zahl der Sterne, mit welchen der Himmel bedeckt ist; die Fruchtbarkeit der Erde, welche die Zeit nicht erschöpfet hat, weil sie alle Jahr und mit den nämlichen Gewächsen der [illegible] [illegible]; die Ordnung und weise Austheilung der Wasser; die [illegible] Einrichtung der menschlichen Leiber und aller seiner Theile, besonders wenn sie genau untersucht werden, wie auch aller [illegible] [illegible] Cörper sowohl der Thiere als der Pflanzen; jene unendliche Zahl der von der Natur hervorgebrachten Dinge, so uns in Verwunderung setzen; wenn man sage die-

Die Ordnung der Welt beweiset das Daseyn Gottes

dieses ganze Werk bewundern, so kann man wohl einen Augenblick zweifeln, daß nicht eine allerhöchste Weisheit dessen Ursach sey; und was wohl diese Weisheit anders als Gott seyn? Ferner kann man die Ordnung aller Sachen, so wie und darauf zu unsern Diensten stehen, die zur Lust, zum Nutzen, zur Bequemlichkeit und Erhaltung des Menschen alle erforderliche Eigenschaften haben, sich befragen, und haben sie ihr einen Ursprung? Wenn sie in der Zeit hervorgebracht sind, so muß man nothwendig einen Urheber derselben erkennen; denn von sich selbst entstehen nichts. Saget ihr aber von Ewigkeit ohne einen Schöpfer, so müssen sie nothwendig nur von sich selbsten seyn, und zu [illegible] andern Wesen; [illegible] diesen Vorzug [illegible] und Guts [illegible] zuschreiben, wenn man Gott ausschließt. Wir müssen also erkennen, daß solche nicht ewig seyen; der Mensch hat sich niemals sein Daseyn und Wesen nicht selbst geben können; die Sonne [illegible] sich selbst erschaffen: so ist ja nothwendig, daß sie einen Schöpfer haben; kann aber dieser Schöpfer was anders als Gott selbsten seyn?

## §. V.

## Frag.

**Kann man aus dem Begriff von Gott dessen wirkliches Daseyn beweisen?**

Ant-

## Antwort.

Ja! und man mag diesen Vernunftschluß folglich machen, immaßen ich keinen Begriff von Gott haben kann, ohne ihn mir als ein unendlich vollkommenes Wesen vorzustellen; ich kann mir aber dieses in solcher Vollkommenheit nicht vorstellen, ohne in diesem Begriff sein wirkliches Daseyn einzuschließen, als welches die erste unter allen Vollkommenheiten ist. Aber hat der Mensch, dessen Erkenntnisse so eingeschränkt sind, diesen Begriff von Gott, so ein Begriff des unendlichen [illegible]? sie haben ehemals den Begriff von einem Wesen, so alle Vollkommenheiten besitzt; und dieser einmal gefaßte Begriff beschließt nothwendig in sich das Daseyn jenes Wesens, davon man sich den Begriff gemacht hat.

## Frag.

**Können sich die Menschen in ihrem Vernunftschluß über den Begriff, den sie sich von Gott und seinem Daseyn machen, nicht betrügen, weil sie die Natur Gottes nicht erkennen?**

## Antwort.

Der Begriff, so man Gott vorstellt als ein wirklich und unendlich vollkommenes Wesen, kann nicht falsch, wohl aber unvollkommen seyn.

[illegible] seyn. [illegible] die uns gegebene Vernunft, jene Vernunft, durch welche man die allerwichtigsten Beweise, als die [illegible] die Mathematischen Wahrheiten, [illegible] gleich, [illegible] und einsehen, wie es nothwendig seye, daß es ein vernünftiges Wesen, eine erste Vernunft gebe, welche die Welt so vernünftig regieren. [illegible] die Art, nach welcher sich ein jeder der Geschöpfen allen Dingen [illegible], [illegible] seyn die [illegible] und Unermeßlichkeit der Schöpfer; so ist doch der Begriff von Gott in dem, was er im Grunde [illegible] hat, eben der nehmliche in allen Menschen: denn aus dem, daß wir die Natur Gottes nicht begreifen können, folgt keinesweges, daß wir nicht begreifen können, es sey ein Gott.

[illegible]

Aber der dem Menschen natürliche Hochmuth ist eine von den größten Ursachen der [illegible] [illegible] des Geschöpfs gegen den Schöpfer seiner Natur; der [illegible] Mensch [illegible] gern unabhängig seyn; er [illegible] gegen das Gesetz, so ihm einen Zaum anlegt; der Haß des Gesetzes führet ihn zur Verachtung des Gesetzgebers; er sagt sich, ihn zu verleugnen und zu Nichts zu machen. Es ist natürlich, sagt [illegible] [illegible], daß man denen [illegible] ist, den man fürchtet, und ihn sogar, wenn es möglich wäre, [illegible] [illegible]. Man will glauben, es sey kein Gott, weil man wünschet, daß keiner wäre. Ein [illegible] der

[illegible]

[illegible]

[illegible] hervorgehen kann, [illegible]; und [illegible] die [illegible] der [illegible] Geschöpfthum. Auf solche Weise geschiehet es, daß einem dadurch die Hoffnung, der Grund zu [illegible] geben, verschwinden, der [illegible] Grunde [illegible], die durch [illegible] Gottes erschaffen ist, und wenn sich gezeigt ist, ihren Ursprung zu [illegible]. Denn das ist die Würde der Geschöpfe, daß sie sich der vernünftigen Natur allzeit auf einige Weise zeige.

## §. VI.

### Frag.

Wie mag man mit dem Begriff eines weisen und gnädigen Wesens [illegible] reimen alles, was auf der Welt sich ereignet, so man öfters finden der [illegible] zu widersprechen, als z. E. das Glück der Gottlosen ec.

Wie schickt sich zu seiner Weisheit die Erschaffung so vieler dem Menschen schädlichen Thiere und so vieler anderen Dinge, welche sich, wie es scheinet, wenig passen auf den Begriff eines unendlich vollkommenen Gottes?

### Erste Antwort.

Die Langmüthigkeit Gottes, der die Gottlosen [illegible], und die Laster der Menschen [illegible]

die-

[illegible]

## Zweyte Antwort.

[illegible]

die Ursache begreifen möchten. Man sollte uns von einem Weltweisen halten, welcher, wenn er eine [illegible] und die künstliche [illegible] [illegible] aller dieser Räder und Triebfedern, deren Wirkung so nützlich ist, betrachtet, an-statt daraus zu schließen, daß es ein Werk eines vernünftigen Wesens sey, sagen wollte: das ungefähre Glück oder ein blinder Grund-trieb an allen diesen Bewegungen Ursache; und daß [illegible], welche [illegible] [illegible] Räder [illegible], deren Gebrauch ihm unbekannt wäre, weil wir es nicht begreifen können.

Es ist die Frage nicht, [illegible] zu wissen, wenn wir in den Geheimnissen der Natur nicht erkennen, um uns vom Daseyn Gottes zu überzeugen; sondern es ist zu thun um zu wissen, ob die Erkenntniß, so wir davon ha-ben, nicht genugsam sey, uns zu überzeugen, daß es eine Weisheit gebe, die in der Welt [illegible]. Man [illegible] [illegible] [illegible] als die Grundursache alles dessen, was [illegible] Verwunderung in der Natur nach sich ziehet. Daß man in unser Herz geschrieben die Grund-sätze der Billigkeit und Gerechtigkeit, so zu Unterhaltung der Gesellschaft unter den Men-schen nothwendig seyn; daß hat die beyder-seitige Neigung eines gegen den andern ge-richtet; daß man die [illegible] gewisser [illegible] und Recht gegeben, um Familien zu errichten; daß man gewollt, daß die Eltern eine Zärtlichkeit gegen ihre Kinder zeigen, der-

[illegible]

[illegible]

## Anmerkung.

[illegible]

Drit-

# Drittes Kapitel.

## Von den göttlichen Eigenschaften.

### §. 1.

### Frag.

**Können wir wohl einen allgemeinen Begriff von den verschiedenen Eigenschaften und Vollkommenheiten Gottes geben?**

### Antwort.

Da die göttliche Vollkommenheiten unendlich sind, so ist einem Menschen unmöglich, selbige in ihrer ganzen Weite zu erkennen: [illegible] läßt sich nur davon etwas nach den Begriffen, welche uns die Vernunft von einem unendlich vollkommenen Wesen an die Hand giebt, oder [illegible] einen [illegible], so [illegible] [illegible] von dem, was uns in der göttlichen Schrift von dem allerhöchsten Wesen ist geoffenbaret worden. Nach diesem ist

1) Ein einiger Gott. Und diese Einheit ist nothwendig enthalten in dem Begriff, welchen wir von einem unendlich vollkommenen Wesen haben: denn diese schließt die Vielheit der Götter aus, indem einer z. B. nicht [illegible] gestatten, was der andere [illegible], [illegible]

 die

[illegible] vollkommenen, und allgenugsamen Wesen. Und wenn uns bey der Einführung der Christlichen Religion die Weisheit der Götter den größern Theil der Welt eingenommen hat; so muß die Ursach dessen der Gottheit, zu welcher die Schriftsteller die Vernunft der Menschen überzeugen konnten, [illegible] werden, wie [illegible] erklärt werden.

a) Gott ist ein Geist, und es ist nur möglich, daß er ein Leib sey; denn jeder Leib hat Theile, die kleiner sind, als das Ganze; wenn aber Theile in Gott seyn, was Gott nicht ist; er ist folglich ein ganz einfaches Wesen ohne einigen Unterschied oder Theilung der Theile.

β) Gott ist unermeßlich: er erfüllt mit seiner Unermeßlichkeit alles; und bestehet diese nicht in einer [illegible] Einbildung nach der Art eines Leibes, aber gleich einem unermeßlichen Theile; denn das [illegible] einen ganz unverständlichen Begriff von Gott, der doch ein ganzer Geist ist; [illegible] sagen. Gott [illegible] überall: erstlich durch seine Wahrheit, die alles erfüllt; zweytens durch seine Gegenwart, denn alles ist seiner Gegenwart [illegible]; drittens durch seine Allmacht, denn er wirket in allem.

γ) Gott ist unveränderlich, und diese Unveränderlichkeit Gottes muß man erkennen,

wenn

[illegible] die Unbeständigkeit und Veränderlichkeit der Geschöpfe, so [illegible] [illegible] als Abwechselungen und Veränderungen sowohl an dem Leib, als an der Seel.

3) Gott ist ewig, und obwohl die menschliche Vernunft sich in diesem Begriff der Ewigkeit verlieret; so kann man doch [illegible] [illegible], daß Gott in seinem Wesen weder einen Anfang, weder ein Ende hat. [illegible] [illegible] [illegible] [illegible] [illegible], wie jene der Geschöpfe; [illegible] [illegible] [illegible] [illegible] [illegible] [illegible] [illegible]; [illegible] [illegible] Gott in seinem [illegible] alle [illegible] [illegible] [illegible], [illegible] [illegible] alle Geschöpfe [illegible], [illegible] [illegible] [illegible] [illegible] [illegible] [illegible] [illegible] auf einander folgen, so hat doch diese Folge bey Gott keinen Platz, als welcher alle mit einander zugleich in einem Anblick siehet.

4) Gott ist nothwendig; denn es ist unmöglich, daß Gott nicht sey, daß er nicht allzeit gewesen sey, und daß er jemal zu seyn aufhöre.

5) Gott ist unabhängig, das ist, er hat von niemand anders sein Wesen [illegible], er hat seine Glückseligkeit [illegible]; und wenn er will, daß ihm [illegible] einige Ehre [illegible], so geschieht es zu ihrem Besten, und nicht zu seinem Vortheil.

8) Gott ist allwissend: er erkennet alles, er weiß alles, er sieht alles ganz, und diese Wissenschaft Gottes erstreckt sich auf alles: er erkennt seine Geschöpfe als die Werke seiner Macht; er weiß alles, was sie thun und thun werden; er erkennet die Gedanken der Menschen, ihre Begierden, ihre Neigungen, ihre allergeheimsten Rathschläge des Herzens, ihre gute und böse Absicht; er erkennet das Vergangene, das Gegenwärtige, und sieht das Zukünftige in seiner Ewigkeit. Und obwohl diese göttliche Vollkommenheit von unserm Verstande nicht ganz begriffen werden, so erkennen wir doch, daß solche so [illegible] beschaffen seye, nicht nur allein durch den Begriff, den wir von Gott haben, sondern auch durch alle Prophezeyungen, die er in den Mund seiner Propheten und anderer von seinem Geist erfüllten Menschen gegeben hat. Diese Vorsagungen hat der Erfolg vollkommen gerechtfertiget und bestätiget, indem ein [illegible] an seinem Ort.

9) Gott ist die Wahrheit, die Weisheit, die Gerechtigkeit und das Licht selbsten.

10) Gott ist heilig. Durch diese Heiligkeit muß man verstehen, daß sein Wesen von aller Unreinigkeit, von [illegible] und unsträflich ist, [illegible] Gott nichts liebe, was seiner unwürdig ist, weil er alles auf sich wendet, und die unendliche Vollkommenheit ist.

11) Gott

11) Gott ist gütig, barmherzig und gnädig: alles, was wir in der Welt sehen, kann uns einen Begriff dieser Vollkommenheiten geben; [illegible] Gott nichts erschaffen hat, als zum Besten der Menschen, daß er will sie alle glückselig machen durch den Besitz des allerhöchsten Gutes, das kein anderes ist, als Er selbsten. Er gebraucht diese fast unendliche Menge der Mittel, die [illegible], ihn durch ihre [illegible] und [illegible] zu bekräftigen. Er erinnert uns einer [illegible] Güte, bis der Zeit, da er [illegible] erwählet, und die Gnade der Sünden [illegible]: [illegible] er sie alle Augenblicke [illegible] des Erbarmens [illegible] und genießen. Er gebraucht die Mittel zum Besten der Christen, und [illegible] zu gleicher Zeit nicht, sie zu erhalten, um ihnen Mittel an Handen zu geben, durch welche sie zu ihm [illegible] kehren und [illegible] ihm dienen.

12) Er ist allmächtig, und den Begriff dieser göttlichen Vollkommenheit kann man leichtlich haben durch die Werke schöpfen, [illegible] welcher mit solcher bewundern. Aber [illegible] bringt allein weniger Erkenntniß, wenn man bedenket, daß er alle Augenblicke diese [illegible] Körper, und [illegible] die Welt [illegible] erhalte; daß er zu jedem Augenblick diese so erstaunlich große Werk einer Erzeugung [illegible], welche alle in seinen Einrichtungen [illegible] befestigen, und die [illegible] [illegible]

Dingen verbindet, die zu ihrem Lauf nothwendig sind; also, daß man mit Wahrheit sagt, kein Körper bewege sich ohne einen von Gott bestimmten Eindruck. Endlich erhält er es, und richtet alles ein nach seinen ewigen Gesetzen.

## §. 11.

### Frag.

### Was ist besonders von der göttlichen Vorsichtigkeit anzumerken?

### Antwort.

Von der göttlichen Vorsichtigkeit.

Diese Vollkommenheit, so man die göttliche Vorsichtigkeit nennt, erstrecket sich auf unsere Regierung, und muß auf unsere Gemüther einen lebhaften Eindruck machen, weilen sie ihren Einfluß in alle allgemeinen und besonderen Begebenheiten hat. Ein jeder Mensch muß folglich in den verschiedenen Umständen, in welche er gerathet, auf dieselbe sehen. Der Glaube an diese göttliche Vollkommenheit setzt die Seel in ein festes Vertrauen auf Gott, der alles vermag und über alles waltet. Dieser Glaube macht die unerschütterliche Grundfeste der Religion, welche so dem Geschöpf seine gänzliche Abhängigkeit vom Schöpfer zu erkennen, und der Gottseligkeit die Uebung aller Tugenden an die Hand gibt. Die Größe der göttlichen Gnadenwirkung bey einem Christen kann der Glaube an diese Vorsichtigkeit, wel-

che

[illegible] Wenn die Kinder Israel [illegible] Krieg als Diener und Werkzeuge seines Zorns und seiner Gerechtigkeit: [illegible] Wenn aber sein Volk [illegible] sein Vertrauen allein auf den Herrn setzte: [illegible]

Frag.

Worauf gründet sich die Vor-[illegible]?

Antwort.

Auf sein Daseyn, Weisheit und Gütigkeit: [illegible]

nehmen berühmten Epikurer ausgenommen, die sich überreden lassen, daß Gott diese ganze Welt und alles, was darinnen ist, nicht nur allein erhalte, sondern auch regiere. Wir brauchen hierzu keinen andern Beweis zu machen, als die Betrachtung der Geschöpfe selbst. Ist nichts von allem, was in der Welt sich befindet, von sich selbst da, aber hat sich nicht selbst hervorbringen können; so kann es sich auch nicht, einen Augenblick vor sich selbst, ohne den Schöpfer, erhalten. Ist Gott allmächtig, so kann er alles erhalten, allen seinen Geschöpfen ihre Nothdurft, ihr Vergnügen, ihre Glückseligkeit verschaffen. Ist er allweise, so wird er es wissen aufs beste zu thun; und seine Güte ist Bürge dafür, daß er es gewiß thun werde. Ein weiser Vater sorgt für seine Kinder; und Gott sollte seiner Geschöpfe vergessen? sich um sein Werk nicht weiter bekümmern? gegen das Glück oder Unglück seiner Kinder gleichgültig seyn? nicht darnach fragen, ob sie sich durch gute Handlungen glücklich, oder durch Sünden elend machen? Nein, das kann Gott nicht thun; er kann sich nicht verläugnen.

Einige Einwendungen der Freygeister sind schon oben 2 Kap. §. IV. widerlegt worden, und kurz von der Sache zu reden: so unbegreiflich uns immer die Wege der Vorsehung seyn: so findet man doch so sichtbare Spuren, bey welchen man die Weisheit und die Gü-

tigkeit

unendlichen Verstand unterordnen und schätzen kann. Daß unter mit dem besten Verstand schärfer sehen mögen, schärfer können sie so wenig eindringen der Sachen, so unsern Begriff übersteigen, als der jenen, die wir selbst kennen; und wenn ein Feuergeist so viel Vollkommenheiten haben, dieses eingeschränkt, so muß man ihn als einen [illegible] unbegreiflichen Regenten ansehen, und die Wohlthaten seiner Regierung, das niemand als Unheil sehen wird, der [illegible] eine [illegible] ist, als [illegible] zu werfen.

## Frag.

**Ist es der höchsten Majestät Gottes anständig, die Vorsehung auch auf die geringste Dinge, auf ein kleinstes Ungeziefer, auf das kleinste Geschöpfe zu erstrecken?**

## Antwort.

Nichts ist dem allerhöchsten Wesen anständiger, als die Regierung der ganzen untern Welt und aller seiner Theilen, aus welchen das Ganze bestehen; über alle Geschöpfe, die seine Allmacht darin aufstellt. Ganz zu regieren; ein jedes Ding so zu richten, daß nichts seiner Glückseligkeit entweiche, und daß nichts ohne seinen Willen geschehe, kein Sperling auf die Erde fliege, und kein Haar vom Kopf ohne den Willen Gottes falle, wie der

Sperlinge im Evangelio redet. Welchem kann nicht die mindeste Veränderung in der Welt eben so, oder anders als er will, erfolgen; gleichwie nichts, ohne von ihm abzuhangen, fortdauern, und nur einen Augenblick für sich bestehen kann. Demnach irren sich jene sehr, welche sagen: sollte sich Gott mit nichtswürdigen Dingen abgeben, und sich bis zur Fürsorge für den Staub erniedrigen? erfodert eine solche Menge von Kleinigkeiten, daß sich Gott [illegible] [illegible]? denn die so denken, haben einen irrigen Begriff von Gott und seinen Vollkommenheiten. Der Allmacht Gottes, die alles zu wirken nur den Willen braucht, ist nichts zu schwer; seiner ewigen Herrschaft, von welcher alles abhänget, nichts zu niedrig; seiner Allwissenheit nichts zu klein: und wo zeigt sich die Allmacht und Weisheit Gottes mehr, als in den kleinsten Dingen und [illegible] [illegible]? Ist dem Gott der [illegible] [illegible] solcher kleinen Geschöpfe nicht zu gering gewesen: warum sollte er die Erhaltung derselben, warum die Fürsorge für ihre Veränderungen scheuen? [illegible] allein, was man in der Welt nennt, Glück, Unglück, Ungefähr, Schicksal, seyn nichts bedeutende Worte [illegible] in Absicht der göttlichen [illegible] bey unserm [illegible] [illegible].

## Anmerkung.

So sieht man den allgemeinen Begriff nur, den einer sich aus den göttlichen Vollkommenheiten [illegible] zu machen hat. Was nun ist aber dieses, so man von Gott vorbringen kann, wenn einer es [illegible] zu [illegible], was er in sich selbsten ist, sagt gar wohl der große Augustin: (u) *quid dicimus, Deus meus, aut quid dicit aliquis, cum de te dicit?*

Indessen wehe denen, die von Dir schweigen, weilen auch diejenige, so von Dir viel reden, nur stumme seynd. *Et vae tacentibus de te, quoniam loquaces muti sunt.*

# Viertes Kapitel.

## Von der Unsterblichkeit der menschlichen Seel.

### §. I.

### Frag.

Wie beweisest du den [illegible] zum Grund der Proben für die Christliche Religion gelegten Satz, nämlich, daß dieser Theil unser selbst, so denket und verlanget, den der Leib [illegible], den wir unsere Seel nennen, ein geistliches Wesen seye?

Ant-

(u) L. 1. Conf. Cap. 4.

## Antwort.

Ich [illegible] durch einen [illegible] Schluß, [illegible] Wesen sey; und [illegible] heraus, daß die Materie nicht denkt; wenn nur diese Wahrheit einmal bewiesen ist; so folgt im Gegentheil, daß unsere Seel, so denkt, [illegible] ein geistliches Wesen sey. Ich komme auf den Punkt selbst.

Erstens. Wenn man die Natur der Materie betrachtet, so entdeckt man nichts, so dem Denken [illegible]; denn in der Materie findet man nichts, als eine Verschiedenheit der Theile, und eine gewisse Gestalt, die durch die Bewegung und Versetzung der Theile [illegible] der Materie geändert werden kann. Nehme man z. B. ein Stück [illegible] Wachs; [illegible], daß man solchem allerley Gestalten geben könne; man kann es in so viel Theile, als man will, abtheilen; man kann solche geschwinder und langsamer bewegen; aber [illegible] zu Sinnen kommen, daß [illegible] die Bewegung der Theile in so viel Formen, als man sich einbilden mag, aber man [illegible] für eine Bewegung der Materie die Fähigkeit zu denken [illegible] nennen.

[illegible]

Zweytens. Das Wesen der Materie erfordert nicht zu denken, dieweilen [illegible] des Denkens fähig ist. Es ist demselben das Denken auch nicht zufällig, daß

[illegible]

ist, sie bewegt sich das Denken nicht nach und nach hervorbringen, und kann solches nicht hervorbringen. Wenn sie solches erlangen könnte, so müßte es entweder durch die Ruhe ihrer Theile, oder durch deren Bewegung geschehen. Durch die Ruhe geschiehet es nicht; denn so lang die Theile der Materie in der Ruhe stehen, leiden sie keine Veränderung; das Denken aber ist eine Wirkung in dem, der denket; und kann man sich unmöglich einbilden, daß die Materie anderst als durch die Bewegung wirke. Es geschiehet es auch nicht durch die Bewegung; denn warum sollen das erste Theilgen der Materie größere Recht haben als die andere, um sich zu bewegen oder bewegt zu werden? geschiehet es aber durch die Bewegung vieler Theilen, so hat ein jedes seinen Antheil am Gedanken; welches sehr ungereimt klinget.

Drittens. Die Bewegung der Materie hat ein gewisses, bestimmtes und eingeschränktes Maaß, so sie hindert, sich weiter auszubreiten. Die Theilgen, so in unserm Leib stehen, können nicht, da sie in uns bleiben, die Himmel, die Erde und das Meer durchlaufen; können die Materie und dessen Bewegung nur auf die Gegenstände, so gegenwärtig stehen, gehen. Nun aber durchläuft der Geist nicht nur alle Plätze, sondern erstreckt sich auch aufs vergangene und das zukünftige, machet Zusammenfügungen ohne End u.

Vier-

Viertens. Dasjenige, was da was sagt: ich denke, kann keine verschiedene Theile haben, noch in Absicht der Theile bestehen. Wenn dieses von einem Augenblick möglich wäre, so müßte es unendlich viele Theile der Materie geben, von welchen ein jeder sagte: ich denke; und unmöglich, daß die Materie nothwendiger Weis unendlich viele Theile hat, wie schon bewiesen ist. Nun dieses Vorgeben ist ungereimt, indem der Gedanke nicht mag getheilt werden, und jener, so da was sagt: Ich denke, einfach ist. Die einzige Empfindung jener einfachen, so da was denket, machet diese Wahrheit begreiflich, ohne daß es nöthig seye, sich mit [illegible] zu beschäftigen.

## Schluß.

Aus dem bisher vorgetragenen folget, daß die Materie jenes Ding, so denket, nicht seyn kann; und daß also die Seel, welche jenes Ding ist, [illegible] Wesen seye: [illegible] zu schließen, daß sie geistlich seye.

## §. II.

### Frag.

### Wie beweiset ihr, daß die Seel unsterblich seye?

### Antwort.

Erstens aus dem Grund, daß die Seel nicht materialisch seye; welches hieraus folget.

gen, daß ihr die Unsterblichkeit zukomme; weilen nur die Materie der Zertheilung ihren Theile unterworfen ist. Sobald man nun erwiesen hat, daß die Seel nicht materialisch seyn könne: so kann sie auch keiner Auflösung und Zertheilung der Theile unterworfen seyn, mithin ist sie unsterblich.

Zweytens läßt sich diese Wahrheit durch folgenden Vernunftschluß erweisen. Die Natur aller Wesen, das ist, alles dessen, was erschaffen ist, hat dieses, daß sie niemal ganz vergehen; sie verändern nur ihre Form; bestehen aber allzeit unter einer andern angenommenen Form. Und ist es viel leichter zu begreifen, daß die Wesenheiten nicht gänzlich vergehen, als es ist, daß solche zu nichts werden. Denn die Zernichtung eines Wesens ist dem menschlichen Verstand so unbegreiflich, als die Erschaffung derselbigen Wesen. Ein solcher Grund ist auch mehr [illegible] der geistlichen Wesen: nachdem so bald man bewiesen hat, daß die Seel geistlich seye, [illegible] sie nicht [illegible] [illegible] seyn und [illegible], die man [illegible] [illegible] [illegible] werden, wie bey der Materie; so folgt, daß ihr kein andere Form könne [illegible]; und daß sie derowegen [illegible] [illegible], und die Veränderungen der Materie nicht erfahren könne, als da ist z. E. die Verwesung der Zerschölung der Cörper. Man müßte also sich der Vernunft Gewalt anthun, um zu glauben.

Grund von der Unsterblichkeit der Seele.

ken, daß ein geistliches Wesen, welchem Gott die Fähigkeit gegeben hat zu erkennen und zu lieben; ein vernünftiges Wesen, welches über sich zu bewegen, Himmel und Erde betrachtet; welches eine Vergleichung unter den Geistern und Körpern macht; welches die unermeßliche Größe jener leblosen Körper einsieht, die erschaffen sind, den [illegible] die Veränderung und [illegible] zu erwecken, und den Nachläßigkeiten jenes materialischen Wesens, mit welchem es verbunden ist, einsiehet; welches allein aus dem, daß es Erkenntniß hat, ein viel edleres und vollkommeneres Wesen ist, als alle sinnlich Körper; und welches mit einem Wort, durch alle seine verwunderliche Kräften sowohl des Verstands als des Willens gleichsam ein [illegible] der Gottheit nach dem IV. Psalm v. 7. in sich trägt; man müßte, sage ich, seiner Vernunft Gewalt anthun, um zu glauben, daß ein solches Wesen dem Tode auch unterwürfiger wäre, als die viehische und sinnliche Wesen; und daß solches ganz zergehe, da hingegen die Materie nicht gänzlich vergehet, indem sie nur die Formen wechselt.

Einwurf. [illegible] Wenn die Seel nicht unsterblich wäre, [illegible] was würde sie dann werden in dem Augenblick, da sie von dem Leib durch den Tod abgesondert wird? der Leib vergehet nicht ganz, er ändert nur die Form; aber die Seel kann verglichen als ein purer Geist,

wie

wie bewiesen ist worden, nicht überkommen. Es muß dann der Ungläubige zugeben, daß ein jeder Geist bey seiner Absonderung vom Leib fortdauere; aber dieses Zugeben ist ungegründet und falsch, wie im folgenden wird erhellen. Andere Beweise für die Unsterblichkeit der Seel werden von der Gewißheit eines Zukünftigen hergenommen, welche Wahrheit verdienet in einem besondern Kapitel ans Licht gestellt zu werden.

## Fünftes Kapitel.

# Von der Gewißheit und Nothwendigkeit des Zukünftigen.

### §. 1.

**Frag.**

**Wie rechtfertiget sich die Gewißheit des Zukünftigen?**

**Antwort.**

Die Gewißheit eines Zukünftigen Standes wird durch das allerreinste Licht der Vernunft gerechtfertiget; besonders die Beweggründe, so uns diese Wahrheit zu glauben verbinden, sich gründen auf das Ansehen der heiligen Schrift; auf das Zeugniß der Apostel, so ihr Blut, diese Wahrheit zu bestätigen, vergossen haben; auf die Erfüllung der Prophestimmungen; auf die Uebergabe aller Jahrhunderte, das ist, auf lauter prächtigen Gedanken, welche seit dem Anfange der Welt für gewiß gehalten worden von allen den größten Männern, so lange die Welt gestanden hat. Nun sage ich, was hindert an dem Glaubensgeschäfft mehr meiner Vernunft! Diesen, der den Grund seines Glaubens hat, und bringet den falschen Einwurf in seine Vernunft nur kann; oder jenen, welcher auf den schlechten Grund eines kühnern Zweifels sich zu glauben entschlossen hat, auch diesen seinen seyn nichts mehr übrig!

Laß uns ein wenig erforschen, wie frech dieser Zweifel sey.

[illegible]

Erstlich bringt er den Begriff hervor, daß er seine ewige Glückseligkeit aber sein ewiges Glück wage; das ist, daß der Ungläubige sich der Gefahr aussetze, seine Seel, sein ewiges Glück, den Besitz Gottes zu verlieren, und sich immer in Qualen und Jammer, so ohne End und Maaß seyn, zu gewärtigen; da hingegen, wenn er auch bey dem Glauben aller Zweifelsfragen sich irren sollte, sein Verlust für ihn dieser Gestalt keine Folgen haben könnte: er würde in Glaubenstreue, im Zweifel leben und Unschuld gelebt, und nur einige zeitliche und vergängliche Wollüste verloren haben, auf welche der Verlust und die Gewissensbisse folgen, und die sie Vergnügen.

auch

auch in diesem Leben, die Quelle der [illegible]heit und vieler Uebeln seyn.

Zweytens. Der Zweifel an dem Zukünftigen zieht erschreckliche Folgen nach sich. Gewiß, wenn alles auf einmal mit uns ein Ende nimmt: so ist es ausgemacht, daß wir auf Erden müssen unglücklich seyn. Alle andern Wesen sind mit ihrer Bestimmung vergnügt, und sterben mit dem Stand, welchen ihr Gott gesetzt hat, auf ihre Art glückselig. Die Thiere kriechen in den Feldern, ohne die Bestimmung des Menschen zu beneiden, der in den Städten und in den Pallästen wohnet. Die Vögel machen sich in den Wäldern lustig, ohne zu denken, ob es auf Erden noch glückseligere Geschöpfe gebe, als sie wären: alles ist in der Natur auf seinem Platz ruhig. Indessen kann sich der Mensch [illegible] seiner Glückseligkeit rühmen: er ist in einer beständigen Unruh und Veränderung seiner Begierden; er findet nichts, das ihn [illegible]. Aber konnte der Mensch nicht eben daher begreifen, daß er in seinem wahren Wohnplatz hier auf Erden nicht sey; daß er zum Himmel bestimmet, und sein Herz weiter als die Welt sey; daß er die Erde nicht als sein Vaterland ansehen solle; und daß von ihm alles, was Gott nicht ist, müsse für nichts geachtet werden.

Glückseligkeit der Thiere vor dem Menschen ohne das Zukünftige.

Drittens. Wenn alles mit uns stirbt, wie haben sich die Menschen von allen Jahr-

[illegible] und von allen [illegible] [illegible] an den Kopf bekommen, daß ihre Seel unsterblich sey? woher mag wohl die Einhelligkeit der Meynungen über das nämliche Ding kommen? in der That, steige man bis zum Anfang der Zeiten hinauf; durchlaufe man alle Völkerschaften; lese man die Geschichten von allen Reichen und Kayserthümern; höre man [illegible] so von den noch entdeckten Gegenden sagen und schreiben; so wird man sich überzeugt finden, daß die Unsterblichkeit der Seel allzeit gewesen und noch seye die Glaubensmeynung aller Völker auf Erden. Die Erkenntniß eines einigen Gottes konnte sich auf Erden verdunklen, und haben die Menschen ehemals größern Theils die Vielheit der Götter angenommen; ganze Völker können noch leben [illegible] Finstern der Religion, ohne Gottesdienst; aber alle erkennen das Zukünftige; die Meynung von der Unsterblichkeit der Seel hat von ihrem Herzen nicht können ausgerissen werden; alle stellen sich eine Landschaft vor, worinn sie nach ihrem Tod wohnen werden. Nun aber kann dieser Glaube nicht die Wirkung der Erziehung seyn, weil diese nach dem Unterschied der Länder sehr verschieden ist. Es ist keine Glaubensmeynung einer gewissen Parthey: denn dieser Begriff hat kein Haupt, keinen Urheber gehabt; die Menschen haben sich dessen selbst [illegible], und von der Natur von Gott eingeschriebenen Sätze [illegible]. Denn wie hat sonst dieser Begriff der Unsterblichkeit, sen, ein so hoher und dem Glauben widersprechender Begriff, (welchen den Augen der Vernunft ferner der Würde ähnlich scheint.) bey den Menschen überall allgemein werden?

Viertens. Wenn alles wie man deutlich siehet, so ist immer Unordnung auf Erden; alle Begriffe von der Tugend und vom Laster sind unter sich gleich; als lieben sie die Gesetze, so und verdrehen, und die ehrliche Pflichten der Gesellschaft nur auf die Grundsätze eines Selbstsüchtigen gegründet seyn. Also wird ein Mensch, der nach diesen Lehren nichts weiter erwartet, die Tugend und das Laster wie Vorurtheile der Kindheit und die Folgen der Leichtgläubigkeit der Völker ansehen. Die Verbrechen, die Ausschweifungen, die Gewaltthätigkeiten, die Verrätereyen, die Schandthaten so man nicht einmal nennen darf, sind in seinen Augen und in dem der größten Theil derer Menschen nur Possenspiele, so durch die Nachlässigkeit der Obrigkeiten sind eingeführet worden; die allerabscheulichsten Laster und die erhabenste Tugenden müssen ihm in gleicher Linie zu seyn scheinen; allwo werde ein ewige Vernichtigung bald den Verbrechern und Gerechten gleich machen wird. Woraus denn folget, daß der Freygeist ein Mensch ohne Ehre, ohne Frömmigkeit, ohne Glauben seye: der keine andere Regel als seine Leidenschaften; kein anderes Gesetz, als seine böse Absichten; keinen ander

Immer Verwirrung im Begriff auf der Erde.

gen Gewissen, als seine Regierung, seinen andern Zweck, als die Gerechtigkeit und seinen anderen Gott als sich selbst habe. Wie natürlich ist es nicht für unsere Gedanken zu schließen, daß man alle Tugenden erst [illegible] im [illegible] geben, die man dem Glauben von der ewigen Unsterblichkeit [illegible]. Gewiß, es wäre [illegible] [illegible], [illegible] zu [illegible], die [illegible] Zukünftiges [illegible], und doch in Wahrheit rechtschaffen, fromm, mäßig, [illegible] und [illegible] seyn. Dieses kann man für ein Meisterstück halten.

## §. 11.

### Frage.

**Wie beweisest du denn noch die Nothwendigkeit eines Zukünftigen?**

### Antwort.

Wie [illegible], daß ich zeigen werde, wie der Begriff von dem Zukünftigen mit dem Begriff eines weisen und gerechten Gottes, und mit der Ordnung unserer eigenen Glückseligkeit übereinkommt.

Und zwar können dieser Begriff mit dem Begriff eines weisen und gerechten Gottes übereinkommen; denn dieser giebt uns zu erkennen, daß ein gerechter Gott nothwendig ein Unterschied der Tugend und Verbrechen des Lasters [illegible] machen müsse. Unterdeß macht der Glaube den

Ein-

Einwurf, der göttlichen Güte scheinet es nicht zu, sich also drein, was unter den Menschen sich zuträgt, einzumischen, und ihre Laster oder Tugenden abzustrafen; denn hieraus entspringt er sich eine ganz unverständliche und [illegible] Abbildung von der göttlichen Güte; gleich als ob es ihme viel Vergnügen und Wohlgefallen verursache, uns zu sehen, was auf Erden vorher gehe. Man muß ihm dawegen mit weit besserem Grund antworten, daß es der göttlichen Güte nicht anständig seye, die Laster ohne Straf, und die Tugenden ohne Belohnung zu lassen, und mit dem [illegible] frommen und lasterhaften Menschen umzugehen; [illegible] aus diesem [illegible] und [illegible] Vorgeben folge, daß Gott das Laster der Tugend vorziehe. Und wie das? Wir [illegible] die tägliche Erfahrung und bestätigen, daß in diesem Leben Fromme und gute Leute oft mit Drangsalen überhäuft seynd, [illegible] wegen der [illegible] an Leib und [illegible] der Bösewichter; oder wegen Ungerechtigkeit und Grausamkeiten, so sie von andern zu leiden; da hingegen die [illegible] und [illegible], die Ungerechten und im Grund verderbten Menschen auf Erden glücklich [illegible]; an den Gütern dieser Welt einen Ueberfluß haben; ja viele von solchen so gar ihr ganzes Leben in vollkommenem Frieden und genießen; daß, wie einem [illegible] Gott äußerlich die Welt von den Guten nicht unterscheide, und daß er gleichsam in einem

Das Zukünftige [illegible] Gott [illegible].

Schilderungen verbinden, welches den unendlichen Gott einerwindig vorstellet. Wenn man nun das Zukünftige leugnet; so würde man aus der Gottheit ein ungerechtes Wesen machen, welches nur an der Vernichtung seiner Freude hätte; und welches seine Macht zeigte, daß es die von ihm erschaffene Welt in einer allgemeinen Umwälzung stürzen ließe. Aber sobald man einen Gott annimmt, das ist, ein allmächtiges, verständiges, und unendlich weises Wesen: so muß man ein Zukünftiges annehmen, das ist, eine Zeit, worinn Gott einem jeden nach seinen Werken vergelten wird.

## §. III.

### Frag.

### Was entscheidet hierinn die Erfahrung unsers eigenen Gewissens?

### Antwort.

Sie versichert die Nothwendigkeit eines Zukünftigen. Denn was sagt sie uns, wenn wir solche aufmerksam anhören wollen? wir hören ihre Stimme im Innersten des [illegible] sprechen: es sey Gott anständig, [illegible] Welt zu [illegible]; in seinen Geschöpfen die Tugenden zu lieben, welche ihn selbst liebenswürdig machen, als seine Billigkeit, seine Gütigkeit, seine Geduld . . . ; [illegible] die Laster zu hassen, welche in ihnen auf Er-

den

den sein Geschöpfe verpflichten, die Seelen glückselig zu machen, die hier auf Erden durch Verkümmerung seiner Gesetze sich beflissen haben, ihm zu gefallen; und jene ihrem eigenen Unglück zu überlassen, welche außer ihm eine Glückseligkeit zu finden geglaubt haben. Dieß Gesinnung des Schöpfers sagt uns ferner: wie es mit dem Begriff eines weisen Gottes gar nicht passe, daß, nachdem er den Menschen, das einzige unter seinen Werken, so ihn zu erkennen und zu lieben fähig ist, erschaffen habe; daß, nachdem er ihm so hohe Gedanken und so große Begierden eingegeben, daß dieser Mensch nur für die Erde gemacht und allein bestimmet seye, ein geringe Zahl der Tagen allda, wie das Vieh, in abwechselnden Beschäftigungen oder sinnlichen Wollüsten zuzubringen.

## Frag.

### Wie wird solches ferner erklärt?

## Antwort.

Wir ersehen nur allgemein, daß der Mensch mit einer Neigung zu allen Wahren geboren werde; seine Begierden zeigen ihn mit großer Fähigkeit zu erkennen Sachen; an statt seine Begierlichkeiten der Vernunft zu unterwerfen, unterwirft er seine Vernunft der Begierlichkeit. So ist er dann in einer Unordnung und Verderbnuß, oder auch

[illegible]

seinen Endzweck, wie solches seine Grundsätze bewiesen. Desgleichen, da Gott ein Urheber des moralischen Gesetzes ist: so kann er kein Urheber der Grundsätze seyn, die solches vernichten, ohne sich selbst zu widersprechen. Wenn also das Laster ihm mißfällt (gleichwohl aber bemerken werden, daß es ihm mißfallen müsse) so muß er auch die Wahl strafen; allein sie wird nicht gestraft auf dieser Welt (die Vorschrift stand zwar [illegible], und die meiste bringen ihre rechte Lage im Genuß und Zustand der Güter dieser Welt zu) die Tugend hingegen ist hier mehrentheils unvergolten; das Laster und die Unschicklichkeit des Lebens scheinen das Erbtheil für die meisten der gerechten Seelen zu seyn. Es muß daher eine zukünftige Zeit seyn, wo diesem jeden, nachdem er's verdient hat, wird vergolten werden.

Endlich in Folge eben dieser Erfahrung erkennen wir die ganze Schwäche und Ge- [illegible] des Gesichtspunktes der Freygeister, die sie sich zu sagen getrauen, daß Gott, indem er gerecht sey, nicht als Laster aufheben und strafen könne die mit uns geboren und von der Natur empfangener Neigungen; wir erkennen im Gegentheil, daß, wenn wir alle unsere Thaten durch die sinnliche Neigungen, die uns lenken, verderben, rechtfertigen wollen; so würden wir allergrößte Laster zu erlauben Thoren, und unsere Neigungen bald die ein-

zig,

zur Regel unserer Pflichten werden. [illegible] [illegible] alle, so sich ihrer Schulden [illegible] völlig [illegible] haben, und die als Unmündige [illegible] [illegible] werden, nicht die geringste Grund [illegible], und in diesem Zustand der [illegible] die Rechtfertigung [illegible] der Sklaverei und Leibeigenschaft finden.

## § IV.

### Frag.

**Was ist den Gottlosen zu antworten wegen der sündlichen Neigungen?**

### Antwort.

Diese Neigungen, so der Mensch in seinem Herzen spüret, sind nicht von der ersten Einrichtung der Natur hergekommen; sie sind dessen eine Unordnung und Verderbnuß. Der Christliche Glaube macht es [illegible] [illegible], wenn man [illegible] sich [illegible] zeigt, und mit ihm die erbliche Sünd in den ersten Menschen, [illegible] [illegible] [illegible] [illegible], annimmt. Wir werden die Nothwendigkeit zeigen, daß man die Erbsünde annehme, um eine Ursach der Verderbnuß in der Natur des Menschen zu geben.

Unterdessen muß man anmerken, daß alle göttliche und menschliche Gesetze uns, um solche Neigungen in Schranken zu halten, gemacht worden. Dieses ist so [illegible], daß die

die [illegible] Natur den [illegible] [illegible] hat, es sey ein [illegible] die [illegible] [illegible] [illegible] [illegible], um [illegible] die [illegible] zu [illegible], und den [illegible] [illegible] durch die [illegible] einen [illegible] [illegible]. In diesem [illegible] [illegible], daß, wenn wir die und die Neigungen zum [illegible] und [illegible] [illegible], wir auch in die Empfindungen der Tugend der [illegible] und [illegible] [illegible]. Mit was [illegible] mag man den [illegible] [illegible], daß die Neigung, so uns zu den [illegible] [illegible], einen [illegible] in sich habe? vielleicht, weil diese Neigung heftiger ist? allein diese Heftigkeit [illegible] [illegible] ihr Verbrechen. Vielleicht weil sie [illegible] ist? aber es giebt [illegible] Gründe, die [illegible] sie der [illegible] [illegible] [illegible] bleibt. Vielleicht weil sie [illegible] ist? aber zu [illegible], daß diese Lust nicht [illegible] ist, den Menschen glücklich zu machen, [illegible], daß der [illegible] und [illegible] ihr gleich auf dem Fuß nachfolgt; und daß die Tugend [illegible] mehr [illegible] habe als das Laster. Vielleicht endlich, weil sie dem Menschen [illegible] ist? man mag sich wohl [illegible] zu sagen, [illegible] man sich [illegible] und den [illegible] in eine [illegible] setzt; und [illegible] dem [illegible] auch in die [illegible] zum [illegible] [illegible] [illegible] [illegible] [illegible], so daß eine [illegible] und [illegible] der [illegible] [illegible] ganz und gar ergeben, als [illegible] [illegible] der [illegible] [illegible] [illegible] [illegible].

leben. [illegible] [illegible] [illegible] [illegible] [illegible], als der [illegible] ihm, und gern [illegible]. die Empfindung des Gewissens lehret alle Menschen, daß, wer immer diesen [illegible] Neigungen des Widrigen folgt, der [illegible] eine Schande; und daß, wer der Tugend nachhänge, des Lobes würdig sey, und eine Belohnung verdiene.

## Frag.

### Kann sich ein Freygeist, so nur der Befriedigung seiner thierischen Triebe folgt, in dieser Welt für glückselig schätzen?

## Antwort.

Keineswegs: das Glück [illegible] ihn [illegible] und [illegible] von allen Seiten an; das sinnliche Vergnügen, in dem er seine Glückseligkeit [illegible], wird bald zum Unlust und Eckel; die Sinne [illegible] an der [illegible], die [illegible] der Seel [illegible], der [illegible], [illegible] Vergnügen [illegible]. Er [illegible] [illegible] [illegible]; die [illegible] und Hülf von andern [illegible] ... Will es ihm nun nicht mehr nach Wunsch gehen, was soll ihn trösten? Sein Schicksal? [illegible] [illegible] [illegible] so bald zum [illegible] [illegible] [illegible] [illegible]. Der verkehrten Lauf der Dinge? in dem er, weil er Gott und seine Vorsehung ausgerottet, nichts als Unvollkommenheit und Unordnung findet.

[illegible]. Wissenschaft? die ich so [illegible] [illegible] [illegible] Arbeit, Mühe und Qual erschöpft. Tugend? die er selbst für einen Namen und Einbildung gehalten hat . . . [illegible]! an dem der [illegible] [illegible] Tag und Nacht leiden, und die [illegible] Leidenschaften mit im Wirbel [illegible]. Nach und nach [illegible] [illegible] die Tage an, die nicht mehr [illegible]; so [illegible] sich der [illegible] [illegible] [illegible] die Kraft, den [illegible] Neigungen zu folgen; er muß wider seinen Willen, nebst der Zerrüttung seines Körpers, seiner Seel und äußerlichen [illegible], auf einer Seite das Leere der sinnlichen Güter, auf der anderen die Qual einer [illegible] Begierde empfinden . . . . Weiter [illegible] der [illegible] [illegible] Gedanke des Todes an, [illegible] die Vorstellung seines Körpers, und die an den [illegible] so oft zum Grab gebrachten Brüdern mit [illegible] erinnern: so muß er nothwendig [illegible] sehen, daß er sich, um dem Tod [illegible] ein [illegible] zu werden, ge[illegible] habe . . . Und wenn sich dieser [illegible] [illegible] noch der Gedanke einer zukünftigen gar ewigen Strafe [illegible] (wie denn die [illegible] [illegible] des Geistes die Furcht für [illegible] niemals ganz [illegible] kann) wenn sich fürchterliche Zweifel [illegible]; wenn das [illegible] [illegible] mit Grund [illegible], wenn der [illegible] [illegible] [illegible]. [illegible] [illegible] zu haben; wenn die [illegible] [illegible] [illegible] aller [illegible] zu einem [illegible]

[illegible]

leiben regieret; wenn die vergnüglichen Empfin-
ge in der Harmonien des Körpers aufsteigen; wenn
endlich der schmerzliche Grund des Todes anbricht
... daß mir dieses eine Glückseligkeit eines
ewigen ... und nun in diesem Leben seyn.

## §. V.

### Frag.

**Was ist nun aus diesen Beweisthümern zu schließen, durch welche die Gewißheit und Nothwendigkeit eines Zukünftigen ist fest gestellt worden?**

### Antwort.

Es folgt nothwendig, daß die Seel des Menschen unsterblich sey, und daß selbige nach dem Tod des Leibs lebe, um für die gute und böse Werke, deren Ursprung sie gewesen, den Lohn oder die Straf zu empfangen.

Endlich ist nichts so natürlich, als folgende zwey Wahrheiten miteinander verbunden: Es ist ein Gott, und unsere Seel ist unsterblich. Denn wenn die Seel sterblich ist, so muß sie materialisch seyn: machen allein die Materie den Menschen, so besteht an dem ist, was man den Tod nennt, ... Denn wenn es möglich wäre, daß dieses Geschöpf ein vernünftiges mit so vielen bewundernswürdigen Fähigkeiten begabtes Wesen ist, nur aus schlechten Materie bestünde: so würde man

denn

derselbe sagen können, daß GOtt, dessen Daseyn die hier Ungläubige aus den in der ganzen Welt hervorschimmernden Zügen der Allmacht und Weisheit erkennen, auch nichts anders als ein materialisches Wesen seye; all[illegible] [illegible], nach ihrem Vorgeben, ein so unendliges Wesen, wie die Seel ist, auch nur materialisch seyn könne. Hier siehet man die ungereimte [illegible] Folgen, so aus dem Vorgeben, die Seel könne etwan ein pur materialisches Wesen seyn, heraus kommen.

Da die [illegible] Gottes und der Seel [illegible] [illegible] [illegible].

## §. VI.

### Frag.

Warum lässt dann der gütige Gott, um die Menschen von der Unsterblichkeit der Seele zu überzeugen, keine Verstorbene zurück kommen?

### Antwort.

Die Ursach dessen hat Christus im Evangelio durch den Abraham dem verdammten Reichen und allen Menschen geben lassen: Sie haben den Moyses und die Propheten, sagt Abraham, laß sie dieselbige hören; hören sie Moysen und die Propheten nicht, so werden sie auch nicht glauben, wenn jemand von den Todten würde auferstehen. Nämlich Gott hat den Menschen die Vernunft, die heilige Schrift, das Ansehen der Kirche gegeben, diese [illegible] viel sicherer als außerordentliche Erscheinungen. Aber welche die heilige Philosophen und Evangelisten wegen ihres Zeugnisses erzeugen würden. Inzwischen hat auch der gütige Gott in diesem Stücke abgeholfen, denn, viel anderer zu geschweigen, so wird uns in den so glaubwürdigen Evangelischen Geschichten von Matthäus am 17. Kap. von Marcus am 9. Kap. von Lucas am 9. Kap. ganz umständlich erzählet, daß zu Jesu Christo auf dem Berg, wo er verkläret worden, der nach [illegible] Jahr zuvor verstorbene Moyses in Gegenwart der Augenzeugen des Petrus, des Johannes und Jacobus erschienen sey, den diese deutlich gesehen und reden gehört haben, wie solches die Evangelisten deutlich berichten, und Petrus selbst im zweyten Sendschreiben am 1. Kap. zu verstehen gibt, da er bezeuget, daß sie die Herrlichkeit Jesu Christi selbst gesehen, und die Stimme Gott des Vaters selbst gehöret hätten.

[illegible]

## Sechstes Kapitel.

# Von der Nothwendigkeit eine Religion anzunehmen.

### Frag.

**Nachdem das Daseyn Gottes und die Unsterblichkeit der Seel bewiesen ist, was für Folgen soll man daraus ziehen?**

### Antwort.

Man muß daraus schließen, es seye eine Religion nothwendig.

### §. I.

### Frag.

**Was ist die Religion, und wie kann man deren Nothwendigkeit zeigen?**

### Antwort.

Die Religion ist eine gewisse Gemeinschaft zwischen Gott und den Menschen, in welcher Gott sich den Menschen offenbaret, und die Menschen Gott ehren und preisen. Denn, sobald es einen Gott gibt, so ist es eine unvermeidliche und unumgängliche Nothwendigkeit in Ansehung der Menschen, seinen Schöpfer zu ehren und zu lieben. Er hat uns zu seyn, und wie seynd, gemacht; er hat uns geben, was

wir

wir haben; er kann uns [illegible] und an-[illegible] [illegible]; [illegible] [illegible] wir dem [illegible] [illegible], [illegible] [illegible], [illegible] [illegible] unsre [illegible] [illegible]. Ich sage, es sey ein [illegible]; denn, [illegible] der [illegible] [illegible] [illegible] [illegible], so als Vernunft [illegible], [illegible] ist, liegt ihm auch ob, [illegible] ein ganzes [illegible] zu machen, und [illegible] er ihm [illegible]. Durch dieses [illegible] [illegible] [illegible] [illegible] die [illegible] [illegible] [illegible] [illegible]; das ist, er [illegible] [illegible], deren Erfüllung gut ist; und er wünscht, es sey übel, solche nicht erfüllen. Diese Grundsätze [illegible], ist so viel, als sagen, es sey nicht nothwendig, daß die Menschen nach der Vernunft sich betragen; daraus denn folge, daß sie sich nicht anders aufführen, als die Thiere. Wenn [illegible] wir den [illegible] unserer Vernunft [illegible] Folge leisten, so müssen wir die [illegible] Gottes über uns erkennen; wir müssen uns [illegible], unsre [illegible] ihm zu bezeigen, da wir also leben, wie wir glauben, daß es ihm am gefälligsten sey; da wir unsere [illegible] im Zaume halten; da wir uns auch [illegible] [illegible] [illegible] Grundsätzen der Billigkeit und Gerechtigkeit richten z. E. keinem andern das thun, was wir nicht wollen, daß es uns geschehe rc. Dergleichen Grundsätze man nicht [illegible] kann, ohne daß man merke, wie und warum der Grundsatz [illegible] und [illegible]. Dies [illegible] [illegible] gewisse Begriffe

[illegible] [illegible] [illegible] [illegible] [illegible]

so erklären alle Menschen überein stimmen, die die Grundsätze der natürlichen Religion annehmen; welche kann man sagen, daß wir schuldig [illegible] [illegible], und daß man sie [illegible] annehmen, sobald man einen Gott erkennt.

## §. 11.

### Frag.

Indem sich der Schöpfer in seinen Werken und in allem dem, was er für den Menschen gethan, offenbaret, und da der Mensch durch das Licht seiner Vernunft die Nothwendigkeit einer Religion gegen Gott erkennen hat, wie kommt es, daß diese Religion nicht [illegible] habe? auf was Beweggründe gründet sich die Nothwendigkeit einer von der ersten weit erhabenern Offenbarung?

### Antwort.

Nothwendigkeit einer [illegible] [illegible] [illegible] [illegible].

Ich gründe sie erstlich auf die Verirrungen der Vernunft, auf die Eitelkeit der menschlichen Bemühungen, auf die Irrthümer der alten Philosophen oder sogenannten Weltweisen, und auf die Ausschweifungen, zu welchen das Heidenthum den größten Theil der Menschen verleitet hat.

Wohl sagt Herr Formey in seinem [illegible] von den Sitten der [illegible], „die „Vernunft des Menschen ist nach der [illegible] „so

„ so sehr verdunkelt, daß wenn er sie dem
„ Range der niedrigern Götter erklärte, er
„ sich auf keinen geistlichern Begriff erstreckte;
„ er hielte nur an den Leib und an die Ma-
„ terie, welches schiene ihm der Mühe werth
„ zu seyn, als was in die gröbste Sinne fällt,
„ was er schmeckt, was er greift u. s. w.

## §. III.

### Frag.

**Womit hat sich denn die Weisheit der heydnischen Weltweisen beschäfftiget?**

### Antwort.

Sie hat sich ganz angewendet an das, was den Leib angehet. Sie machten eine Religion nach ihrem Dünckel; denn sie gaben solche nicht aus für eine, so sie von Gott empfangen hätten: die Freyheit, die man auch ihrer Lehr gibt, hielte die Maximen des Herzens nicht. Sie hatten weder genugsame Lehren, noch genugsam geschickte Maßregeln, um die Unordnungen in dem Willen zu verhindern, zu dämpfen. Keiner von ihnen hat in Verbesserung der Sitten gutes Glück gehabt; ja sie bemüheten sich wenig um ein so schönes Absehen.

Unfähigkeit der alten Weltweisen.

## Frag.

### Was hat ihnen denn hauptsächlich gefehlt?

## Antwort.

Die wahre Religion, die ihnen unbekannt war; sie wußten nichts von jenen [illegible] zu solchen Zeiten [illegible], als da sind, die Erschaffung der Welt, des Menschen; seine Vortrefflichkeit, sein Fall, die ihm von Gott geschehene Verheißungen; der Dienst, so er von ihm erfordert; die Lehr von dem zukünftigen Leben, und daher dann eine Ueberzeugung der Frommen erfolgen: und diese [illegible] so gar einem berühmten Schriftsteller (a) Gelegenheit zu sagen: eine Geschichte der Philosophen wäre eine Geschichte der Albernheiten und Ausschweifungen des menschlichen Verstandes; eine Geschichte der Ungewißheit, worinn die Menschen in Betreff der natürlichen Sachen stecken; eine Geschichte der Unwissenheiten in ihren Meinungen und ihren [illegible]. Es ist gewiß, daß der [illegible] zum Philosophen [illegible] den großen [illegible] und ehrwürdigen [illegible] gemacht habe. Die Philosophie [illegible] zum [illegible] unsichtbarer [illegible]; aber ist sie an [illegible] zu begreifen nicht.

Frag.

(a) [illegible] der philosophen.

## § 105.

## In was für abgeschmackte Ungereimtheiten seynd sie verfallen?

### Antwort.

Sie gar verschiedene: einige geriethen auf allerley Götzen; andere verwarfen, sie wüßten alles; einige nahmen keinen Gott an; andere gaben vor ein solchen auf ihre Art, nämlich einen lustigen Zuschauer unendlicher Dinge, der dem gefährlichen Glück die Leitung seines eigenen Werks überlasse. Andere machten ihn zum Sclaven des Schicksals, der sich dem Gesetzen unterwerfen müsse, so er sich nicht selbsten auferlegt. Diese machten aus ihm die Seel dieser unermäßlichen Weltkugel. Endlich so viel Gedanken waren, so viel Sinne und Meynungen. Eine langwierigen Unterscheidungen hat man bemerket über die Natur der Seel und dessen Unsterblichkeit. Etwelche sagten, sie wäre eine Versammlung der kleinesten Theilgen; andere, sie sey ein gar feines Feuer, ein geschwinder Luft, ein Geruch der Gottheit. Einige wollten, sie stürbe mit dem Leib; andere glaubten, sie lebe nach dem Leib; wiederum einige sagten, sie wanderte von einem Leib zum andern, ja gar von dem Leib eines Menschen in den Leib eines Thiers. In Betreff der anderen Glückseligkeit des Menschen gabe es einige, die solche in den Gelüsten der Sinnen setzten; ein viel größere Annicht sogar schädlich in der Wesenheit. Andere setzten sie nur in den guten Gesinnen und Verehrung der den Menschen, nicht in der Tugend und [illegible] Gleichgültigkeit. Endlich die allervortrefflichste Schule für das Heil und Gute der Menschen, so für sein ewige Glückseligkeit oder Unglückseligkeit die Entscheidung geben, als die Furcht des Ewigen Gottes, die Weisheit und Unsterblichkeit der Seel, das Ziel und das ewige Glück des Menschen werden nur als Erdichtungen angeführt, die gut wären, die lange Weil in den Schulen zu vertreiben, und die Freiheit des Gewissens zu unterhalten. So elendiglich verführen Gott die menschliche Weisheit, da er sie sich selbsten überlassen hat.

## §. IV.

### Frag.

### Was haben sie mit ihrem Lehren gutes ausgerichtet?

### Antwort.

Was weniger noch schlechter, so sie ausgerichtet. [illegible] kann man schon nur keine zur Aufnahme der Religion so gar keine noch nennenswerte Gelehrten auch der allergeschicktesten Weltweisen des Platons, des Aristoteles, des Zenons, des Seneca; wenn an welchem Ort haben sie die Erkenntniß Gottes eingeführt? wie

viele

viele Anhänger haben sie den Untergang [illegible] bringt? Die [illegible] die Lehre und Predigten Jesu Christi und seiner Apostel den ganz erstaunliche Wirkungen in allen Theilen der Welt gethan haben.

Es sagt der heilige Justinus, so selbst aus einem heidnischen Weltweisen ein Bekenner Christi worden, daß von den Anhängern des Socrates, wie sie auch immer gewesen, kein einziger für die Lehre seines Meisters den Tod habe ausstehen wollen; da doch für den Heiland Jesus Christus die Handwerker, die Leute vom geringsten Pöbel, die Weltweisen, die Gelehrten bis zum Tod seine Lehren behauptet, ohne sich abhalten zu lassen weder durch die Grausamkeit, in welchen sie erzogen worden, weder durch die Bedrohungen der Menschen: und das darum, sagt der heilige [illegible], weilen sie nicht der Schwachheit der menschlichen Vernunft, sondern zu einem folgen, der die Kraft des unaussprechlichen Vaters ist. In der That, wo ist einer von denen alten berühmten Weltweisen, welcher ein Volk für den [illegible] gewonnen, [illegible] dem menschlichen Geschlechte so sehr geändert hätte? [illegible] wohl der [illegible] Gott auf dem ganzen Erdboden, Jerusalem allein ausgenommen, einen einzigen Tempel? der sich nicht einer von jenen dem Schmach der Gottlosigkeit entzogen hätte? ja was hat ihnen denn all ihre Vernunft [illegible] [illegible]

[illegible]

und Vermehrung geführt? welchen bestand der Nutzen ihrer Wissenschaft? wer waren endlich diese sogenannten Weisen? Ein Anaxagoras war ein eingebildeter Weiser, der zu allen Pflichten des Lebens gleichgültig gewesen. Ein Sokrates war ein [illegible] und [illegible] Weiser, ein Epikureer ein [illegible] und [illegible] Weiser, alle waren eitle Menschen, deren ganze Kenntniß [illegible] Hoffart gewesen.

## §. V.

### Frag.

**Warum hat die menschliche Vernunft an [illegible] abgenommen?**

### Antwort.

Der gelehrte Verfasser bestimmt in den [illegible] und allen diesen Veränderungen; [illegible] es auch wahr ist, daß, da die Verderbniß des menschlichen Herzens einen Theil der Vernunft verdunkelt hat, solche die Hauptursache dieser Veränderungen gewesen sey. Denn es ist anzumerken, daß die herrschende Gewalt der Leidenschaften das Licht der Vernunft so stark verdunkelt hat, daß der Mensch, nachdem er sich der schändlichen Regierung seiner Begierde einmal überlassen, beynahe in Ansehung seines Herzens und der Unterhaltung seines Geistes in einer Gattung des [illegible]

und

und eine lautere Ungerechtigkeit geübt habe. Daraus entstunden nun die schändliche Ausschweifungen, in welche auch die größten Weltweisen eingewickelt ihrer schönen Lehren von der Tugend, verfallen sind; nicht in Erfahrung bringen; sondern sie erklären uns deutlich anders die Liebe der Verderbniß des menschlichen Herzens, und die große Verblendung der aus der Erbsünd entstandenen Wunde.

Aus der Folge dieser Wunde geschieht es, daß der Mensch von einem falschen Gut zu dem anderen renne; daß er allzeit hungerig bleibe, er möge sagen oder thun, was er immer wolle. Nichts kann den Hunger erstillen, so ihn antreibet; und jene wunderbare Verschiedenheit der Meynungen, so er immer ersonnen, ist nur angesehen, sich selbst Ruhe und Vergnügen zu schaffen; die ganze Philosophie, sagt Cicero (a) ist nur beschäftiget, die Glückseligkeit zu finden.

## Frag.

**Woraus ist die Abgötterey hauptsächlich entstanden?**

## Antwort.

Aus eben dieser Verderbniß des menschlichen Herzens; denn daraus folget, daß die Menschen, an statt sich zur Erkenntniß Gottes Ursachen der Abgötterey.

tes

(a) L. 5. de finibus.

und auch jenen Dienst des einzigen Schöpfers aller Dinge durch die Veranlassung seiner Werke zu erhalten, ihren Dienst diesen Werken selbst [illegible], und die wahre Geschichte verfälscht haben. Die Offenbarung, können wir also sagen und die Ursach dieser Erschaffung und des Verfalls, woraus die Menschen [illegible] [illegible] [illegible]: durch solche werden wir [illegible], daß die Geschichte die Urquell der Verschlechterung der menschlichen Vernunft gewesen, von dem wir keine [illegible] [illegible] haben [illegible] als die Erinnerung des Menschen selbst von und nach dem Sündenfall. Denn [illegible] der Mensch nicht allerdings natürlich wäre zu begreifen, daß ihn Gott nicht erschaffen habe für die Geschöpfe, sondern für den Schöpfer, [illegible] die Geschöpfe seine Begierden nicht erfüllen können; so wäre doch seine natürliche Vernunft durch die Sünde dermaßen verdunkelt, daß er nach verkehrtem Begriffe von göttlichen Sachen, sich völlig der Neigung zu den Geschöpfen überlassen, so die Sünde in ihm verursacht hatte: seine Sinnen gaben ihm allein die Entscheidung; er suchte nur seine [illegible] in den Eigenschaften, so ihm [illegible] und vergänglichen Dingen; [illegible] [illegible] der [illegible] alle Pflichten gegen Gott. er verfiel von einer Albernheit in die andere, und stürzte sich in alle Gattung der Laster. Aber als er dahin geriethe, daß ihm eine Menge von Schwierigkeiten drückte; daß er von allenthalben Elendes überfallen wurde, suchte er

Hülf

Volk von einer Gottheit, die es sichtlich vorstellte; und hieraus machte aber, so einiger Macht und Gewalt über den Menschen hatte, sie eine Gottheit genennet, und der Ursprung der drey Wesen von den Menschen hergeführet.

Frag.

Was für Geschöpfe haben sie für Götter angenommen?

Antwort.

Anfangs die Luft, durch welche sie leben; die Erde, daraus sie ihre Nahrung zogen; die Sonne, von der sie erleuchtet werden; den Mond, so der Nacht vorstehet, dieses waren ihre Cybele, ihr Apollo, ihre Diana. Hiernächst wurden vorzeitige Könige, große Helden, die sie von ihren Feinden befreyet hatten, und freygebige Stifter für Götter gehalten. Auf solche Weise verehrten sie in die Zahl derselben den Jupiter und Herkules, diesen zwar wegen der Menge seiner Siege, jenen aber wegen der Glückseligkeit und Ruhe seines Reichs.

Welche Götter die Heiden [illegible].

Andere, als der Ceres, dargegen sie, daß sie die Fruchtbarkeit der Felder zu verdanken hätten; dem Mars den guten Ausschlag der Feldschlachten; dem Janus den Frieden und Glückseligkeit der Völker; dem Aesculapius die Gesundheit u. s. w. In der That kann

man

nicht erwarten, daß alle Religionen, die mehr= mals angenommen, der einen wahren und größten Gottesdienst hatten; alle bestimmt in Ausschweifungen, und [illegible] nach dem Wun= schen; alle vom Gott [illegible]; alle gab dem Laster ein Ansehen; alle ließen den Men= schen in der Ungewißheit über die Natur Gottes und der Seligkeit; und trieben ihn nur mehr und mehr, als wenn die Ausschwei= fung der menschlichen Vernunft gehen könne. Wie es hierinn bey den alten und heidnischen Griechen hergegangen, ist ohne Erstaunens und Schauder nicht zu lesen.

## §. VI.

### Frag.

### Was für Unordnungen folgten aus der Abgötterey?

### Antwort.

Die allergrößte und schändlichste; denn wei= len die Menschen in dem Gegenstande der wah= ren Glückseligkeit sich [illegible] hatten, über= ließen sie sich ihren [illegible] Leidenschaf= ten, und [illegible] viele Unordnungen zu [illegible] [illegible]. Wenn das Gewissen plagt, so sucht man, [illegible] Gott [illegible] [illegible]. Ein jeder ließ nach dem [illegible] seiner Wollust; und gleichwie die Neigungen der Menschen unordentlich sind, so machten sie sich

sich nach ihrer Phantasie eine Menge von Götter. Die Heyden, so bey ihnen die Unmäßigkeit weihten, vergötterten die allergrößte und schändlichste Laster; die Trunkenheit hatte unter dem Namen des Bacchus ihre Tempel und Opfer; die Unkeuschheit unter dem Namen der Venus; die Grausamkeit und Wüterey unter dem Namen des Mars; der große Jupiter war ein Blutschänder, ein Ehebrecher, ja man eignete ihm noch viel abscheulichere Laster zu. Mercurius war ein Dieb u. s. w. Denn weilen sich Sterbliche die Menschen in Sicherheit für dem Zorn der Götter setzen konnten, so glaubten sie also eine Gottheit unter den Lastern selbst zu finden, und machten die Lasterthaten ihrer Götter zum Grund, damit sie ihre eigenen Thorheiten dadurch rechtfertigen: sie sammelten sorgfältig die alten Nachrichten von ihren Unordnungen, um sich durch ihr Beispiel sicher zu machen. Der Himmel war also ein Schauplatz der Schandthaten; und konnte dieses gewiß bekannt werden, daß man solche in den Schauspielen vorstellen ließe.

Erläuter. der Benennungen der heidnischen Götzen.

## §. VII.

### Frag.

**Haben denn die Geschichte diese große Umrichtung nicht vermerkt?**

Ant-

## Antwort.

Freylich hat dieses [illegible] [illegible], so die Vernunft haben [illegible] [illegible], da wir [illegible] gebrauchten, allein sie konnten weder das Herz, den [illegible] gegen diese [illegible] zu erkennen; weder den Willen, sich von dem Gewalt der Laster nicht [illegible] zu lassen. Zur Zeit, da die Christliche Religion schon in der Welt blühete, gab es einen [illegible] [illegible], der über diese Sache wie ein Christ sich ausdruckete: diese Menge der unzüchtigen Götter, sagt er, (b) ist [illegible] nichts anderst eingeführet worden, als die Schandhaftigkeit für dem Laster den Menschen zu benehmen. Quibus aliud nihil est nisi, quam ut pudor [illegible] [illegible]. Und [illegible] welcher die Götter diesen Lastern für Patronen bestimmen, ist dem Vermögen [illegible] anzünden, und der [illegible] eine starke Entschuldigung an die Hand geben, wenn man [illegible] mit dem Ansehen der Gottheit beschönet. Was ist wohl [illegible] [illegible] für ein Unterschied, die Götter leugnen, oder [illegible] annehmen? Quid interest, utrum Deos negare, aut infamare? Es war denn nichts anders, als eine Religion, die den allergröbsten Lastern durch das Beyspiel der Götter, so sie anbeteten, ein Ansehen machte; welche

Die Menge [illegible]

(b) De civ. Dei.

welche [illegible] ihr Opfer erforderten; welche Spiel und Feyerlichkeiten, so wie den [illegible] Schwärmereyen eingeführt waren, [illegible]; deren heiligste Geheimnissen nichts als Greuel und abscheuliche [illegible] in sich hielten. Genug ist, daß wir nur [illegible] die so genannte Lectio [illegible] oder [illegible] gehörten [illegible], und die Geheimnisse der guten Göttin, über welche man einen gar lang dicken Schleyer nicht ziehen kann. Die [illegible] Geister [illegible] niemals nicht besser [illegible] als durch Laster.

## §. VIII.

### Frag.

**Hat man denn auch in wohl gesitteten Städten solchen Greuel getrieben?**

### Antwort.

Freylich. Zu Rom, zu Athen, zu Corinth, das ist, in den berühmtesten Städten, die sich wegen der Weisheit besonders groß machten, hat man den gröbsten Lastern Tempel und Altäre aufgerichtet. Der Ehebruch wurde heimlich sowohl als öffentlich zu einer Schuldigkeit und einer [illegible] Tugend. Die allerschändlichsten Ausschweifungen waren die Grundsätze der Philosophie bey den weisesten Heyden; denn obwohl es am Tag liegt, es laufe wider die Schamhaftigkeit, daß junge

Leute öffentlich ganz bloß sich darstellten, und sich vor jedermann an den [illegible] zu [illegible]; so wurde doch nichts daraus gemacht. Die Vielweiberey und Blutschande erlaubten sich manche Völker; es [illegible] Kinder [illegible] [illegible] [illegible], die Augen wurden [illegible] werden; die [illegible] und [illegible] [illegible], die [illegible] zu [illegible]: die [illegible] wurden mit [illegible]. [illegible] und [illegible] [illegible]; und die [illegible] waren so [illegible] [illegible], daß man es für eine Übung der Religion hielt, an dem [illegible] sich voll zu saufen; die [illegible] wurde mit [illegible] [illegible]; den [illegible] [illegible] [illegible] [illegible] [illegible] ein [illegible].

## Frag.

**Bestunde denn die ganze Religion der Heyden in diesen Ausschweifungen?**

## Antwort.

Sie lehrte von dem Wesen der Religion nichts anders, als die gröbsten Lügen, und die gröbsten [illegible] [illegible] [illegible] und Gebräuche, als da waren, die Hände und die Augen gegen Himmel oder gegen das Orakel zu erheben, [illegible] [illegible] [illegible]; [illegible] Geflügel und Vieh mit abergläubischen Beobachtungen zu opfern. Himmel weit aber waren sie entfernt von dem [illegible] Geist der wahren Religion.

[illegible] [illegible] [illegible] Schein der Religion.

legen, welchen man bey der Christlichen wahr-nehmen muß. Denn das ganze Gesetz in al-le Geschäffte und Handlungen des Christen; Gott ist sein Ziel, und sein ganzer Zweck in allen sowohl geistlichen, als bürger-lichen Verrichtungen. Er ist allezeit bereit, Gott zu ehren, ihm zu dienen, ihn zu lie-ben. Mit einem Wort, der Philosoph lebt für sich, der Christ für Gott.

## §. LX.

### Frag.

**Hat es dann nicht ehrliche Weltweise gegeben, die einige Christliche Wahrheit erkannt haben?**

### Antwort.

Ja es waren einige und zwar die weise-ste, welche die Wahrheit mit ernstlichem Grun-de erforschten; wie denn, nach dem wahren Gedanken des Bacon, wenig Philosophie zum Unglauben; viel Philosophie zur Religion bringt; und diese stimmen mit den Christen überein über die Unsterblichkeit der Seele, sie erkennen die Einheit der Gottheit; sie fodern mit jenen die Wirklichkeit einer Gerechtigkeit; sie gestunden ein, daß die Erlangung einer ewigen Glückseligkeit das große Ziel seye, mit welchem der Mensch sich beschäftigen solle, und andern als ihnen den Schluß, daß man, um diese Glückseligkeit zu erwerben, den eingebildeten Wegen gehorchen müsse; und daß man seinem Willen nachkommen müsse, um ihm zu gefallen. Aber hier war der große Punct des Zwiespaltes; woher es, sagten sie, dem Menschen so nothwendig ist, die Weisheit und Gerechtigkeit zu haben, woher kommt denn dieser Schatz? wo ist der Ursprung derselben? und wie ist es? woher kommt, daß einige Menschen das Gesetz erfüllen und mit Weisheit begabt sind; und daß andere diese Weisheit nicht haben, und Uebertreter des Gesetzes sind? Hierauf gaben die heidnischen Philosophen zur Antwort, wie es der H. Paulus meldet und widerleget, daß sie solche Gerechtigkeit durch ihre Vernunft erlangten: daß sie keiner andern Beyhülf zu ihrem Betragen vonnöthen hätten, als die Vernunft und ihre eigene Kräften. Also schrieben sie sich die Tugend zu, und zogen über sich den Zorn Gottes, der sie ihren eingebildeten Weisheiten zu allen Gottlosigkeiten überließ. Darum macht der H. Paulus seinem Briefe den Anfang mit Erweisung der Kraft des Evangeliums, welches allein durch den Weg des Glaubens wahre Gerechtigkeit bringt, und der die gänzliche Zerstörung der andern Menschen offenbaret.

§. X.

## §. X.

### Frag.

**Was für eine Folge hat man zu ziehen aus allem, was bisher über die Eitelkeit der heidnischen Weltweisheit, und über die durch den Eigendünkel verursachte Ausschweifungen der Menschen ist gesagt worden?**

### Antwort.

Man muß daraus folgern:

Erstens, daß so lang sich die Menschen nur ihrem eigenen Licht, um Gott zu erkennen, bedienet haben, nichts als Unordnungen, Irrthümer und Ungereimtheiten entstanden seyen. Gott allein kann den Menschen die Art und Weise kund machen, wie welcher er muß angebetet werden. Die Menschen können sich selbst nicht genugsam; und [illegible] gar zu unwissend in denen. Und die göttliche Natur erfordert, als daß sie sich selbst eine Religion schmieden können, die sie glückselig mache, und zum Heil und End führen. Der Uebergang darf nur [illegible] in Grundlegung [illegible] die von den Menschen erfundenen Religionen. Die Abgötterey, so fast den ganzen Erdkreis eingenommen hatte, ist nicht weniger [illegible] als der Unglaube. Welche können die Menschen eine andere Vorschrift, als die Vernunft ist, zu ihrem Betragen annehmen.

Schwachheit der Vernunft in Religionssachen.

[illegible] [illegible] man eingestehen, diese Vernunft ist viel rarer und schwächer, als man glaubt; bey tausend Gelegenheiten ist man gezwungen, solche mit dem Glauben zu vertauschen. Warum? weilen ehemals die Verderbniß des Herzens oder Unterlaß zum Umfang der Vernunft abgeirrt; den Verstand mit betrüglichen [illegible] [illegible], Irrthümern und Leidenschaften gefüllet, welche den größten Theil der Menschen verblenden und beherrschen. Unterdessen sucht doch man ganz [illegible], die Wahrheit zu erkennen, nämlich die Vernunft und den [illegible]. Erkennen und durch Vernunft erklären, heißt durch sein eigenes Licht [illegible] [illegible]. Erkennen und durch Ansehen [illegible], heißt sich auf anderer Einsichten und Licht verlassen. Folgt man seiner Vernunft, so ist man sein eigener Führer; folgt man dem Glauben, so überläßt man sich der Anführung anderer. Ein Christ macht Staat auf seine Gelehrigkeit, und man muß gestehen, daß er für seinen Glauben sichern [illegible] habe.

Wie gar die Vernunft in der Religion gehe.

Aber obwohl die Vernunft dem Glauben sich unterziehen muß, so ist doch der Glaube ebenfalls auf die Vernunft gegründet; beyde leisten einander Dienste. Die Vernunft untersucht anfänglich über die Beweggründe der Glaubwürdigkeit, und unterwirft sich hernach den Geheimnissen der Religion, deren Ansehen die natürliche Vernunft bewiesen hat. Wie

[illegible]

einem Theil, die Vernunft dienet als ein Führer zu der Wahl der Offenbarung, aber seine Einführung gehet nur bis zu dieser Wahl, und sobald diese geschehen ist, muß sich solche zu dem unterziehen, was diese Religion festsetzt; so ist uns gegeben worden für die Wahl einer Religion, aber nicht für dessen Lehrsätze außer zu entscheiden. Man durchblättere die Bücher der heiligen Schrift, welche in sich die den Menschen geoffenbarten Willensmeynungen Gottes enthalten, diese Vernunft ist die [illegible] Schwester. Sie entdecken die Wahrheiten, so die Vernunft anzeiget: die Wesenheit des Einigkeit Gottes, dessen Vorsicht, die Erschaffung der Welt, die Laster, die Tugenden; folglich sowohl die Regel der Wissenschaft und der Wahrheit.

Zweytens. Muß man aus allem diesen [illegible] folgern, daß die wahre Philosophie zum Ziel haben müsse, den Menschen zum höchsten Gut zu erheben; nicht allein durch die Vermehrung der Kunst, sondern durch die Erkenntniß der Wahrheiten, so Gott den Menschen geoffenbaret hat, und welche die Grundsätze der wahren Religion ausmachen. Die vernünftige Philosophie lehret denn, wo es nöthig ist, zu zweifeln, und in unsern Gedanken ordentlich zu verfahren. Sie entdecket uns die Quell unserer Irrthümer; sie zeiget die Unwahrheit, so uns entweder durch die Einbildung oder durch die Leiden-

[illegible] [illegible]; sie [illegible] auch, auf [illegible] [illegible] zu [illegible] gegen die [illegible] der eigenen Liebe; die Unterwerfung in unsern Umständen zu [illegible]. Sie [illegible] die Vernunft [illegible] [illegible], [illegible] sie erkennen, daß es [illegible] viel Ding gebe, die sie übersteigen. Sie bemerkt die Gränzen, wo sich [illegible] auch unterwerfen[illegible] werden, wie Pascal sagt, nichts der Vernunft so gemäß ist, als die Vernunft in Glaubenssachen nicht anzuhören. Wie [illegible] Mann, ein wahrer Philosoph, der ist, ein [illegible], so einen guten Verstand hat, und [illegible] [illegible] [illegible] und [illegible] [illegible], [illegible] sich zu [illegible] [illegible] nicht [illegible], [illegible] sie auch immer [illegible] eine [illegible] in den [illegible], [illegible] es [illegible], [illegible]; und [illegible] sich nicht [illegible] durch [illegible], [illegible] die [illegible] die [illegible] [illegible] wollen. Er [illegible] wie andere [illegible], die [illegible] des [illegible] zu [illegible]; aber er weiß auch, daß sie gar keine [illegible] haben mit dem Glauben und den [illegible]; und daß man in einer [illegible] [illegible] [illegible] [illegible] seyn, und zu [illegible] [illegible] die [illegible] in seinen [illegible] [illegible], als aus der einzigen Ursach, damit man nicht [illegible] in einer [illegible] mit dem [illegible] [illegible] zu seyn. Er weiß, daß [illegible] die [illegible] [illegible] [illegible] [illegible] [illegible] [illegible], wenn man gegen die Erfahrung aller Jahrhunderte glauben wollte, daß Gott so [illegible] auch die [illegible] [illegible] [illegible]. [illegible]

[illegible]

[illegible] [illegible] [illegible] [illegible] [illegible] [illegible].

Nichts erweiset mehr die entsetzliche Schwachheit des Geistes, sagt mehr eben genannter Pascal, als nicht erkennen, wie unglückselig ein Mensch ohne Gott seye. Nichts zeigt besser an die äusserste Widerwärtigkeit des Herzens, als die Wahrheit der ewigen Verheissungen nicht wünschen. Nichts ist feiger, als gegen Gott muthig seyn. Man muß wissen zu zweifeln, wo es nöthig ist; sich zu versichern, wo es nöthig ist; sich zu unterwerfen, wo es nöthig ist. Der Anfang muß dann gemacht werden mit Erforschung dessen, was zu glauben ist, ehe man an das Vernünfteln denkt.

## Anmerkung.

Nachdem bisher dargethan worden, daß die Vernunft des Menschen, so durch die Sünde und Verderbniß seines Herzens verdunkelt ist, die natürliche Religion verfälscht habe, da sie die Gottheit so viele entehrt hat, und derselben ihre eigene Fehler zugeeignet hat: so kommen man nun zum Beweis, daß Gott, um den Menschen aus dieser tiefen Blindheit heraus zu ziehen, sich bedienet durch äusserliche und sinnliche Zeichen der offenbaren wollen, auf daß der Mensch erkenne, wann er Gott schuldig seye, daß er einen festen und kräftigen Glauben habe von der Gottheit, und eine Vorschrift des Dienstes, so er Ihm abzustatten habe. Diese Zeichen werden genennet die Offenbarung, deren Wirklichkeit und Gründlichkeit nun in der Folge dargethan wird.

Zwey-

# Zweyte Abhandlung.

## Von der göttlichen Offenbarung im alten Testament.

### Erstes Kapitel.

## Von der heiligen Schrift des alten Testaments insgemein.

### §. I.

#### Frag.

**Was für Mittel hat sich Gott bedient, seinen Willen den Juden offenbar zu machen?**

#### Antwort.

Er hat anfänglich den Abraham, der Abkunft nach, einen Chaldäer aus dem Stamme des [illegible] eines Sohnes des Noe erwählet, und ihn für den Stammvater bestimmet des hebräischen Volks. So nachdem das jüdische Volk [illegible] worden, auf diesem wollte er sich auf eine [illegible] Art zu erkennen geben, und selbigen von dem wahren Gottesdienst, so ihm die Propheten [illegible] lehren, unterrichten.

Frag.

## §. II.

### Frag.

**Auf was für Gründe und Zeugnisse beruhet die Wahrheit der Offenbarung, so der jüdischen Kirche gegeben ist?**

### Antwort.

Auf die Bücher der heiligen Schrift.

### Frag.

**Welche sind die Gründe und wesentliche Wahrheiten, so uns diese Offenbarung lehret?**

### Antwort.

Wir lernen alda die Geschichte von der Erschaffung der Welt. Wir sehen darinn den Glückstand, in welchem Adam, unser aller Vater ist erschaffen worden; er ware gerecht, unschuldig und zu einer ewigen Glückseligkeit verordnet, wofern er in der Unschuld verharret hätte. Sodann seinen traurigen Fall durch die Sünde, eine leidige Ursach aller seiner Ubeln und jener, so alle Menschen betreffen; seine zukünftige Erlösung durch einen von Gott ihm versprochenen Erlöser, welchen er ihm von weitem zu seinem Trost anzeigen ließe. Wir lernen alda, daß die Erde durch einen erschrecklichen Ablauf des Wassers zur Straf der Sünden seiner ersten Einwohner überschwemmet worden; daß diese Züchtigung das menschliche Geschlecht auf seinen

Vornehmste Lehre der Offenbarung.

Stam-

Vaterlandes nicht heraus gegangen habe, welches ein Gemisch der Freydenker und Kaffer der neueren Welt und unseren besucht hat; daß die in ihren Eigenschaften ganz verschiedene [illegible] [illegible] keine genug erhabene Begriffe gehabt haben, die Sterndeute, so ihnen so nah und gegenwärtig gewesen, wollen zu erheben; und daß sie, als Erniedrigung des Urhebers aller Dinge, der allen Begebenheiten, welchen sie einigen Theil nennen, die Ehre ihrer Wirklichkeit, ihrer [illegible], ihrer Werke zugeschrieben haben; und daß sie jene, wo sie deutlich sehen nichts bewegendes zu haben, dem Ungefähr, dem Glück, dem Schicksal und andern dergleichen eiteln und widersprechenden Namen zugeeignet haben; welches, denn der Ursprung der Abgötterey, wie der mir [illegible] gewesen ist. Wir sehen werden, daß Gott, um die Freydenker zu [illegible], und seine [illegible] [illegible] zu lassen, solches durch unwidersprechliche Thaten so deutlich habe zeigen wollen, daß auch die Ungläubigsten der folgenden Zeiten daran nicht zweifeln können; daß er in diesen Absichten sich ein Volk auserwählet habe, dessen Vater der Abraham gewesen, um bey solchem die wahre Religion zu bewahren, und durch solches das wesentliche Geschäfte von der Ordnung seiner [illegible] zu unterrichten; daß er in dieser Absicht, dieses Volk von andern Nationen der Erdbodens vermittelst seiner Gesetze und Gebräuche abgesondert habe; daß er solches in den

Un-

Umfang eines gewissen Landes, so er ihm schon vor langer Zeit der Lande verheissen, einzuschließen; daß er selbiges auf eine ganz besondere Art regieret habe, um theils dasselbe in dem ihm versprochenen Lande einzusetzen, theils darinnen zu erhalten; und daß er selbst dessen Haupt und Gesetzgeber worden sey.

## Zweytes Kapitel.

# Von der Gewißheit der Offenbarung.

### Frag.

**Wie beweisest du, daß die dem jüdischen Volk geschehene Offenbarung gewiß sey, und daß selbige die Kennzeichen der Glaubwürdigkeit trage?**

### Antwort.

Ich beweise es Erstlich, durch die sichere Gewißheit der Bücher des Moses; zweytens, durch die Wunderwerke, mit welchen Gott diese Offenbarung begleitet hat; Drittens, durch die Gewißheit der Wunderwerke des Moses; Viertens, durch die Natur der den Juden gegebenen Gesetze, und durch die Heiligkeit der Grundsätze der heiligen Schrift.

Erster

# Erster Abschnitt.

## Frage.

**Wie beweisest du die Gewißheit der Bücher des Moyses, das ist, der fünf ersten Bücher der H. Schrift, welche Genesis, Exodus, Leviticus, Numeri, und Deuteronomium genennt werden?**

## Antwort.

Durch alle Gründe, aus welchen die Wahrheit von der Wahrheit anderer Geschichten erhellet; denn alle diese finden sich in einer mehr als gewöhnlichen Vollkommenheit in der Geschichte des Moyses.

## §. 1.

## Frage.

**Woher nimmst du den ersten Beweis?**

## Antwort.

Aus dem fast allgemeinen Zeugniß der Welt; immaßen die Bücher des Moyses als unstreitig und gewiß mit einhelligem Beyfall angenommen worden seyn von verflossenen tausend Jahren her, von einer unzähligen Menge der verschiedenen Völker, von denen theils so alten theils so sehr ausgebreiteten Völkern der Juden und Christen, von dem ganzen Hau-

Zeugniß der Welt für die Mosaische Bücher.

Zeugen der vor sieben hundert Jahr auf eine andere folgenden Geschlechter, in welchen gewöhnlich ungezählige verwunderliche, geschäftige und ihrem Heile sorgfältigst beflissene Menschen waren; endlich von den heydnischen Schriftstellern selbst, welche theils von diesen Büchern ein löbliche Erwähnung thun, als Herodot, Alpheus, Plutarchus, Lucianus; theils aus selbigen alles, was sie gutes von Gott und göttlichen Sachen melden, genommen haben. Die gelehrteste Männer unsrer Zeiten haben solches augenscheinlich gezeiget. Es mag endlich von dem allerstrengsten Freygeist kein Buch benennet werden, das ein grösseres Ansehen von dieser Seite habe, als die Bücher des Moses; und ist in der Geschichte nichts kein gewisserer Satz angenommen, als daß ehemals einer mit Namen Moses gewesen, der die Juden nach einer langen Gefangenschaft aus Egypten heraus geführet habe.

## § II.

### Frag.

Woher den andern?

### Antwort.

Aus dem Zeugniß der Juden: diese eine Widerspruch diesem Volk den mehrist einen niemal unterbrochenen Ueberlieferung, besitzen bis dem Moyses diese fünf Bücher, so von ihm

Einhelliges Zeugniß der Juden.

ihm den Namen tragen, gezeiget. [illegible] hat gegen dieß Buch allezeit ein [illegible] Übereinstimmung [illegible], ohnerachtet es zu ihrem [illegible] Vortheil gereicht hätte, die Wahrhaftigkeit desselben, wenn es möglich wäre, zu verdächtigen; denn [illegible] hätten sie sich von einem unbequemeren und schweren Gesetz, sodann von einer Geschichtserzählung befreyet, in welcher sie durchgängig als Undankbare, als Aufrührer und Abgötterer abgeschildert werden. Überdieses ist dieses Buch ganz unterschieden von anderen Büchern, bey welchen man sich wenig bekümmert, den Urheber davon zu wissen; da im Gegentheil das jüdische Volk allezeit den Moses als den Urheber dieses Buchs angegeben hat, ohne daß jemand solches in Zweifel gezogen habe. Denn dieses Buch war allezeit in den Händen eines ganzen Volks; es war der Gegenstand ihrer Betrachtung und Unterhaltung, die Grundfeste ihrer Religion; woher man gleichsam im Vorbeygehen kann schließen, ob [illegible] einige Verfälschung dieses Buchs würde zugelassen haben. Nach andern tragen die Juden so große Ehrerbietigkeit gegen das in diesem Buch enthaltene Gesetz, daß sie solches nach einer [illegible] jährigen Zerstreuung ebenfalls mit der nämlichen Genauigkeit beobachten, wie in den älteren Zeiten; und auch wirklich erwarten den Erfolg der darinn verzeichneten Verheißungen.

§. III.

## §. III.

### Frag.

**Worinn bestehe der dritte Beweis?**

### Antwort.

In der Gewißheit der Begebenheiten, so Moyses erzählet; weil so er den Juden, wann sie nicht wahrhaft wären, nicht hat können weiß machen. Zu der that, wie hätte er [illegible] die Wunderwerke, so er anführt, können glaublich machen, wann sie nicht geschehen wären? wo hat man in allen Geschichten ein Beyspiel einer so weit getriebenen Betrügerey? die Geschichtschreiber bringen ihre Lügen nicht so auf den offenen Markt; sie geben ein oder andere besondere Wunder an, die nur wenige Zeugen gehabt haben. Moyses [illegible] bey allen Gelegenheiten zu den Juden von den Wunderwerken, die Gott durch ihn zu Gunst ihrer Väter gewirket habe: er sagt ihnen ganz gewisse Sachen, von welchen der geringste Umstand [illegible] hatte: er gibt ihnen zu gleicher Zeit Gesetze und [illegible] Gebräuche, welche einen Zweifel [illegible] würden aufgewecket haben, wann die Dinge, so er erzählte, oder so er sich zueignete, falsch oder ungewiß gewesen seyn. Bestätigung aus den Thaten selbst.

## Frag.

## Wie kannst du dieses ferner erklären?

## Antwort.

Durch Erwägung gewisser Haupt-Begebenheiten.

Wenn z. B. was Moses von Erschaffung der Welt, erzählet, falsch gewesen wäre, würde nichts leichter gewesen seyn, als ihn dessen zu überweisen; denn er war von Erschaffung der Welt bis zum [illegible], und von diesem bis zum Ausgang aus Egypten so wenig [illegible], daß die Geschichte der letzten [illegible] und [illegible] nicht [illegible] seyn, als jene des [illegible], besonders da es ihr eigenes Geschlechtsregister anginge. [illegible], hätten sie nicht so viel [illegible] Willen gehabt, leicht zu glauben, daß ihre Voreltern acht oder neun hundert Jahre gelebt hätten, wenn sie wirklich nur hundert oder hundert zwanzig Jahre gelebt hätten? Würden sie auf sein Wort angenommen haben so außerordentliche Begebenheiten, als da sind die Erschaffung der Welt und der Sündfluß, von denen man unter ihnen kein Zeugniß und Spur gefunden, und deren Andenken ihnen doch und dem Berichte des Moses nicht so frisch seyn? oder er würde sehr [illegible] und [illegible] seyn, wofern er hätte [illegible] und [illegible], so wenig [illegible] [illegible]

[illegible]

[illegible]

§. IV.

Frag.

Worauf gründet sich der dritte Beweis?

Antwort.

[illegible]

[illegible] als alle diejenige, so bey andern Nationen gefunden werden; und eben diese bemerken [illegible] [illegible] in denen weit entfernten und merkwürdigsten Begebenheiten, die im ersten Buch des Moses erzählt werden, als namentlich die Erschaffung der Welt, der Sündfluß, die von dieser allgemeinen Errettung übriggebliebenen einzigen Familie u. s. w. und aus diesem letztern Umstand läßt sich abnehmen, daß vor Zertheilung der Sprachen alle Menschen nur eine große Familie ausgemacht haben, deren Haupt Noe gewesen. Folglich ist die Wahrheit der heiligen Schrift in allem, was das älteste und ursprünglichste ist, durch die Uebereinstimmung aller Völker, denen die heilige Schriften unbekannt waren, deutlich dargethan. Denn es sind nur wahrhafte Begebenheiten, die zum Grund der allgemeinen Ueberlieferungen haben dienen können; die bey allen Nationen, ohngeacht des Unterschieds in den Sprachen und der Entfernung der Oerter, bekannt sind; und folglich können alle Völker als Zeugen der Wahrheit für die vom Moses erzählte Begebenheiten angeführt werden.

## §. V.

### Frag.

**Wie hat aber Moses die Begebenheiten wissen können, welche in einer von seinem Alter so weit entfernten Zeit geschehen sind?**

Ant-

Antwort.

Es hat seine richtige Ursachen, warum Moses auch den göttlichen Ursprung hier nicht will anführen, und der heutigen allgemeinen Tradition folget, inmassen die vom Moyses erzählten Begebenheiten, wie als er auch [illegible], in der Geschichte des Adams, des Noe, des Abrahams, des Isaac und Jacobs, ein kleines Werk, in den [illegible] [illegible], so Gott in den ersten Zeiten gewirket hat. Wem aber war dem Moyses nicht unmöglich, in den Herzen sich zu erkundigen von den Urgroßvätern seiner Voreltern; wie er denn auch seine Historie nicht erzählt als eine weit von ihm entfernte Sache. Amram sein Vater hatte den Levi gesehen, und lange Zeit mit ihm gelebt. Levi lebte [illegible] und dreyßig Jahr mit dem Isaac; Isaac hat mit dem Sem fünfzig Jahr gelebt; Sem aber mit Mathusalem acht und neunzig Jahr, und Mathusalem, dessen Alter sich auf 969 Jahr erstreckte, [illegible] 163 Jahr mit Adam, so 930 Jahr gelebt hat: alles dieses ist durch die Lebensläufe dieser Patriarchen erwiesen. Nun folgt hieraus, daß Adam, Mathusalem, Sem, Isaac, Levi, und Amram der Vater des Moyses sich nach und nach gefolget, und was die Historie der Welt, so eben die Historie ihrer Familie war, sich überliefert haben; inmassen zwischen Adam und Isaac nur zwey Personen Mathusalem und

Erde [illegible], und zwischen Jsaac und Ke-hath den Vater des Amrams und die einzige Person des Levi; und also erhellet man, daß das lange Leben dieser Patriarchen, an statt zu machen, daß die alten Geschichten verlohren giengen, im Gegentheil zu ihrer Erhaltung dienet.

Wenn unser Moses ein anderes Absehen gehabt hätte, als in einer [illegible] Geschichte zu vergrössern, und [illegible] allen Widerspruch [illegible], und den ansehnlichsten Theil von den Urkunden der Familie des Abrahams anzunehmen, welche er als so langes Leben den [illegible] nicht zugeschrieben haben, welche gegen ihn gestimmet hätten; die alte Zeiten seiner Berechnung [illegible] und [illegible] geholfen, und folglich ihren [illegible] [illegible] haben über die [illegible] [illegible] Begebenheiten. Er würde sich vielmehr in Sicherheit gesetzt haben, [illegible] Entfernung des Anfangs der Welt und die Vermehrung der Geburten, wenn er nicht hat, und man schon in Erwägung der auf einander folgenden Alter machte, genug hätte; denn nicht die Anzahl der Jahren, sondern die Vervielfältigung der Geburten macht eine Geschichte dunkel. Daraus folget, daß die Jahrbücher des Moses, die er selbige [illegible], die [illegible] bekannte Nachrichten waren, [illegible] er nicht die geringste Wirkung [illegible] seine Erzählung glaubwürdig zu machen; ja da er vielmehr alles jenes vervielfältiget, weil

[illegible]

aus der Offenbarung des alten Testaments. … zu Trotz gegen die Natur hatte, wenn er nicht gewiß wäre.

§. VI.

Frag.

wahrte. Daraus folgt, daß die Historie und [illegible] der [illegible] nicht älter seyn, weil die älteste von andern [illegible] entstanden. [illegible] mehr [illegible] die Geschichtschreiber anderer Völker, so sich sehr alt angeben, z. B. der Chineser, untersuchen, [illegible] sehen man, daß es lächerliche Fabeln seyen; besonders wenn man ihre Zeitfolge: da giebt man Menschen an, so vor der Sonne gelebet, oder aus einem Berg [illegible] seyn.

## §. VII.

### Frag.

### Wie unterscheidet sich das Jüdische Volk von andern?

### Antwort.

Vorzüge des Jüdischen Volks.

Es sagt, es seye von einem allmächtigen Gott erschaffen worden; es regieren sich durch ein einziges Buch, welches seine Geschichte, seine Gesetze, seine Religion enthalten: in dieser Historie findet man, was das natürlichste war, nämlich, daß Himmel und Erde ein Werk Gottes seye. Man wird da berichtet, wie [illegible] gesagt worden, von dem Fall des ersten Menschen und von der Verheißung eines Erlösers. Man erfahret darinn, wie dieses Volk allezeit eine außerordentliche Sorg getragen, sich mit andern Völkern nicht zu vermischen, seine Geschlechtsregister zu erhalten, von der

Welt

Welt eine glaubwürdige Historie zu liefern. Man setze nur den Fall, so wie einem einzigen oder zahlreichen Familie abstammen, daß, wenn eine Veränderung in etwas oder gänzlich wollen, es nach Beschaffenheit der Menschen ohnmöglich gewesen seyn würde, daß solche nicht von einem unter ihnen wäre entdeckt worden. Von einem so beschaffenen Fall hat sich Gott offenbaren wollen.

## §. VIII.

### Frage.

Giebt es noch mehrere Beweise für die Glaubwürdigkeit der Mosaischen Bücher?

### Antwort.

Andere zu geschweigen, kan man noch einen überwiegenden Beweis in dem, daß so viele berühmte Männer, zu deren Zeit gelebet haben, und deren Prophezeyungen, so diese alle des menschlichen Verstandes weit übersteigen, vollkommen nicht werden, die Glaubwürdigkeit der von Mosis angeführten Geschichten und seiner ihm von Gott aufgetragenen Gesandtschaft mit ihren Zeugnissen bestätigen; daher denn folgt, daß die nachfolgende Bücher der heiligen Schrift des ersten zum Beweis dienen, welche die wunderbaren Begebenheiten des ersten in den folgenden als ausgemachte Wahrheiten voraussetzen werden. Welche, gleichwie die in den letzten Büchern

[illegible]

[illegible]

# Zweyter Abschnitt.

## Frag.

**Durch was für Beweise hat Gott das Jüdische Volk von der Wahrheit seiner Offenbarung versichern wollen?**

## Antwort.

Durch die zwey deutlichste und die Ueberzeugung [illegible] Gewißheit [illegible], durch Wunderwerk nemlich und Prophezeyungen.

## §. 1.

## Frag.

**Wie verhalten sich der Beweis aus den Wundern?**

Ant-

[illegible]

Gott hat durch augenscheinliche und wesentliche in einer langen Reihe von Jahren gewirkte Wunder ganz deutlich zu erkennen gegeben, daß er den Moyses, sein Volk zu führen, gesendet habe.

Da Moyses die ersten erzählet, redet er von dem, was er selbst gesehen und selbst gethan hat; und diese merkwürdige Begebenheiten, bey welchen ganze Völkerschaften die Zuschauer und Zeugen abgaben, waren die Plagen über Aegypten; der plötzliche Tod aller Erstgebohrnen dieses Reichs in einer Nacht; das getheilte Meer, um den Hebräern den Durchzug zu gestatten; das vierzig Jahre mit dem Himmelsbrod ernährte Volk Israel; die aus den Felsen [illegible] Wasserströme, sie zu tränken; die Wolke, so sie bey Tage gegen die Hitz bedeckte; die Feuersäule, so sie bey Nacht erleuchtete; der aufgehaltene Strom des Flusses Jordans, damit das Volk trocken unter der Anführung des Josue eines Nachfolgers des Moyses hindurchgehen möchte; die in ihrem Lauf gehemmte Sonne; die in einem Hagel vom Himmel gefallenen Steine, die Feinde Israels zu erlegen; ganz gegen die [illegible] [illegible] Völker, [illegible] [illegible]; ein [illegible] durch [illegible] [illegible] Engel an den Mauern von Jerusalem zu Grund gerichtetes Heer des Sennacheribs, und so viel andere, von welchen

[illegible] [illegible] [illegible] [illegible].

werden.

[illegible]

§. 11.

Frag.

[illegible]

Antwort.

[illegible]

Man sehe nun den dem Jüdischen Volk geschehenen Offenbarung sowol diese Weissagungen verständiget. Man findet darin, daß innerhalb dem größten Theil der Zeit, zu welcher sich Gott seinem Volk durch deutliche Proben seine Allmacht zu erkennen gabe, er eine Menge großer Wunder, so wie seinem Volk geschehen waren, angemerkt; welche nicht allein sie geschehen, sondern aber verschiedene, sondern wie einem vorhersehenden Zugang, hell und öffentlich verkündigen, daß die sie und diese Begebenheiten gründlich in jener Zeit, an jenem Ort, mit allen Umständen, so sie angezeigt, sich ereignen würden. Und was waren es für Begebenheiten? die ganz wunderlich, seltsam, erstaunlich, und diesem Volk angelegentlich, und zu gleicher Zeit wider alle Wahrscheinlichkeit laufende Vorfälle.

Einige Beweis aus den Weissagungen.

Man sehe diese verwunderliche Wunder zur Zeit, da Canaan durch die jüdische Völker bewohnt war, die Eroberung desselben durch die Israeliten, anderthalb in Zeiten der Richter und des Unterhalts einen ... die Mark zum Eingang verlangen; man hörte sie verkündigen, daß Jerusalem, so durch den assyrischen König Sennacherib aufs äußerste gebracht war, von diesem gottlosen König nicht werde eingenommen werden; daß die zehen Stämme gänzlich zerstöret, Jerusalem durch den Nabuchodonosor verwüstet, das Jüdische Volk in die Babylonische Gefangen-

schaft

schaft geführet, und nach siebenzig Jahre ge-
rück kommen werde. Ein Jesaias beschreibt lang zuvor den Marsch des Sennacheribs auf Jerusalem mit allen Verrichtungen unter Wegs; ein Ezechiel verzeichnet mehrere Jahre zuvor ganz genau, was sich mit dem Sedeciah, der Ankunft des Nabuchodonosors und der Belagerung Jerusalems zutragen werde. Ein Daniel entwirft ganz kenntlich die Monarchien, und deren so merkwürdige Veränderungen auf viele hundert Jahre hinaus. Von dem Meßias dem von Anbeginn der Welt versprochenen Erlöser sagen fast alle etwas besonders vor; Moyses, Jesaias und Daniel die Zeit seiner Ankunft; David, Jesaias und Michäas seine Familie, seine Jungfräuliche Mutter, seinen Geburtsort, seinen Namen Jesus, seine Demuth, Gehorsam, und Sanftmuth, seine Wunder, namentlich die Heilung der Blinden, Lahmen, Stummen und Tauben, die Erweckung der Todten; David, Jesaias und Zacharias seinen Einzug in Jerusalem auf einer Eselin, seine Verrathung, [illegible], seine Creuzigung mit durchbohrten Händen und Füßen, seine Auferstehung, seine Himmelfahrt, sein unblutiges Opfer in der heiligen Meß, die Ausgießung des Geists, den Beruf der Heyden, die Verwerfung der Juden ꝛc.

Was können hierzu die Freydenker sagen? [illegible] die Menschen [illegible] keine Propheten.

durch

durch menschliche Mittel; und wie die Natur ihnen nicht unterworfen ist, Mirakel zu wirken, also ist ihnen das Zukünftige nicht offen, um eine zuverläßige Historie zu schreiben.

## §. III.

### Frag.

### Hat auch die Schreibart der Propheten was besonders?

### Antwort.

Sie haben in ihren Schriften etwas so erhabenes, und ihre Begriffe und Ausdrücke zeigten, daß man daraus abnehmen kann, sie seyen mit dem Geist Gottes erfüllt gewesen. Man siehet, daß ihnen die Worte abgehen, wenn sie die Größe und Herrlichkeit Gottes, den sie besingen, ausdrücken wollen. Ganz erfüllt mit der Allmacht und Majestät des unendlichen Wesens erschöpfen sie die Schatzkammern der menschlichen Sprache, auf daß sie die Höhe ihrer Begriffe ausdrücken mögen. Er ist, sagen sie, der die Wasser des Meers mit seiner hohlen Hand abmisset, der die Berge in seiner Waag abwieget, der in seinen Händen hält die Donnerkeil und Ungewitter; welcher spricht, und alles ist geschaffen; welcher in Erhaltung des Weltgebäudes spielt. Alle Nationen seynd vor ihm wie ein Tropfen Wassers

Hohe Schreibart der Propheten.

oder

oder wie ein kleines Körnlein, so einer grossen Wage kaum ein geringe Neigung verursachen; alle Inseln seynd vor seinen Augen wie ein geringes Stäublein; alle Völkerschaften des Erdbodens seynd vor ihm, als wären sie nicht; und er schätzt sie an, wie einen leeren Raum, wie Nichts.

## Dritter Abschnitt.

### Von der Gewißheit der Wunderthaten des Moses.

§. 1.

Frag.

Auf was Art beweiset man die Wahrheit und Sicherheit der Mosaischen Wunderwerke?

Antwort.

Durch eine fast leichte und einem jeden faßliche Schlußrede. Es ist gewiß kein Vernünftiger oder Irrgeist, der nicht der Wahrheit einer Offenbarung Beyfall gäbe, wenn er dem mit seinen eigenen Augen die Wunder [illegible] sehen würde, so Moyses Gemeinde gewirket hat. Z. E. Den Durchgang durchs rothe

rothe Meer &c. Ein gleiches kann man von den Wundern Jesu Christi sagen, als von der Auferweckung des Lazarus, von der Heilung des Blindgebohrnen. Man fühlt die Wahrheit dieses Grundsatzes, und würde sich nicht vermuthen, wenn die allerunglaublichste, die Erfahrung dieser Begebenheiten sich zum Ziel legten. [illegible]

Man dürfte gestehen, wenn man beweisen kann, daß die wunderwürdige Begebenheiten in der That eben also geschehen seyn, wie sie in der heiligen Schrift erzählet werden, so wird der Unglaubige nicht weiter widersprechen können; er wird sich ergeben müssen. Man muß ihm dann beweisen, daß die benannte Begebenheiten sich so ereignet haben, wie sie in der heiligen Schrift erzählet werden.

## §. II.

### Frag.

### Wie kann man aber den Beweis für so eine Gewißheit geben?

### Antwort.

Ich setze den Beweis auf den Grund aller menschlichen Gewißheit, nämlich, daß nicht alle Menschen Narren seyn. Würde man ein ganzes Volk von der Wahrheit einer sichtbaren That überzeuget ist, und man [illegible] so wäre es so viel als [illegible], eine ganze [illegible] [illegible] [illegible]. [illegible] glauben, sie [illegible] [illegible] [illegible] [illegible] nicht [illegible]; die [illegible] [illegible] die [illegible] einer [illegible] [illegible] [illegible]. [illegible] [illegible] [illegible], [illegible] [illegible] [illegible] [illegible] [illegible] [illegible] [illegible]; [illegible] [illegible] würde folgen, es [illegible] nicht, wenn man glaubte, daß auch andere alle [illegible] mit dem [illegible] [illegible] behaftet seyen.

## §. III.

### Frag.

**Wenn man diesen Grundsatz gelten läßt, wie kommen man auf den [illegible] Beweis?**

### Antwort.

Durch zwey Sätze.

Zum ersten. Wenn die Augenzeugen [illegible] [illegible] [illegible] [illegible], daß sie [illegible] [illegible] [illegible] [illegible] [illegible] [illegible], daß sie [illegible] [illegible], und daß ein [illegible] [illegible] [illegible] [illegible] [illegible] [illegible], so ist es [illegible], daß die [illegible] zu der Zeit [illegible] [illegible] [illegible], zu welcher man die [illegible] [illegible] zu seyn angiebt. [illegible] [illegible], [illegible] z. E. ein [illegible], welcher zu den [illegible] [illegible] [illegible], er habe vor kurzer Zeit das Wasser eines Flusses, der mitten durch ihre Stadt fliesset, von einander getheilet, sollte er, sage ich, nicht für einen Narren gehalten werden, wofern er beyde Wunder nicht gemacht hätte? und wenn er sie der einen vor aller Augen gemacht hätte, wie könnte man sich weigern, ihm Glauben beyzumessen?

Zum zweyten. Wenn zu Erhaltung dieser Begebenheiten öffentliche Denkmale errichtet worden; und wenn in der Folge bey diesem Volk der Gebrauch geblieben, öffentliche Dienste anzuführen von der Zeit, da die Sachen geschehen seyend, um zum Andenken die Erinnerung davon zu begehen, so ist es gleichfalls unmöglich, daß die Begebenheiten erst lange nach seyen erdichtet und untergeschoben worden.

## § IV.

### Frag.

**Wie schicket sich der erste Satz auf die Mosaische Wunder?**

### Antwort.

Ganz deutlich; denn diese Wunder sind im Angesichte mehr als sechsmal hundert tausend wehrhaften Männer gemacht worden, ohne die Weiber und Kinder; [illegible] Moyses [illegible], der sie erzählet, wie solche in ihrer Gegenwart geschehen wären, und bey die [illegible]

[illegible] ein immer eine lange Zeit hernach als sie sich zugetragen haben, geschrieben hat, wenn er die Wahrheit nicht nach allen Umständen getreulich gewußt hätte, sollte wohl dieses ganze Volk seine Bücher angenommen, und nach deren Vorschrift auch [illegible] [illegible] sich gerichtet haben? wie kann man sich einbilden, daß es sich [illegible] die [illegible] [illegible] [illegible] habe? würde es nicht im Angesichte des Moses ihn einen Betrüger gescholten haben, daß er sich unterstanden, ihnen solche Mährlein zu erzählen?

## §. V.

### Frag.

Wie erweisest du den zweyten Satz an?

### Antwort.

Auf die Gebräuche der Juden. Die Bücher des Moses, wovon wir reden, erzählen die Stiftung der Osterlichen Ceremonie zur Gedächtniß des Ausgangs aus Egypten, nachdem alle Erstgebohrne der Egypter in einer Nacht von dem Engel, der die Häuser der Israeliten [illegible] [illegible], waren erschlagen worden. Da wird gemeldet, daß von diesem Augenblick angefangen ein jeder Erstgebohrner unter den Israeliten Gott dem Herrn sollte geweihet seyn, welches auch beobachtet worden; [illegible] die [illegible] aus allen

[illegible]

Familien die Geschlechtsregister heraussuchen. Man ließe ferner hinzu, daß ebenfalls ein mit Manna angefülltes Gefäße aufbehalten worden, um das Gedächtniß des Wunders von dem Manna frisch zu erhalten, welches in der Wüsten vierzig Jahr lang herumgefallen ist, die Israeliten zu ernähren. Man fodere darüber die Einsetzung einer Religion und Gottesdiensts, von so gewissen Pflichten, welche zu erfüllen ein ganzes Volk sich anheischig gemacht; als da ist, die Einsetzung der Ostern zum Gedächtniß des Auszugs aus Egypten, die tägliche Opfer, jährliche Versöhnungsopfer, die heilig beobachtete Beschneidung, die zum Dienst Gottes besonders bestimmte Stamm Levi ec. Wenn man nicht weiter vorgeben, diese Bücher wären erst nach dem Moses geschrieben worden; so müßte man auch zeigen, diese Widersprecher der könnten eine ganze Nation solche nie begangene Dinge glauben machen; sie müßten solche erdichtet haben, solche wären Gewohnheiten worden und im Gebrauch, obschon sie diese Nation niemals erfahren, niemal im Gebrauch gehabt hätte, welches gegen alle Wahrscheinlichkeit laufft.

Beispiele der alten Jüdischen Gebräuche.

## Frag.

**Könnte man nicht sagen, die Ceremonien wären im Gebrauch gewesen, aber die Begebenheiten, welche sie andeuten, seyen vielleicht erdichtet worden?**

Antwort.

Diese Einwendung ist ungegründet; denn es folget hieraus, daß die Juden alle ihre Gewohnheiten, ohne eine Ursach zu wissen, ohne an etwas sich zu erinnern, begangen hätten; niemand diese Ceremonien eher hat verrichten, wenn darzu Ursach gegeben, und solche durch eine beständige Ueberlieferung von einem Geschlecht zum andern genau beobachtet worden. Hier hat man einen Beweis, der allen Vernünftigen überzeugt; denn es wäre eben so viel, als wenn man den Christen weiß machen wollte, sie feyerten den Sonntag, sie taufeten die Kinder zur Gedächtnuß [illegible] und der erdichteten Begebenheiten, wenn doch die [illegible] Völkerschaften ein allgemeines Zeugniß und viele hundert Jahr [illegible] Glauben beygemessen hätten.

[illegible]

## §. VI.

Frag.

**Kann man diesen Beweis auch auf andere Bücher der heiligen Schrift anwenden?**

Antwort.

Eben so wohl; wenn z. E. im Buch Josue wird gemeldet, daß das Volk Israel, nachdem es durch den Fluß Jordan unter der Anführung des Josue gegangen, in dem Land Galgala zwölf aus dem Jordan genommene

Steine

[illegible]

[illegible]

Dieser

# Vierter Abschnitt.

## Von der Sittenlehre in der heiligen Schrift.

### §. 1.

### Frag.

**Giebt nicht auch die Beschaffenheit des den Juden gegebenen Gesetzes, und die Heiligkeit der in den Büchern des alten Testaments enthaltenen Sittenlehre einen deutlichen Beweis von der göttlichen Offenbarung?**

### Antwort.

Der hieraus gezogene Beweis ist sehr wichtig und leicht zu verstehen; denn eine Offenbarung, so die Kennzeichen der Göttlichkeit an sich hat, muß gewißlich für die [illegible] gehalten werden. Man mag nur die Augen werfen auf die zehen Gebote, so der Gott Israel seinem Volk gegeben. Man findet darinnen das natürliche Gesetz von neuem mit einer verwunderlichen Deutlichkeit und Kürze zu [illegible]; alle Pflichten schließt es in sich ein. Man ersiehet, daß sie ein Werk eines göttlichen Gesetzgebers seyn, aus dem Gebote, Gott allein zu lieben und mit unserem ganzen Herzen zu dienen; [illegible] aus dem Verbote,

niemal

einmal in eine ungerechte Vergleichung eingewickelt-
gen; dann durch diese ganz letzte Ordnung hat
er den Grund zu allen Tugenden gelegt, und
die Wurzel aller Laster abgeschnitten.

## §. II.

### Frag.

**Was haben wir aus dem ersten Gebot, besser ganz Christen zu lernen?**

### Antwort.

Zum ersten, daß die Anbetung alleine Gott, dem unsichtbaren Geist, so von allem Begriff der Materie weit entfernet ist, vorbehalten seye, welches dann gleich Anfangs alle Abgötterey zu Boden schlaget. Zum andern, daß man Gott nicht anbetet, wenn man ihn nicht auch von ganzem Herzen unsrem Gott liebt, das ist, als einen Gott des Vergnügens; und daß man folglich alles, was man mehr als Gott liebt, anbetet; welches daß alles, so wir Gott vorziehen, und gegen Gott machen, und daß zwar, was unsre Gedanken, unsre Begierden, unsre Handlungen, unsre Freude und Hoffnung an sich ziehet, unsern ganzen Gottesdienst ausmache. Zum dritten, daß Gott das wahre Ziel und die wahre Glückseligkeit des Menschen seye, so ihn alleine vergnügen kann; und daß er das Ziel und Ende unserer Handlungen seyn solle. Begriff der wahren Anbetung.

## Frag.

**Was aus dem gesagten?**

## Antwort.

Man lernet, daß alle Neigungen zu Gütern, die uns nicht zugehören, uns müssen verdächtig seyn. Wenn nun ist ein anderer Religion, so muß den Neigungen ein Zügel anlegen? Und für ein anderer das gestraufen, es sey nicht erlaubt, jenes zu begehren, was nicht erlaubt ist, zu thun? wer möchte den Menschen diese Wahrheiten gelehret haben, wenn nicht Gott seinen Willen, und wie der Mensch sich gegen ihn zu verhalten habe, offenbaret hätte?

## §. III.

## Frag.

**Was trägt die Heiligkeit der Sittenlehre und die in den heiligen Büchern enthaltene Unterweisungen zu Glaubwürdigkeit der Offenbarung bey?**

## Antwort.

Sehr vieles. Man sehe nur, wie die Sittenlehre weise, was wir gleich erkennen, daß solche dem Willen die Ungerechtigkeit, dem Eigennutz untersaget; daß sie unsere Leidenschaften bezwinget, da sie uns unsere Verderbniß und Armseligkeit entdecket. Gegen in der

[illegible]

ganz ungekünstelten Erzählung der Begebenheiten findet man eine wunderbare Gleichförmigkeit der Sitten, so die Tugend (lieblich) empfiehlt; und das nicht zur Ehre des Menschen, sondern zur Ehre Gottes, wohin alle Begebenheiten abzwecken. In diesen befinden alle Untersuchungen; aus allen erkennet man, daß alles von Gott komme, und daß wir ihm unsere Leben und Handlungen widmen müssen; da lernet man, daß unser Leib und Seel von ganz verschiedener Natur seyen; einer ist von der Erde genommen, der andere ist von Gott gekommen und kehret zu ihm zurück. Da findet man ein Mittel für alle Unordnungen des menschlichen Herzens. Da erfähret man, wie die Liebe gegen uns selbst müsse beschaffen seyn; wie wir unsere Begierden im Zaume halten, und alles, was sündlich ist, fliehen sollen.

Der Mittelpunct, wohin alle menschliche Lebensgeschichten abzielen, ist der auf verschiedene Art verheißene Messias; der Mittelpunct aber, nach welchem alle Gesetze, alle Beyspiele, alle besondere Geschichten, alle Erzählungen dieser göttlichen Bücher abzielen, ist die ewige Herrlichkeit und Ehre Gottes. Mit einem Wort, die heilige Schrift ist das einzige Buch, worinn die Natur des Menschen so wohl in seiner Glückseligkeit als in seinem Elend vollkommen abgeschildert ist; worinn von dem höchsten Wesen nach Würdig-

Einzige Schönheit des alten Testaments.

dig-

[illegible] [illegible] wird; warum man die [illegible] [illegible] Schuldigkeit habe, Gott zu lieben und ihn allein zu lieben. Man [illegible] [illegible] [illegible] [illegible] [illegible], warum sie so auf [illegible] [illegible] [illegible] und [illegible] [illegible], oft [illegible] und [illegible] [illegible]; [illegible] [illegible] und die [illegible] [illegible] der so [illegible] [illegible] der [illegible] und [illegible], der Gesunden und Kranken, der [illegible] und [illegible]; werden es uns [illegible], daß nichts hier der Ort [illegible]. [illegible] [illegible] die Ehre von den [illegible] [illegible] und [illegible]; daß er die [illegible] [illegible], daß die Sachen im [illegible] [illegible]; daß er die Menschen ihren Weg habe [illegible] lassen. Es [illegible] uns, daß wir zu Gott, um von unserm [illegible] befreyet zu werden, unsere [illegible] [illegible] [illegible] müssen; daß Gott den Menschen einen Schluß fassen werde, der für sie den [illegible] [illegible] [illegible], unsere [illegible] [illegible] [illegible] [illegible], und sie zu dem, was Gott von ihr [illegible], fähig machen werde. Dergleichen Wahrheiten [illegible] [illegible] nur von Gott kommen; sie haben das Gepräg von einem Menschen nicht; um sich darauf zu [illegible], [illegible] man nur [illegible], [illegible] die Geschichte von [illegible], welche über diese Sachen etwas haben [illegible] wollen, [illegible] gelegt haben. Sie werden finden, daß man sie mit denen zu lassen [illegible] [illegible] vergleiche.

§. IV.

## § IV.

### Frag.

### Wie ist die Schreibart der heiligen Scribenten beschaffen?

### Antwort.

[illegible]

§ V.

## § V.

### Frag.

**Wozu dienet aber, so viele Beweisthümer von der Wahrheit der heiligen Schrift hier angeführt zu haben?**

### Antwort.

Die göttliche Offenbarung [illegible] fest zu seyn; denn wenn einmal die Göttlichkeit der heiligen Bücher erwiesen ist durch so starke Gründe, als da sind die Prophezeyungen und Wunderwerke, so für die [illegible] Grundsätze der [illegible] Menschen gehalten werden; so folgt, daß die dem jüdischen Volk [illegible] Offenbarung Glauben sey; und [illegible], daß Gott in der heiligen Schrift seinen Willen und seine Absichten über die Menschen zu erkennen gegeben habe.

### Frag.

[illegible]

**Warum ist diese Wahrheit so wichtig?**

### Antwort.

Weilen nach einmal bewiesener Göttlichkeit der heiligen Schrift es leicht ist zu erweisen, daß solche alle Grundsätze unsers Glaubens in sich fasse, nämlich, kurz zu sagen, daß Jesus Christus der versprochene Meßias sey: man ersiehet also die enge Verbindung

der

der jüdischen Offenbarung mit der christlichen Religion, darum jene die Grundsätze enthielte, und die höchste Vervollkommung in sich enthalten.

## Frag.

## Wie erklärst du diese Verheißung?

## Antwort.

Wir lesen, daß Gott in seinem Betragen gegen das jüdische Volk zu erkennen gegeben, daß er selbiges auserwählet habe, um seine Rathschläge und Absichten ihm mitzutheilen und ihm anzuvertrauen die große dem Adam geschehene Verheißung, einen Erlöser zu schicken, der ein Mittler zwischen seiner göttlichen Majestät und den Menschen seyn solle. Von diesem versprochenen Erlöser und Messias war er Jesus Christus, so der Stifter in dem Gebäude der christlichen Kirche seyn sollte.

## Drittes Kapitel.

# Von der Verheissung des Messias und von der Erbsünd.

### Frag.

**Was entdeckt man in der Verheissung des Messias?**

### Antwort.

Man entdeckt darinn die vorhergegangene Sünde des Adams, und die auf seine Nachkommenschaft fortgepflanzte Erbsünd, von welcher [illegible] gehandelt werden.

## Erster Absatz.

# Von der Erbsünd.

§. 1.

### Frag.

**Worinn bestunden dann die Folgen aus dem Ungehorsam des Adams bey ihm und seiner Nachkommenschaft?**

### Antwort.

[illegible] Man kann sagen, daß Adam in dem [illegible] [illegible]

[illegible]

wurde seine Begierlichkeit zum Sperlinge; denn er hat sich nicht allein den Tod des Leibes und die Armseligkeiten dieses Lebens verursacht, sondern er hat auch seine Seel in den Abgrund der Uebeln durch die unordentliche Einneigungen gestürzt, so sich selbigen Augenblick in ihm, wo er sündete, erhoben haben; und er verlöre die ganz Einrichtung, welche Gott in der ursprünglichen Zusammenfügung seiner Seel und seines Leibs angeordnet hatte, also, daß die Kinder des Adams und der Eva von ihnen einen angesteckten und verderbten Leib gezogen, welcher die Seelen, so Gott in einem jeden Leib erschaffen, verunehret und vor Gott der so genannten Erbsünd schuldig gemacht hat; inmassen die Seel als solche in dem Augenblick ihrer Vereinigung mit dem Leib befleckt wird.

## Frag.

**Scheinet es nicht dem Begriff eines Gerechten Gott zuwider, daß er die Sünd unserer ersten Eltern allen ihren Kindern zurechne?**

## Antwort.

Es laufft nicht gegen die Gerechtigkeit noch gegen die Gütigkeit Gottes, wann er der Nachkommenschaft eines sträflichen Vaters versagt die aus purer Freygebigkeit zugesagte dem Vorgeschaffenen, so unter dem Vater unter den Kindern gehöret; und die unter dem einen nach dem andern zugesagt wären,

Gründe für die Erbsünde, und deren schreckliche Folgen.

als unter der Bedingung eines genauen Gehorsams gegen das Gesetz des Schöpfers. Ein Unterthan, so von seinem Fürsten mit Gnaden und Geschenken überhäuft worden, empöret sich gegen ihn, und der Fürst verdammt folglich ihn und seine Nachkommenschaft die Herrschaften, so ihm erblich seyn sollen unter gewissen Bedingungen, die nicht genau erfüllt worden, und gegen welche man sich gröblich vergangen hat. Durch Verachtung dieser Herrschaften fällt der Rebell samt seinen Kindern in das größte Elend. Ist wohl hierinn eine Ungerechtigkeit oder ein Mangel der Gütigkeit?

Indessen bleibt doch die Erbsünde ein Geheimniß, so man nicht begreifen kann, und wo man sich begnügen muß, die Tiefe der Rathschlüsse und Weisheit Gottes anzubeten; aber dieses ist ebenfalls gewiß, daß ohne dieses so unbegreifliche Geheimniß wir uns selbst unbegreiflich seyn. Denn nur allein bey Annehmung dieses vorgefallenen Elends mag man eine Ursach geben von den Grundfehlern der menschlichen Beschaffenheit, also daß der Mensch ohne dieses Geheimniß unbegreiflicher wird, als dieses Geheimniß dem Menschen unbegreiflich vorkommt. Und in der that, dieses Elend entdeckt uns den Ursprung unserer verderbten Leidenschaften, so wie sie uns peinigen; die übermäßige Liebe unserer selbst; die Neigung zu aller Gattung der Laster; die Unwissenheit, worinn wir gebohren werden; die dem menschlichen

Leben

lichen Geschlechte entstehende Uebel; die Ungerechtigkeit der Gelehrten und geistlichen Führer; die Armuth, die Krankheiten, die Schmerzen, die Ungerechtigkeiten, die Verfolgungen, so die Menschen von ihres Gleichen erleiden. Nun aber diese Uebel können nicht gerecht seyn, wenn man nicht zugiebt, daß die Menschen solche durch die von ihren Voreltern geerbte Sünde verdienen.

§. III.

Frag.

Was meldet die heilige Schrift von der Erbsünde?

Antwort.

Andere Zeugnisse zu geschweigen, bekennet David am L. Psalm, er seye in der Sünde empfangen worden; der Apostel Paulus sagt, daß wir alle als Kinder des Zorns gebohren werden; daß die Sünde durch einen einzigen Menschen in die Welt eingegangen seye, und der Tod durch die Sünde; und daß also der Tod auf alle Menschen gekommen seye, weilen alle in einem gesündiget haben. Zeugniß für die Erbsünde.

Frag.

Ist der Glaub von der Erbsünd allgemein?

### Antwort.

Der Glaube von der Erbsünde hat allezeit in der Kirche bestanden, dessen man eine ganz deutliche Probe hat in den exorcismis oder Beschwörungen, so man allezeit bey den Kindern, ehe sie getauft werden, hat vorzunehmen pflegen; Ursache, weil sie bis dahin unter der Gewalt des Teufels waren. Dergestalt, daß alle Gemeinden oder Secten, so von der Kirche sich getrennet, auch eben zwölfhundert Jahre abgesondert seynd, in dem Glauben von der Erbsünde einig.

## §. IV.

### Frag.

**Auf was Weiß erkennen wir aus der Beschreibung [illegible] die Wahrheit der Erbsünde?**

### Antwort.

Diese Beschreibung entdeckt uns nicht allein die Erbsünde, sondern sie ist auch [illegible] von der [illegible]. Denn sie giebt uns zu erkennen, daß alle Menschen wegen dem Ungehorsam ihrer ersten Eltern von der Geburt an Sünder seynd; daß sie in die Gefangenschaft des Teufels gefallen; daß sie gleich ihnen zum Tod, ja zum ewigen Tod verdammet seynd; oder daß Gott aus Gütigkeit ihnen wolle welche den Himmel, zu welchem sie bestimmet waren, verloren nämlich ihre Seligkeit, sey den Fluch, unter welchem sie seufzen, ausste-hen, und durch den unendlichen Werth ihrer Natur Gott eine seiner unendlichen Majestät erforderliche Genugthuung leisten würde. Al-lein sie erweisen uns zu gleicher Zeit die Ur-sach des erbärmlichen Standes, worinn der Mensch sich in diesem Leben befindet; denn sobald wir durch die Offenbarung von dieser Verheissung belehret werden, erkennen wir kei-nen Widerspruch mehr in den Werken Got-tes mit uns, wir erkennen, daß der gegenwärtige Stand des Menschen nicht jener seye, worinn ihn Gott Anfangs erschaffen hatte; wir erse-hen, durch was Mittel wir zu Gott kommen [illegible] können; was für einen Dienst wir ihm erzeigen sollen, wie ihm diese Unterwerfung gefällig seyn kann; und dessen [illegible] Wahrheit seye.

Eben dergleichen Wahrheiten können kei-nen anderen Grund als die Offenbarung ha-ben: denn wie sollte der Mensch an einen Erlöser gedacht haben, wenn ein solcher nicht wäre verheissen worden? wie würde er erfah-ren haben, die wahre Religion seye auf diese Verheissung gegründet, wenn sich nicht Gott vom Anfang und gleich nach dem Fall des ersten Menschen darüber erkläret hätte? wenn er nicht Propheten, um solches zu verkündi-gen und auszulegen, erweckt hätte? Warum

[illegible]

# Zweyter Absatz.

## Von dem versprochenen Erlöser.

### §. I.

### Frag.

**Wie ist aber zu verstehen, daß der [illegible]**

### Antwort.

[illegible]

[illegible] (Genes. XLIX. 18.)

18.) so wäre diese Gegend gleichsam eine Haupt-Religion, die sich von einem Jahrhundert auf das andere fortpflanzte.

## § II.

### Frag.

**Wie verhielte sich die Sach mit den Figuren und Vorbildern?**

### Antwort.

Die vornehmste Personen des alten Testaments verlangten nicht allein den Erlöser zu sehen, sondern sie waren auch meistentheils ausdrückliche Vorbilder desselben; fast ein jeder stellte einen besonderen Zug dessen Lebens, Amts und Todes vor. Adam stellte vor seine Person als [illegible] und [illegible]; Abel seinen unschuldigen Tod; Melchisedech sein Priesterthum; Abraham seine Eigenschaft eines Haupts und Vaters der Gläubigen; Isaac sein Schlachtopfer; Jacob sein beschwerliches und arbeitsames Leben; Josue seinen sieghaften Eingang in das Land der Lebendigen; Job seine Verfolgungen; Moyses seine Gesetzgebende Macht; David seine besondere Leiden und Verfolgungsschicksale; Salomon seine Weisheit und Königliche Würde; Jeremias seine wirkliche Widerwärtigkeiten; und so weiter von anderen zu reden.

Die alte Figuren weisen auf den Erlöser.

Ferner die so viele blutige und unblutige Opfer; die so verschiedenen Ceremonien; das Osterlamm, die Feuersäul, das Manna, der Felsen, die Arch, der Tabernackel, der Sündenbock, die eherne Schlange und dergleichen andere von Gott vorgeschriebene Gebräuche erinnerten schon lang zuvor die Juden dessen, der kommen sollte; und bedeuteten die Sacramenten jener Kirche, dessen Urheber er durch sein Blut seyn würde. Die den Glaubigen schon ersten Zeiten mitgetheilte Gnaden wurden nur in Rücksicht auf seine Verdienste gegeben; niemand erwartete eine Belohnung als nur durch seine Erlösung: sie waren nur auf der Welt, ihn anzukündigen, und die Vorläufer von dieser großen Ankunft zu seyn.

## §. III.

### Frag.

### Woher wissen wir dieses alles?

### Antwort.

Aus der heiligen Schrift und Ueberlieferung. Der H. Paulus sagt uns mit deutlichen Worten zu den Römern am X. Jesus Christus seye das Ziel und Ende des Gesetzes. Und an viel andern Stellen bezeuget er, alles, was immer den Juden widerfahren, seye ein Figur und Vorbild des

Zu-

Fürbildungen, zu Belehrung der Christen. Der heilige Augustinus ein getreuer Zeug der Ueberlieferung, sammt andern Vätern thut uns kund, daß das hebräische Volk, im Ganzen betrachtet, gleich einem großen Propheten desselben gewesen seye, der Christum verkündet, Gott geweiht zu werden: *Totum ipsum illud regnum gentis Hebraeorum*, sagt er (a) *magnum quendam, quia et magni cujusdam, fuisse Prophetam.* Woraus er dann den Schluß ziehet, daß man in den Thaten dieses Volks eine Vorbedeutung von Jesu Christo und seiner Kirche suchen müsse: *in iis, quae in illis vel de illis scribuntur, Prophetiam venturi Christi et Ecclesiae perscrutanda est.*

## §. VI.

### Frag.

### War die Verheissung eines Messias gleich Anfangs ganz deutlich und bekannt?

### Antwort.

Nein; sondern es hat Gott gefallen, sie gleich nach dem Fall der Eltern erst in verhüllten Worten anzukünden, und nach und nach in der heiligen Schrift deutlicher vorzutragen. Also wurde selbige dem Abraham mit größerem Umstande als dem ersten Menschen

(a) L. 22. contr. Faust. C. 24.

Heyd beseeligen (Genes. XII. 3. XXII. 18.) Sie wurde nachher beyde dem Isaac und Jacob mit Versicherung, daß alle Geschlechter der Erde in seiner Nachkommenschaft, [illegible] dieses Geschlecht sollte gesegnet werden, würden gesegnet werden. (Genes. XXVI. 4. XXVIII. 14.) Sie wurde hernach auf den Stamm Juda eingeschränkt (Genes. XLIX. 10.) David, in dessen Haus der Messias regieren sollte, hat den verheißenen Großen von weitem gesehen, und [illegible] nach ihm gesehen: er besinget ihn in den Psalmen, [illegible] Wesen, mit einer alle Nachahmung übersteigenden Herrlichkeit: Zuerst bezeugte er nur die Glory seines Sohns Salomon zu preisen, und gähling wurde er ausser sich verzuckt, und weit über dieses erhoben, da er dann jenen gesehen, der sowohl in der Glory als in der Weisheit mehr wäre als Salomon: der Messias erscheint ihm auf einem Thron, so viel dauerhafter wäre als die Sonn: er hat alle Nationen als Überwundene zu dessen Füßen liegen, und gemäß der zu dem Abraham gegebenen Verheißung, in ihm gesegnet gesehen: er hat ihn in dem Glanz der Heiligen gesehen, wie er vor der Morgenröthe aus dem Schooß seines Vaters hervor gienge, ein ewiger hoher Priester ohne einen Nachfolger, nicht nach der Ordnung des Aarons, sondern nach der Ordnung des Melchisedechs.

[illegible]

Die

Hierauf kamen die Propheten, welche nachdrücklich verkündigten, Gott werde, was er versprochen habe, bald erfüllen. Sie lehreten die Menschen, was die Erwartung dieses himmlischen Gesandten für ein Ziel und Ende habe; sie erklärten, daß er der Befreier des verheissenen Volks seyn werde, ein Gebieter der der Völker, das Ende des Gesetzes, das Heil Israels; daß dieser Heilige aller Heiligen die Sünde des Volks vertilgen werde, um eine ewige Gerechtigkeit einzuführen, um den Entwurf mit dem Gesicht Gottes zu erfüllen, und allen Menschen einen ewigen Frieden zu bringen.

## §. V.

### Frag.

### Wie kam die Erwartung eines Messias bey dem Jüdischen Volk allgemein?

### Antwort.

Die ganze jüdische Nation war mit dieser Hofnung erfüllet: die Meynung, es werde dereinst ein großer König aus dem Stamme Juda geboren werden, war bey den Juden so fest gegründet, daß sie ihre Geschlechtsregister sorgfältigst aufzeichneten, um das zu erkennen, und die Erwartung des Messias war in ihren Gemüthern so stark eingeprägt, daß sie auch alsdenn, nachdem sie fast sechzehn hun-

dert

der Juden durch die Welt zerstreuet sehen, betrachten wie einen augenscheinlichen Beweis und einen ohne Beyspiel großen Zorn erwarten. Allein hier ist der Ort nicht, solches zu beweisen, wie sie gegen das Ende des Reichs der Assyrier, und der Zerstreuung, worinnen sie die meisten waren, die Wanderung erduldet haben, der zukünftige Messias würde sie von dem Joch der Heiden befreyen; auch nicht, wie sie alles, so von den Königen und der Herrlichkeit des Messias weißagt worden, in einem groben und fleischlichen Sinne ausgelegt haben. Genug ist, so man sagt, daß alles, ja auch diese erstaunliche Blindheit, in welche die Juden bey Ankunft des Messias gerathen sind, durch die Propheten angezeigt worden.

## Frag.

## Was für einen Schluß hat man aus allem diesem zu machen?

## Antwort.

Man kann hieraus einen Begriff alles dessen haben, was die Offenbarung von diesem verheißenen Erlöser meldet. Wir sehen, daß er durch ein ganzes Volk vorgesagt und von diesem durch alle Zeiten gewiesen worden, daß er durch eine lange Folge der Propheten, die vier tausend Jahre lang verkündiget worden; und daß der letzte unter diesen nämlich Malachias am 3ten Kapitel als die Weissagungen mit Erwartung dieser grossen Veränderung schließe. Und alles dieses lernen wir aus der heiligen Schrift; die wir auch allein von dieser Seite heiligen nennen, weilen sie allein in sich die Willenserklärung enthaltet, so Gott den Menschen offenbaret hat.

Wenn man nun ferner durch die Beweise, so wir von der Gewißheit dieser Weissagungen geben werden, von ihrer Erfüllung überzeugt seyn wird; wenn man deutlich erkennen wird, daß Jesus Christus der versprochene Messias sey, und daß er alles, was die Propheten von ihm vorgesagt haben, erfüllet habe, so wird man erfahren, daß die dem jüdischen Volk gegebene Offenbarung alle Kennzeichen der Gottheit habe, und daß also alle Begebenheiten, so sich auf Erden ereignet haben, lediglich sich auf diese große Begebenheit beziehen; daß die Eroberungen des Cyrus, des Alexanders, der Römer nur gedienet haben, die Verfassung der Welt einzurichten, wie solche bey seiner Ankunft, und der Verfolgung, seyn sollte; und daß die Monarchien und Königreiche nur gefallen oder gestiegen seyn, um den Weg dahin zu bahnen. Man wird sich überzeugen, daß jener Stern des Jacobs, den der unter den Heiden sich befindende Balaam von weitem schimmern gesehen, nichts anders gewesen als der Messias; daß so gar durch die Aussprüche der Väter der Patriarchen angekündiget worden seyn.

Wichtigkeit des Gegenstandes dieser Untersuchung vom Messias

Die-

## Viertes Kapitel.

# Von der Gewißheit der Prophezeyungen insgemein.

### Frag.

**Aus was für Beweisen gründet sich die Gewißheit der Prophezeyungen?**

### Antwort.

Man hat deren die wichtigste und ganz überzeugende Proben: wenn man anführet die Zeit, worinn selbige geschrieben worden; die Propheten, von welchen sie herkommen; aber das jüdische Volk, von dem sie angenommen worden.

### §. I.

### Frag.

**Was hat man in Ansehung der Zeit zu beobachten?**

### Antwort.

Daß die Prophezeyungen unmöglich können erst nach den Begebenheiten, so sie vorsagen, eingeschoben werden. Denn (1) seynd selbige lange Zeit vor der Ankunft des Meßias und der [illegible] in die Griechische Sprach übersetzt, und also in die ganze Welt,

ver-

un damals die Griechische Sprach im Gebrauch waren, und besonders in die gelehrt und weise gelehrten Länder verbreitet worden. (1) Grund folglich eben so, wie wir solche aufgewiesen haben, verfälschet? und von den Juden als Prophezeyungen lang vor der Geburt Jesu Christi angeführt worden; denn man muß wissen, daß die heilige Schriften, besonders die fünf Bücher des Moyses den Juden und den Samaritanern gemeinsam waren. Nun ist gewiß, daß die Samaritaner schon vor der Babylonischen Gefangenschaft von den Juden abgesondert gewesen. Woraus denn folget, daß ein ganzer Theil der heiligen Bücher älter als die Absonderung der zehen Stämme seyn. (3) Wäre es ungereimt zu denken, daß die Juden desgleichen Prophezeyungen selbsten unterschoben haben, aus welchen hernach die Christen gegen sie beweisen; die geringste Änderung aber in den Büchern der heiligen Schrift, so die Christen selbsten angenommen haben, konnte gleich nicht allein den Juden, sondern auch den Heiden in die Augen fallen. Wie? würden wohl die Juden, so ihre heilige Bücher in größter Hochschätzung hatten, und deren Geist gegen Jesum Christum so erbittert stund, würden sie wohl gelitten haben, daß man [illegible] Stücke als so viele Geburten aus ihren Prophezeyungen gegen sie anführte, ohne gegen die Falschheit derselben zu klagen?

[illegible] haben, die Prophezeyungen zu verfälschen [illegible].

## §. II.

## Frage.

### Was tragen die Propheten zur Gewißheit bey?

### Antwort.

Erstlich, sage (1) haben die vier große Propheten, deren Schriften gleich sowol als jene der kleinern Propheten, nämlich Isaias, Jeremias, Ezechiel, Daniel verschiedene Begebenheiten vorgesagt, so noch bey ihren Lebzeiten erfüllt worden z. E. da Isaias dem Achaz König von Juda vorgesagt hat, daß der König von Syrien und der König von Israel die Stadt Jerusalem umsonst belagern, daß alle ihre Bemühungen fruchtlos; und daß beyde in einer kurzen Zeit sterben würden, so alles in der That erfolget ist. Dergleichen Vorhersagungen auch die [illegible] andern, wie leichtlich zu zeigen wäre, gethan haben. Nun ist es klar, daß [illegible] Vorhersagungen, wie deren der Erfolg so genau übereinstimmet, also gleich ein wichtiges Zeugniß von der Erfüllung anderer, so nach dem [illegible] geschehen [illegible]; und daß ferner die Erfüllung dieser [illegible] des Propheten ein [illegible] liche Versicherung [illegible], [illegible] von Gott, und daß alles, was ihm von [illegible] noch weit entfernten Zeiten offenbaret worden, [illegible] zur Erfüllung kommen werde.

(2)

2) Eine gleiche Beschaffenheit hat es mit den nachfolgenden Propheten; wenn diese solche Dinge vorhergesagt haben, die schon durch den [illegible] der Vorsehung [illegible] Erfolg des [illegible] entschieden; und kann die zu ihren Zeiten lebende [illegible] [illegible] gewesen seyn.

3) In den vier großen Propheten findet man beinahe alles, was in die Schriften der kleinern Propheten enthalten ist; welches dienen die ersteren den anderen zur Erläuterung und Bündigkeit.

4) Die Propheten geben sich allezeit für Leute aus, die von Gott Offenbarung haben, alle reden im Namen des Herrn; und können auch nicht [illegible] alle ihre Prophezeyungen in Zweifel ziehen, ohne sie alle zu [illegible]. Aber so bald man sie aufrichtig zu seyn glaubt, ist es nicht möglich [illegible], an dem göttlichen Ursprung ihrer Bücher zu zweifeln; weil ihre Prophezeyungen nicht können gewiß seyn, ohne von Gott eingegeben worden zu seyn. Die Erkenntniß des Zukünftigen ist eine der Gottheit allein zukommende Eigenschaft, wie alle Völker zu jeder Zeit eingestanden haben.

## §. III.

### Frag.

**Wie bezeuget das Jüdische Volk die Gewißheit der Prophezeyungen?**

## Antwort.

Durch die von einem Jahrhunderte zum andern [illegible] Unterdrückung; [illegible] welchen sie [illegible] allzeit als [illegible] [illegible], allzeit mit Sorgfalt in den öffentlichen Urkunden aufbehalten haben; [illegible] die Propheten ihre Prophezeyungen schriftlich bekannt gemacht hatten, hinterlegten sie die Urschriften in dem Tempel, damit sie der Nachkommenschaft zum Denkmal dienen. Wir wissen ferner, daß es eine Sache, die niemand mag [illegible] machen, nämlich, daß die Juden die göttliche Schriften, davon die Prophezeyungen den wesentlichen Theil ausmachen, allzeit angesehen haben und noch ansehen, als eine von Gott gekommene Offenbarung, so ihre Vorältern, ihre Grundsätze, ihre [illegible] enthalten. Dieses ist so wahrhaft, daß sie sich über alle andere Völker der Welt [illegible] haben, und glauben, sie hätten die Gnade dieses Vorzugs in ihren Schriften.

[illegible] achtung der [illegible] Schrift bey den Juden.

Ferner wurde das Volk diese heilige Bücher beständig lesen, und sich derselben [illegible] haben; es wurde verordnet, auch das [illegible] sie [illegible] zu [illegible]; die Lehrer des Volks erklärten solche; aber sie getraueten sich nicht, [illegible] [illegible] [illegible] [illegible] [illegible] [illegible]. Ein eigener Theil der Leviten war bestimmt, solche zu verwahren. Die unter den Juden gebräuchlichen Ceremonien dienen zum [illegible], [illegible] die mehreste Sachen, so in der heiligen Schrift [illegible] [illegible] wegen der [illegible] zu legen. Sie haben sorgfältig überall, wo sie hingegangen sind, aufgenommen, und mit einer unverbrüchlichen Treue bewahret. Ja was noch mehr ist, so werden die Juden auf eine besonderen und [illegible] [illegible] [illegible] bis ans Ende der Welt [illegible], damit sie beständige Zeugen von der Wahrheit der heiligen Schrift seyn: aus ihren Händen haben sie die Christen nach Aufrichtung der Kirche empfangen. Unserer Seits ist alles dargethan, wenn nur die Göttlichkeit gewisser Bücher bewiesen ist; und diese [illegible] [illegible] leuchten [illegible] klar aus [illegible] Gründen.

## Frage.

**Wie wird man beweisen, daß bey Jesu Christo alle Kennzeichen des durch die Propheten vorgesagten Meßias zutreffen?**

## Antwort.

Durch die Zusammenhaltung seiner Lebensbeschreibung, seines Todes und seiner Kirche mit allem dem, was die Propheten von dem Meßias vorgesagt haben. Es wären nur hier die Hauptumstände von dem Leben Jesu Christi anzuführen, und sie alle Weissagungen damit zu vergleichen; aber der Beweis wird [illegible] [illegible], deutlicher und [illegible] seyn, wenn [illegible] nur die besondern Prophezeyungen [illegible] an- führt, und den Leser in den [illegible] be- kannten Evangelischen Geschichten die Anwen- dung selbst ohne weitläufige Auslegung ma- chen läßt.

## Fünftes Kapitel.

# Von den Prophezeyungen, so den Meßias betreffen.

## Erster Absatz.

### Frag.

Welche seynd die Prophezeyungen, so die Ankunft des Meßias ankündigen?

### Antwort.

Sie seynd sehr zahlreich und sehr deutlich.

## § I.

### Frag.

Welche ist die erste?

### Antwort.

Jene des alten Patriarchen Jacob im ersten Buch des Moyses am XLIX. Kapitel, wo

erzählt

erzählet wird, als dieser Stammvater das [illegible] vor seinem Tod seine Söhne zu versammeln, und einem jeden auf [illegible] einen besondern Segen ertheilet habe als Weissagung dessen, was ihnen in Folge der Zeiten widerfahren würde. Hier nun spricht er zu dem Judas seinem vierten Sohn die merkwürdige Worte:

Juda! deine Brüder werden dich loben ... die Kinder deines Vaters werden dich anbeten ... der Scepter wird von Juda nicht genommen werden, noch der Herzog von seinen Lenden, bis der komme der, so gesandt soll werden, und dieser wird die Erwartung der Heyden seyn.

## Frag.

### Was will diese Prophezeyung eigentlich sagen?

## Antwort.

Nach der [illegible] genauen und wohl gegründeten Auslegung verspricht Jacob [illegible] [illegible] Erstens, daß, so lang die Stadt Juda bestehen wird, solche den Scepter und ein rechtmäßiges Oberhaupt über andere Stämme haben werde. Zweytens, daß solche bestehen und ein ordentliches gemeines Wesen ausmachen werde, welches durch seine Gesetze und seine eigene Obrigkeiten regie-

Prophezeyung [illegible] Juda [illegible]

genommen werden, bis der Meßias würde gekommen seyn.

### Frag.

**Wie beweist man diese Prophezeyung, daß der Meßias gekommen sey?**

### Antwort.

Wir sehen, daß von der Regierung des Herodes, zur welcher Jesus Christus auf die Welt gekommen ist, angefangen, die Juden keinen König mehr noch einigen Oberherrn aus ihrer Nation haben; daß sie einen kurzen Zeitlauf hernach aus dem Judenlande so gar hinaus gejagt; und daß also das vorzügliche Zeichen der Zunft Juda zu nichte worden. Dieses haben die Juden selbst anerkannt, besonders da in der Geschichte des Leidens Jesu Christi gemeldet wird, sie hätten öffentlich ausgerufen: wir haben keinen andern König als den Römischen Kayser. Joann. XIX. 15.

### Frag.

**Hat denn die Zunft Juda den Scepter nicht verlohren zur Zeit der Babylonischen Gefangenschaft?**

### Antwort.

Das Wort Scepter muß man nach der Sprachbedeutung der Hebräischen nicht auf die

Macht

Königliche Würde einschlossen, sondern in meh-
reren Vorzügen für ein allgemeines Zeichen
des Vorzugs und Obergewalt erklären; und
bey dieser natürlichen Auslegung hat die Pro-
phezeyung einen gar deutlichen Sinn. Denn
die Zunft Juda hat allezeit den ersten Rang
bey der Jüdischen Nation erhalten; wenn von
einem Geheimnisse in der heiligen Schrift
die Rede ist, wird solches allezeit zuerst ge-
nannt; die königliche Würde ist ihr in der
Person des Davids und seiner Nachkommen
zu zugeschrieben worden: sie hat sich auch in
der Babylonischen Gefangenschaft erhalten, da
sie einen ihrer Könige, nämlich Jojakim,
sonst Jechonias bey sich hatte; dieser hat Ge-
[illegible] der Nachfolger des [illegible]
[illegible] aus der Gefangenschaft gezogen und an
seiner Zahl [illegible] lassen.

Es ist auch anzumerken, daß die Baby-
lonischen Gefangenschaft, den ehemaligen
den Gesetz über die von ihrer Nation hat-
ten, wie es aus der Geschichte der Gefangen-
schaft abgenommen ist. Eben diese Zunft lebten in
Gestalt einer Gemeinschaft unter der Anführ-
ung des Zorobabels gezeugt, und keine andere
als jenes zu einem großen Ansehen, erlebte
sie die Oberherrschaft bis in den Stand der
Jüdischen Republik, dessen Form sie nach der
Gefangenschaft angenommen hat. Sie theilte
ihren Namen den andern Zünften mit, die
auch diesen nur unter dem Namen der Ju-

dern bekannt waren, und erhielte ihr Geschlecht bis zur Regierung des Herodes; und da sie einen gewissen Befehlshaber aus der Familie Juda hatten, wie die Asmonäer, so war es doch die Wahl und Unterwerfung der Familie Juda, von der solche ihren Ursprung und [illegible] auf eine gewisse Zeit herzog; er bekannte [illegible] allezeit eine große Rathsversammlung aus den Aeltesten der Familie Juda unter dem Namen Sanhedrin, so das Volk regierte. Hierüber kann man nachsehen in dem vierten Buch des Moses VII. Kap. 11 Vers; II. B. der Könige I. 1. im ersten Buch der Chronick am XXVIII. 4. in dem LIX. Psalm.

§. II.

Frag.

Welches ist die zweyte Prophezeyung von der Zukunft des Messias?

Antwort.

Die Prophezeyung des Propheten Daniels.

Diese zeigt auf eine so umständliche und genaue Art die Zeit an, zu welcher der Messias erscheinen würde, daß es unmöglich ist, dieselbe zu leugnen. Selbige ist gar zu bewähret und allzu wichtig, als daß man sie nicht nach ihrem ganzen Umfange hieher setze.

Zur Zeit, da der Prophet mit dem Ende der siebenzig jährigen babylonischen Gefangen-

schaft

Jehovah beschäftiget war, und sein Gebeth vollendet hatte, (um eben die Zeit da [illegible] siebenzig jährige Zeit vom Babylonien zurück [illegible] zu [illegible] Erlösung aufmuntern. Ein Engel rührete ihn an, und sprach zu ihm:

„Daniel, ich bin ausgegangen, dich zu unterrichten. Im Anfang deines Gebethes gieng der Befehl aus; ich aber bin gekommen, dir solches anzuzeigen; denn du bist ein Mann voller Begierde; bewerke dich nun auf meine Worte, und verstehe, was ich dir eröffnen werde:

„Siebenzig Wochen sind abgekürzt über dein Volk, und deine heilige Stadt, auf daß die Uebertretung aufhöre, die Sünde ein Ende nehme, die Ungerechtigkeit vertilget, und die ewige Gerechtigkeit eingeführet; das Gesicht samt der Weissagung erfüllet, und der Heilige aller Heiligen gesalbet werde.

„Demnach sollst du wissen und recht bemerken, daß von der Zeit an, da das Wort (der Befehl) wird gegeben seyn, Jerusalem wieder aufzubauen, bis auf Christum den Fürsten, sieben Wochen und zwey und sechzig Wochen seyn werden (das ist 69 Wochen).

„Die Gassen samt den Mauern werden wieder gebauet werden, obwohl in einer bedrangten Zeit; und nach zwey und sechzig Wonen wird Christus getödtet werden, und das Volk, so ihn wird verläugnen, wird sein Volk nicht mehr seyn. Ein Volk mit seinem kommenden Fürsten wird die Stadt sammt dem Heiligthume zerstören, und es wird eine gänzliche Zerstörung seyn, und wenn der Krieg ein Ende hat, so ist die Verwüstung beschlossen.

„Christus aber wird mit vielen in einer Woche ein festes Bündniß aufrichten; und mitten in dieser Woche wird das Schlachtopfer und Speisopfer aufhören. Man wird im Tempel einen Greuel der Verwüstung sehen; und die Verwüstung wird bis zum letzten Ende bleiben.“

## Frag.

### Wie schickt sich diese Prophezeyung auf Christum?

## Antwort.

Gar genau. Denn erstlich ist außer Zweifel, daß die Wochen, wovon Daniel redet, keine Wochen von Tage oder Stunden, sondern von Jahren seyen: weil Gott die Jahrwochen eingeführt, vermöge welcher bey den Juden allzeit das siebende Jahr, so eine Jahrwoche beschlosse, mit einer eben so feyerlichen Ruhe, als der siebende Tag einer jeglichen Woche bestimmt war. (Daniel IX. 31. Levit. XXIII. 15. XXV. 3.) Da also eine Jahrwoche aus sie-

ben

den Jahren herleiten, so machen 69 dergleichen Wochen 483 Jahr aus.

Wenn man nun 69 Jahrwochen nach der Erneuerung Jerusalems von neuem aufzubauen, die Artaxerxes mit dem Zunamen Longimanus oder Langhändiger, ein König in Persien im zwanzigsten Jahr seines Reichs hat ergehen lassen bis zur Zeit, da der Messias erscheinen sollte, erzählet: so findet man 483 Jahr, welche 69 Jahrwochen in sich begreifen.

Zweytens. Nach dem Verlauf dieser 69 Wochen, wie die Prophezeyung anzeiget, soll ein Fürst die Stadt und das Heiligthum verstören, und dieses geschahe in der That durch den Titus einen Sohn des Kaysers Vespasianus, als welcher Jerusalem samt dem Tempel bey einer Belagerung verbrannt und Grund aus verwüstete. Welches ganz deutlich die 69 Wochen nun also klar und gewiß erweisen.

Drittens. Nach eben diesem Zeitraume solle Christus oder Messias getödtet werden, und in der That ist der Tod Jesu Christi auch dieser Zeit erfolget. Der Prophet selbst giebt es also in dem letzten Theil seiner Prophezeyung zu verstehen, da er sagt, daß Christus innerhalb einer Woche mit vielen einen Bund aufrichten, und in Mitte der Woche das Schlacht- und Speisopfer aufheben werde; welches nothwendig von der siebenzigsten

Woche

Woche weg gerechnet werden, [illegible] auch von Anfang des [illegible] bis zur Zeit der Geburt Jesu Christi 483 Jahre werden [illegible] seyn. [illegible] lassen auch die Worte des Engels zum Daniel, wenn er sagt, sechzig Wochen sollen abgerissen werden.

Fragst du aber, auf was Weise die Schlacht- und Speisopfer aufgehoben haben? so antworte ich, es sey klar, daß solches durch den Tod Christi geschehen sey, der sich in der Mitte der siebenzigsten Woche, das ist, vierthalb Jahr nach Verfließung der neun und sechzig Wochen zugetragen, und dies [illegible] Zeitpunct [illegible] in die Mitte einer Jahrwoche. Denn diese Rechnung trifft vollkommen gut ein sowohl mit dem, was der Prophet von sieben und zwey und sechzig Wochen bis zur Zeit, da Christus erschienen, das ist, sein Predigtamt anfangen würde, gesagt [illegible], als auch mit der Zeit des Todes Jesu Christi, so vierthalb Jahr hernach erfolgt ist; wie denn dieser Zeitraum eben die Zeit seines Predigtamts ausmacht. Durch diesen Tod Christi aber hat das Mosaische Gesetz aufgehört, die alten Opfer haben ihre Gültigkeit und Kraft verloren, und haben [illegible] und auch besonders mit der Zerstörung der Stadt Jerusalem und des Tempels ihre völlige Endschaft erreichet.

Endlich zur letzten Probe von Erfüllung dieser Prophezeiung in der Person Jesu Chri-

Christi ist zu ersehen, daß der Prophet, nachdem er den Tod Christi angekündiget hatte, gesagt habe, daß die Stadt und das Heiligthum würden zerstöret werden. [illegible] [illegible] der ganzen [illegible] Schwierigkeiten durch eine [illegible] Erfüllung [illegible]; dann, da diese letztere Begebenheit von dem ganzen Volk eingestanden, und auf keine Art in Zweifel gezogen wird, so folgt klar, daß Christus oder der Meßias gekommen; und daß folglich die Weissagung in allen ihren Theilen erfüllet sey.

## §. III.

### Frag.

**Welche ist die dritte Prophezeyung von der Ankunft des Meßias?**

### Antwort.

Jene des Propheten Aggäus. [illegible] [illegible] Jahre nach ihrer Zurückkunft aus der Babylonischen Gefangenschaft [illegible] [illegible] [illegible] Tempel [illegible]. Das Werk [illegible] [illegible], [illegible] [illegible] [illegible], und innerhalb vier Jahr Prophezeyung des Aggäus.

Juden aufbaueten. Dieser zweyte Tempel war zwar freylich nicht so herrlich als der erste in Ansehung der äußerlichen Ordnungen. Da weineten auch viele Juden, wenn sie [illegible] Alters gedachte, sich des Gebäudes des alten Tempels, den welchen David und Salomon ihrer [illegible] Geschlechte erbauet hatten, zu erinnern, sehr betrübt waren, daß dieser so arm ausgeführt würde. Um zu dieser Zeit befahl Gott dem Propheten Haggai, zu den Juden also zu sprechen:

Dieses sagt der Herr der Heerschaaren: es ist noch um eine geringe Zeit zu thun, so will ich den Himmel und die Erde, das Meer und das Trockene bewegen. Und ich will alle Heyden bewegen: und alsdann wird der kommen, nach dem alle Völker verlangen; und ich will dieses Haus mit Herrlichkeit erfüllen, spricht der Herr der Heerschaaren . . . Die Herrlichkeit dieses letzten Hauses wird größer seyn, denn des vorigen.

Frag.

Wie ist diese Prophezeyung zu verstehen?

Antwort.

Es ist klar, daß jener, nach dem alle Völker verlangen, niemand anderst als der Meßias seye, und daß wegen der vorzügli-

chen

dern Ehr, so dieser zweyte Tempel zu Erlebung der leiblichen Gegenwart Jesu Christi in denselben haben werde, dessen Herrlichkeit jene des ersten Tempels übertreffen würde; denn wofern der Messias den zweyten Tempel mit seiner Gegenwart nicht beehret hätte, würde er wohl mit dem ersten können verglichen werden? wie viel weniger diesen an Herrlichkeit übertreffen? der Zeitraum von etlich fünf hundert Jahren, so bis zur Ankunft des Messias noch verfließen sollte, wird eine geringe Zeit benahmset in Ansehung mehrerer tausend Jahr, in welchen der Messias verlanget und erwartet wurde. Endlich kann man unter dem Ausdrucke eines Verlangten von allen Völkern keinen andern als den Messias verstehen, diesen durch welchen alle Völker zur Erkenntniß des wahren Glaubens berufen werden sollten, wie es viele Propheten vorgesagt hatten.

## §. IV.

### Frag.

**Wie wenn lehret die vierte Prophezeyung von der Ankunft des Messias?**

### Antwort.

Von dem Propheten Malachias, welcher am III. Kap. folgende Worte im Namen Gottes gesprochen hat: siehe, ich sende mei-

nen

[illegible] den Engel, und er wird den Weg vor meinem Angesichte bereiten; und also bald wird der Herr, den ihr suchet, und der Engel des Bundes, den ihr begehret, zu seinem Tempel kommen. Siehe! er kommt, spricht der Herr der Heerschaaren.

### Frag.

Wie schicken sich diese Worte auf den Messias?

### Antwort.

Sehr genau. Zum ersten, wollen die Juden durch diesen gesandten Engel niemand anders verstehen können, als den ihnen versprochenen Messias, welcher auch der Gegenstand ihrer Erwartung war; da nun aber der Tempel nicht mehr bestehet, so muß man nothwendig schließen, der Messias seye schon gekommen.

Zum andern, weilen durch diese Verheißung den Juden ohne Zweifel zu forders die Prophezeyungen beschlossen werden; besonders der Prophet Malachias zum letzten unter allen geschrieben hat; und er also von der Ankunft des Messias weniger entfernet gewesen als die andern. Durch diese endigen sich die Werke und Verheißungen, so Gott durch den Mund seiner Propheten seinem Volk gegeben hatte; daraus kann folgen, daß alles, so sie verkündet, nunmehr erfüllet seye.

Denn

# Zweyter Absatz.

Frag.

Giebt es nebst diesen von der Zukunft des Messias noch andere Prophezeyungen von der Geburt, von dem Leben und den Thaten, von dem Leiden und der Auferstehung Christi?

Antwort.

Ja gar viele, gar genaue und deutliche.

§. I.

## Prophezeyungen von der Geburt Christi.

Frag.

Was sagen die Propheten von der Geburt Christi und dessen Umstände?

Antwort.

Erstens sagt Isaias am VII. Kap. Messias werde von einer Jungfrau gebohren werden: siehe eine Jungfrau, (heißt seine Worte), wird empfangen und einen Sohn gebähren, und er wird genannt werden Emmanuel, das ist, Gott mit uns.

Zweytens, sagt Michäas am V. Kap. Christus werde zu Bethlehem gebohren werden und du Bethlehem, im Land Juda, bist mit nichten die geringste unter den [illegible] in Juda; denn von dir wird ausgehen der Herzog, der mein Volk Israel regieren soll. Matth. am II. Kap.

Prophezeyungen von der Geburt Christi. Isaias, sagt [illegible] LX. Kap. David im LXXI. Psalm. Christus werde von den Weisen und Königen angebetet werden. Die Heyden werden in deinem Licht wandeln und die Könige im Glanz deines Aufganges [illegible] ... Sie werden alle aus Saba kommen, Gold und Weyrauch bringen und dem Herrn Lob verkündigen ... Die Könige von Tharsis, und die Inseln werden Geschenke opfern. Die Könige aus Arabien und Saba werden Gaben herzu bringen. Man [illegible] diese Worte dem Salomon nicht zueignen, [illegible] Psalm [illegible] er werde so lang bestehen als die Sonne.

Moyses, sagt Balaam im [illegible] am XXIV. Kap. zur Zeit der Geburt Christi werde ein Stern erscheinen. Ein Stern wird aus Jacob aufgehen. Und dieser [illegible] hat die Weisen aus Morgenland nach Bethlehem geführet.

§. II.

§. II.

# Von dem Leben Christi.

## Frag.

**Was bemerken die Propheten für Kennzeichen an Christo?**

## Antwort.

Insgemein bemerken sie, Er werde sich in einem geringen, armen und unansehnlichen Stand zeigen. Du bist wahrhaftig ein verborgener Gott, du Gott, ein Heiland von Israel, sagt Isaias am XLV. Kap. und Zacharias am IX. Kap. Erfreue dich über die maßen, du Tochter Sion, frohlocke du Tochter Jerusalem: Siehe dein König kommt zu dir, er ist gerecht und ein Heiland, und er ist arm und reitet auf einer Eselin und auf einem jungen Füllen der Eselin.

Er wird seine Stimme nicht erheben und schreyen, sagt ferner Isaias am XLII. Kap. man wird seine Stimme nicht draußen hören, ein zerstoßen Rohr wird er nicht zerbrechen, und einen rauchenden Docht wird er nicht auslöschen.

Sein Reich sollte ein Reich der Seligkeiten seyn, und selbst den Elendesten durch Gnadenworte Hülf und Trost bringen, wie Isaias am LXI. Kap. anführet: der Geist des Herrn ist über mir, darum daß der Herr mich gesalbet hat. Er hat mich gesandt den Sanftmüthigen zu verkündigen, und gesund zu machen jene, so eines zerknirschten Herzens sind; den Gefangenen Erledigung und den Eingeschlossenen die Befreyung zu predigen; daß ich dem Herrn ein Jahr der Versöhnung ausriefe, und den Tag der Rache unserm Gott; daß ich alle Betrübte tröstete; daß ich über die, so in Sion trauren, Sorg trüge, und ihnen gäbe eine Krone an statt der Asche, Freudenöl an statt der Zähren, eine Kleidung des Lobs an statt eines betrübten Gemüths; und man wird darinn Männer von einer starken Gerechtigkeit haben, und man sie nennen die Pflanzen des Herrn zu seinem Lob.

Nachdem Jesus Christus diese Prophezeyung in der Synagoge zu Nazareth öffentlich gelesen hatte, erklärte er den versammelten Juden selbst, daß solche jetzt in seiner Person erfüllet worden. Hodie impleta est haec scriptura in auribus vestris. Luc. IV.

Und

Und spricht Jesaias weiter am XI. Kap. Es wird eine Ruthe aus der Wurzel Jesse hervor kommen, und ein Blum wird aus seiner Wurzel aufgehen, und der Geist des Herrn wird auf ihm ruhen, der Geist der Weisheit und des Verstands, der Geist des Raths und der Stärke, der Geist der Wissenschaft und der Gottseligkeit, und der Geist der Furcht des Herrn wird ihn erfüllen: er wird nicht nach dem Ansehen der Augen urtheilen noch strafen nach dem Gehör der Ohren. Sondern er wird die Arme in Gerechtigkeit richten, und für die Sanftmüthige auf Erden billige Er[illegible] fordern. Er wird die Erde mit der Ruthe seines Munds schlagen, und wird den Gottlosen tödten mit dem Geist seiner Lippen. . . . Gott selbst wird kommen, sehet am XXXV. 4. und wird euch Heil bringen. Alsdann werden die Augen der Blinden aufgehen, und die Ohren der Tauben eröffnet werden.

## §. III.

# Vom Leiden und Sterben Christi.

### Frag.

**Was für Umstände haben die Propheten vorgesagt von dem Leiden und Sterben des Meßias?**

### Antwort.

Sie haben so viele und genaue Umstände so deutlich vorgesagt, daß man meynen sollte, sie erzählten eine vor ihren Augen vollführte Geschichte.

Jesaias am LIII. und vorher am L. Kapitel [illegible] aber wer hat dem Wort, so man von uns gehöret hat, geglaubt, und wem ist der Arm des Herrn offenbar worden. (Eine Klag, daß so wenige Juden [illegible] einer so großen [illegible] die [illegible] Glauben [illegible] haben) und er wird vor ihm aufwachsen wie ein Zweig (wie ein [illegible]) und wie ein Wurzel aus dem dürren Land. Er hat weder Gestalt noch Schönheit; und wir haben ihn gesehen, und es war keine Gestalt da, und wir haben verlangt nach ihm ([illegible] da er am Kreuz hienge, war er in einem so [illegible] und erbärmlichen Stand, daß man ihn nicht mehr erkannte) nach dem verachteten und ge-

ring-

ringsten unter den Männern, nach einem Mann voller Schmerzen, und der die Schwachheit wohl erfahren hat. Sein Angesicht ware gleichsam verborgen. (Er verbarge gleichsam sein Angesicht vor uns, so sich seines Zustands schämte) und voller Schmach, darum haben wir ihn auch nicht geachtet. (Der Prophet redet also in der Person der Juden.) Er hat fürwahr unsere Krankheiten auf sich geladen, und unsere Schmerzen hat er selbst getragen: und wir haben ihn gleichwie einen Aussätzigen gehalten, als einen, den Gott geschlagen und gedemüthiget hätte. Er aber ist verwundet um unserer Missethat willen, und ist um unsrer Sünd willen zerschlagen worden: die Züchtigung unsers Friedens (dadurch wir den Frieden mit Gott erhalten) ware über ihm, und durch seine Wunden seynd wir geheilt worden (von der Sünd und der ewigen Straf erlöst.) Wir giengen alle in der Irre wie die Schaafe, ein jeglicher war auf seinem Weg ausgewichen: und der Herr hat unser aller Missethat auf ihn gelegt. Er ist geopfert worden, weilen er es selbst gewollt hat, und er hat seinen Mund nicht aufgethan: er wird wie ein Schaaf zum Tod geführet werden, und schweigen wie ein Lamm vor dem, der es scheeret, und wird seinen Mund nicht aufthun. Aus der Angst

Weissagungen vom Leiden und Sterben Christi.

Angst und dem Gericht ist er hingenommen worden (nach überstandenem Zorn und und schmählichen Tod ist er von der Welt abgeführt) wer wird seine Geburt aussprechen? (die ewige und geistliche Geburt seiner Gottheit ist unaussprechlich) denn er ist vom Land der Lebendigen abgeschnitten. Um der Sünd willen meines Volks hab ich ihn geschlagen, und er wird die Gottlose für sein Grab geben (die von dem auf Grab gelegten Soldaten und Wächter) und den Reichen für seinen Tod (den Joseph von Arimathäa) darum daß er kein Unrecht gethan hat, und kein Betrug in seinem Mund gewesen. und der Herr hat ihn in Schwachheit zerknirschen wollen: Wenn er sein Leben für die Sünd geben wird, so wird er einen langwierigen Samen sehen, und der Will des Herrn wird in seiner Hand glücklich fortgehen. (nämlich der Schluß, die Menschen durch Christum zu erlösen) darum daß seine Seel gearbeitet hat, wird er sehen, und gesättiget werden (sein Leiden wird große Freude bringen) durch seine Erkenntnuß wird mein Knecht der Gerechte selbst viele gerecht machen, und er wird ihre Ungerechtigkeit selbst tragen. Darum will ich ihm sehr viele zum Theil geben, und er soll den Raub der Starken austheilen; weilen er seine Seel in den Tod übergeben hat, und ist unter die Uebelthäter

gerech-

gerechnet worden; und er hat vieler Sünde getragen, und hat für die Uebertreter gebethen.

Weiter am L. Kap. sagt der Prophet Isaias im Namen des Meßias: Gott der Herr hat mir das Ohr eröfnet, und ich sage nichts darwider, ich bin auch nicht zurück gegangen. Meinen Leib hab ich denen, so mich schlugen, und meine Wangen denen, so mich rauften, überlassen. Ich hab mein Angesicht von jenen nicht abgewendet, die mich geschmähet und verspeyen haben. Gott der Herr ist mein Helfer, darum bin ich nicht zu Schanden worden. Derowegen hab ich mein Angesicht gesetzt, wie einen sehr harten Stein; und ich weiß, daß ich nicht werde zu schanden werden; der mich rechtfertiget, ist nah: wer wird sich gegen mich mit Widerspruch setzen?

Es hat auch der königliche Prophet David deutlich vorgesagt, der Meßias werde von Juden gehasset werden und darum sterben. Dieses erhellet deutlich aus so vielen Stellen der Psalmen, die nimmer auf die Person des Davids können ausgeleget werden.

Alle, so mich sahen, spricht er am XXI. Psalm, spotteten meiner; sie schüttelten den Kopf und sagten: er hat auf den Herrn gehofft, nun errette ihn der Herr und helfe ihm aus. . . . Viele Hunde haben mich umgeben, und die Rott der Boshaftigen hat mich umlagert; sie haben meine Hände und meine Füße durchgraben, und alle meine Gebeine gezählet. Meine Kleider haben sie unter sich getheilet, und über mein Gewand das Loos geworfen. Du aber, o Herr, entferne deine Hülf nicht von mir, befreye meine Seel von dem Wüten der Hunde.

Und am LXVIII. Psalm. Deren, so mich ohne Ursach hassen, seynd mehr worden, als Haare auf meinem Haupt seynd. Meine Feinde, so mich ohne Fug und Recht verfolgen, seynd stärker worden; und da hab ich bezahlt, was ich nicht genommen hab . . . um deinetwillen, o Herr! hab ich Schmach ausgestanden. Die Schande hat mein Angesicht bedeckt. Meinen eigenen Brüdern bin ich fremd worden, und wie ein Ausländer den Kindern meiner Mutter; denn der Eifer deines Hauses hat mich verzehret. . . . Ich hab gewartet, ob jemand mit mir Leid trüge und mir Trost brächte, aber ich hab niemand gefunden. Und sie gaben mir Gall zur Speis, und in meinem Durst tränkten sie mich mit Essig.

Ferner liest man im XL. Psalm, und der H. Petrus in den Apostelgeschichten als

eine

eine Vorhersagung des Davids von der Verrätherey des Judas enthält: Ein Mensch, der friedlich mit mir lebte, auf den ich meine Hoffnung gesetzt hatte, der auch mein Brod aß, dieser hat sich meuchlerisch bestrebet, mich ins Verderben zu stürzen. Aber du, o Herr, wirst dich meiner erbarmen, und mich wiederum aufrichten, und alsdann werde ich es ihnen vergelten.

Einen andern Zug des leidenden Christi sieht Jeremias in den Klageliedern am III. Kap. v. 30 an: Er wird seine Backen dem Schlagenden darreichen, und mit Schmach erfüllet werden.

Zacharias am XII. Kap. schildert die Gesinnungen der bekehrten Juden ab in Ansehung des Gekreuzigten. Ich will den Geist der Gnad, sagt Gott, und des Gebethes über das Haus Davids „und über die „Inwohner zu Jerusalem ausgießen; und sie „werden mich anschauen, den sie durchstochen „haben, und werden ihn beklagen, gleichwie „man einen eingebohrnen Sohn beklaget; und „sich über ihn betrüben, gleichwie man sich über „den Tod eines Erstgebohrnen pflegt zu be„trüben.“

Eben dieser Prophet zeigt am XI. Kap. den Werth genau an, um welchen Christus ist von den Juden verkauft worden. Sie

haben

haben mich geschätzt, und mein Werth war 30 Silberling.

Daniel, wie oben gemeldet worden, bestimmt die Zeit des Todes Christi: nach sieben und sechzig Wochen wird Christus getödtet werden, und das Volk, so ihn verläugnen, wird sein Volk nicht mehr seyn.

## §. IV.

## Von der Auferstehung Christi.

### Frag.

**Was haben die Propheten gesagt von der zukünftigen Auferstehung Christi?**

### Antwort.

Sie haben mit Sinnbildern und Worten selbige lang zuvor verkündet.

David aber schreibt davon im XV. Psalm: Ich habe den Herrn allzeit vor Augen; denn er ist mir zur Rechten, damit ich nicht bewegt werde; darum hat sich mein Herz erfreuet, und meine Zung hat gefrolocket: so wird auch über das mein Fleisch in Hoffnung ruhen; denn du wirst meine Seel in der Hölle nicht lassen, noch gestatten, daß dein Heiliger die Verwesung sehe. Du hast mir

Vorhersagungen von der Auferstehung Christi.

Die

die Wege des Lebens kund gethan, und wirst mich durch dein Angesicht mit Freuden erfüllen. Zu deiner Rechten ist Lust und Freude ewiglich.

Daß durch diese Worte eine Vorstellung und Weissagung von der Erweckung des Cörpers und der Erlangung eines neuen Lebens angedeutet werde, ist wohl deutlich genug. Man konnte solche von David nicht gepredigt werden, als dessen Cörper in dem Grab der Verwesung unterworfen war, und von keinem andern als von Christo kann diese herrliche Verheißung von der Unverweslichkeit und der Auferstehung zum Leben erkläret werden, wie solches die HH. Petrus und Paulus in den Apostelgeschichten am II. und XIII. Kap. gegen die Juden klar bewiesen haben.

Eine solche Auferweckung will David anzeigen am III. Psalm durch die Worte: Ich bin eingeschlafen und in einen tiefen Schlaf gefallen, und bin wiederum aufgestanden, denn der Herr hat mich aufgenommen. Wie auch durch jene am IX. Psalm: Du erhöhest mich von den Pforten oder Gewalt des Todes, damit ich all dein Lob in den Thoren der Tochter Sion erzähle.

Wie gewaltig aber ist die vorbildliche Geschichte des Jonas auf die Auferstehung

Christi

Christi? er wird verschlungen von einem grossen Fisch, und bleibt drey Tag und Nächte verschlossen in dessen Bauch, und gehet hernach ganz frisch heraus. Christus wird vom Tod verschlungen, in die Erde gesenkt, bleibt daselbst [illegible], und stehet am dritten Tag ganz glorreich von dem Grab auf. Wie dieser Auslegung hat Christus selbst Matth. am XII. Kap. das prophetische Sinnbild des Jonas auf sich gedeutet.

Mehrere dergleichen prophetische Reden von der zukünftigen Auferstehung des Welt-Heilands enthalten die schon oben angeführten Prophezeyungen.

## Sechstes Kapitel.

## Von den Prophezeyungen, so die Bekehrung der Heyden und die Zerstreuung der Juden verkündigen.

### Frag.

**Giebt es einige ausführliche Prophezeyungen zur Probe, daß der Meßias wirklich angekommen sey?**

### Antwort.

Ja: und zwar [illegible] besonders merkwürdig; nämlich die Bekehrung der Heyden, und die

die Zerstreuung der Juden: beyde bestehen noch heut zu Tag in der ganzen Welt.

## §. L.

### Frag.

**Was sagen die Propheten von der Bekehrung der Heyden?**

### Antwort.

Sie sagen an vielen Orten deutlich vor, daß solche erfolgen werde.

1) David redet als ein Prophet am XXI. Psalm, in welchem er das Leiden Christi so lebhaft vorgestellet hat: Ich will dich loben, o Herr, in einer grossen Versammlung des Volks; ich will meine Gelübde erfüllen, vor dem Angesichte derjenigen, die ihn fürchten. ... Alle Länder der Erde, bis zu dessen Ende, werden des Herrn sich erinnern und sich zu ihm bekehren. Alle Geschlechter der Heyden werden ihn anbethen und sich vor ihm niederwerfen. Denn das Reich gehöret ihm zu, und er wird herrschen über die Heyden. ... Die Armen werden essen und ersättiget werden: die den Herrn suchen, werden ihn loben, ihre Herzen werden leben in E-

ewigbeugten. Alle Mächtige der Erden werden auch essen, und ihn anbeten: alle werden vor seinem Angesicht niederfallen, und sich in dem Erdstaub verdemüthigen.

Prophezeyungen von [illegible] Erlösung [illegible]

a) Isaias spricht am LXII. 1. Um Sions willen werde ich nicht schweigen, und um Jerusalems willen will ich nicht ruhen, bis daß ihr Gerechter, so ihr zum Heiland seyn wird, wie ein brennende Fackel hervorbreche: dann damals werden die Heyden deinen Gerechten sehen (o Sion) und alle Könige deine Herrlichkeit, und man wird dir einen neuen Namen geben, den der Mund des Herrn nennen wird.

Wieder am XLII. Kap. und XLIX. Kap. 1. v. lesen Isaias geschrieben: Siehe das ist mein Knecht, ich will ihn aufnehmen: er ist mein Auserwählter, meine Seel hat an ihm ein Wohlgefallen. Ich hab ihn mit meinem Geist erfüllt: er wird den Heyden das Recht vorbringen.... Ich habe dich zum Licht der Heyden gesetzt, auf daß du die Augen der Blinden aufthuest.... Singet dem Herrn ein neues Lied, sein Lob geht vom äussersten Ende der Erden....

Ein

Sie werden dem Herrn Ehre geben, und sein Lob in den Insulen verkündigen... Siehe ich hab dich zum Licht der Heyden gegeben, auf daß du mein Heil seyest bis zum Ende der Erden.

Ferner am LIII. Kap. da von dem Messias die Rede ist, meldet Isaias: wenn er seine Seel für die Sünd geben wird, so wird er eine langwierige Nachkommenschaft sehen, und der Wille des Herrn wird in seiner Hand glücklich fortgehen: er wird den Frucht seiner Arbeit und Leidens sehen, und davon ersättiget werden. Der Gerechte mein Knecht wird durch seine Lehr viele gerecht machen, und er wird ihre Ungerechtigkeiten selbst tragen. Darum will ich ihm sehr viele zum Theil geben.

Und am LII. Kap. Dein Gott wird herrschen; man hört schon die Stimme deiner Wächter, sie werden ihre Stimmen aufheben, und zugleich das Lob singen, denn sie werden mit ihren Augen sehen, daß der Herr Sion bekehret habe. Freuet euch und frolocket miteinander ihr Wüsten von Jerusalem, denn der Herr hat sein Volk getröstet, und hat Jerusalem erlöset: der Herr hat seinen heiligen Arm bereitet vor den Augen aller Heyden, und alle Enden des Erdbodens werden das Heil unseres Gottes sehen.

Merke auf mich mein Volk, sagt Gott der Herr beym Jsaias am 51. Kap. und ihr meine Gemeine höret meine Stimme; denn es soll ein Gesetz von mir ausgehen, und meine Gerechtigkeit soll über die Völker Licht bringen. Mein Gerechter ist nahe, mein Heiland ist ausgegangen, und mein Arm soll die Völker richten. Die Jnsulen (die [illegible] über Meer gelegen [illegible]) werden auf mich warten, auf meinen Arm werden sie hoffen.

## Schluß.

[illegible]

§. II.

## II.

### Frag.

**Ist die Zerstreuung der Juden eben so klar angezeigt worden?**

### Antwort.

Ja durch mehrere Propheten.

1) David spricht in der Person Christi am LVIII. Psalm. Gott hat mich sehen lassen seinen Entschluß über meine Feinde: Herr vertilge sie nicht gänzlich, auf daß mein Volk allzeit vor Augen habe die Beyspiele deiner Gerechtigkeit; zerstreue sie in deiner Macht, und mache sie verwerflich, o Herr mein Beschirmer.

Von welcher [illegible] die Zerstreuung der Juden.

Oseas der Prophet spricht am III. Cap. Die Kinder Israel werden viele Tage lang seyn ohne König, und ohne Fürsten, und ohne Opfer, und ohne Altar, und ohne Ephod, ohne Teraphim (das ist, ohne allen ihren priesterlichen Gottesdienst) und darnach werden sie wieder umkehren, und werden den Herrn ihren Gott und David ihren König suchen, und sie werden sich entsetzen über den Herrn und über seine Güte in den letzten Tägen.

Amos saget am IX. Kap. was der Herr der Heerschaaren gesprochen hat: das Hauß Jacob will ich nicht gar vertilgen; denn siehe, ich will Befehl geben, und will das Hauß Israel unter allen Heyden zerstreuen.

## Anmerkung.

Wer sehen aber nicht heut zu Tage noch die Erfüllung dieser und dergleichen anderen Drohungen? der gegenwärtige Zustand der Juden, ihre Zerstreuung auf dem ganzen Erdboden, die Verachtung, in die sie gerathen, sind ja ein deutlicher Beweis, daß ihnen alles dieses zu einer Strafe begegne wegen dem von ihnen verworfenen Meßias, durch den sie wiederum ermahnet werden, ihren David, den sie nicht erkennen haben, zu suchen. Daß aber durch diesen Namen David kein anderer als der versprochene Meßias verstanden werde, ist handgreiflich; denn wir lesen diesen Namen in den Propheten lang nach dem Tod des Königs David, und den sie folglich zur Zeit des Amos und anderer Propheten nicht mehr haben und sie den suchten.

## §. III.

### Frag.

**Was für Folgen mag man aus der Bekehrung der Heyden, und aus der Zerstreuung der bis nun zu verstockten Juden ziehen?**

### Antwort.

Erste wichtige Anmerkungen über die wunderbaren Vorsichtigkeit Gottes; denn erstens. da die Juden auf dem ganzen Erdboden zerstreuet sind, haben sie auch überall die heilige Schrift, die sie in größten Ehren halten, ausgebreitet, und wider der Glaubwürdigkeit und dem Ansehen derselben ein [illegible] unverdächtiges Zeugnuß abgestattet. Wichtige Folgen aus [illegible]

Zweytens. Da die Heyden an den Glauben bekehret worden, wie man solches in eben diesen heiligen Bücher vorgesagt liest, so haben selbige gesehen, was die ersteren nicht haben sehen wollen, nämlich, daß der ihnen angekündete Meßias eben derjenige seye, den die heilige Bücher versprochen hatten; und also sind die Juden [illegible] ihrer Zerstreuung die aller [illegible] Zeugen worden, das Ansehen der heiligen Schrift zu bestättigen. Denn, indem sie selbige als ein göttliches Buch ansehen, haben sie zugleich den Grund des Glaubens an Jesum Christum angenommen; dare Augen aber waren verschlossen, um die aus ihrem Zeugniß nothwendig entstehende Folgerungen daraus zu ziehen, das ist, sie hatten die Erfüllung eben dieser Schriften nicht sehen, und nicht erkennen wollen, daß Christus wirklich gekommen sey. Im Gegentheil haben sich die Heyden, so bald sie eingesehen, daß die Verblendung der Juden nicht freywillig aufgehalten; sondern sie geglaubt, daß solche Verblendung vorgesagt war, und daß die Juden nach den Worten des Davids im LXIII. Psalm, des Isaias am L und XXIX. Kap. wirklich Augen haben, und nicht sehen; Ohren haben, und nicht hören rc.

## §. IV.

### Frag.

**Wie gereichen den Heyden das Zeugniß der ungläubigen Juden zur heilsamen Stärke des Glaubens?**

### Antwort.

Wie hierinn der H. Augustinus schreibt, da man nämlich den Heyden in den Büchern des Moyses, des Davids und der Propheten alles zeigte, was Jesu Christo widerfahren ist, [illegible] den Verdacht der Gedichte, da sie mit ihren Augen sahen, so bekannten sie, die Prophezeyungen seyn klar;

und

und hatten kein anderes Mittel, die hieraus entstehende Folgen von sich abzulehnen, als eine Vorgebung, sie glaubten solche ebenso falsch, und daß der Gebrauch Jesu Christi die Hebräer Bibel eingeführt; allein die Christen, um solchem Vorwurf zu begegnen, ermahneten die Heyden, über die Glaubwürdigkeit ihrer biblischen Prophezeyungen die Juden zu befragen. Als nun die Juden von den Heyden, so die Wahrheit aufrichtig suchten, befragt wurden, erklärten sie ihnen ganz zuverläßig, Moyses sey ein Mann gewesen, den Gott gesandt habe, die Geschichte zu lehren; solcher habe ein tausend Jahr vor Christi Geburt gelebt; daher bedienten sie sich für die Wahrheit ihrer Schriften, als welche alte und unverfälschte zu erhalten, seyen allzeit auch desselben ergeben gewesen. Auf solche Art wurden die Heyden von der Gewißheit unseres Glaubens überzeugt, als sie merkten, daß die Juden, obschon sie die größte Feinde von Jesu Christo waren, ein solches Zeugniß ablegten, welches die alleinige Wahrheit aus ihrem Munde erzwingen konnte. Derhalben blieben von den Prophezeyungen herkommende Gründe ihnen von aller Seite unüberwindlich verwahret; indem die Prophezeyungen nach Eingeständniß der Heyden ganz klar, und nach Aussag der Juden ganz gewiß waren.

Ehemaliger Begriff der Juden wegen der Heyden.

§. V.

W (

## §. V.

### Frag.

**Dienet der jetzige Zustand der Juden zur Bestätigung der Christlichen Religion?**

### Antwort.

Der heutige Zustand der Juden ein Wunder der Religion.

Der so lang fortdauernde gegenwärtige Zustand dienet der Christlichen Religion zu einem ewigen fortdaurenden Zeugniß; sie allein kann von diesem Volk und seinem so langen und in seiner Art so seltsamen Zustand eine gegründete Ursach geben. Sie seynd auf dem ganzen Erdboden zerstreuet, und seynd überall ein Gegenstand der Verachtung und des Hasses. Sie werden allzeit gehasset, verfolget und getrieben, und doch niemal ausgerottet und vertilget; sie können weder andere Völker zu sich ziehen, noch mit solchen sich vermischen, welches Schicksal doch so viele alte ehemals mächtige Völker erfahren haben; nein, sie tragen dieß Merkmal auf sich das zweyfache Strafgericht einer Verwerfung und einer schrecklichen Erhaltung. Nun aus einer so erstaunlichen Sonderheit weiß die Christliche Religion allein die Ursachen anzugeben: sie weiß, daß die Verschändung der Juden in den heiligen Büchern vorgesaget seye; daß ihre lange Gefangenschaft allen Weißagungen und ausdrücklich bewiesen seye; sie weiß auch, daß dieß nur als denn ihre Gefangenschaft endigen werde, wenn die

die Juden aus ihrem Vaterland vertrieben, und sich zu jenem wandern würden, welchen ihre Väter gekreuziget haben; daß sie hernach als die zerstreute Jünger und Gläubige angesehen werden. Sie sagt ferner, daß Jesus Christus selbst die Zerstörung des Tempels und der Stadt Jerusalem vorgesagt habe als ein gerechte Straf der Juden, so gegen ihn so unbarmherzig gewesen, und sich so hartnäckig bezeigt haben, den Glauben anzunehmen. Dieses begreiffen kann ein Jeglicher auf die Sache bringen.

## §. VI.

## Anmerkung über die Prophezeyungen.

Wenn ein einziger Prophet alles vorgesagt hätte, was Jesus Christus gethan und gelitten hat, und auf seinen Tod erfolgt seyn, nämlich die Bekehrung der Heiden und Verwerfung der Juden, so würde es ein überaus grosses Wunder seyn; aber wie viel grösser und herrlicher ist solches, da viele Propheten, so dem Ort und der Zeit nach von einander unterschieden waren, alles dieses vorgesagt und schriftlich aufgezeichnet haben.

Schluß aus den Prophezeyungen auf Christum.

## Frag.

**Nachdem nun erwiesen worden, daß der versprochene Messias wirklich gekommen seye, wie wird ferner bewiesen, daß Jesus Christus eben dieser Messias seye?**

### Antwort.

Dieses beweiset man mit den nachfolgenden Schlüssen:

Jener ist der wahre Messias, welcher alle diesen Kennzeichen trage, und alles erfüllt hat, was die Propheten vorgesagt haben, daß es der Messias erfüllen würde. Wenn nun erwiesen wird, daß Jesus Christus alle Kennzeichen des Messias trage, und alles erfüllt habe, was die Propheten von dem Messias verkündiget haben, so folgt unwidersprechlich, daß Er seye der wahre Messias, und kein anderer kann es seyn.

### Frag.

**Wie wird alles dieses von Jesu Christo erwiesen?**

### Antwort.

Durch die Geschichte von dem Leben und Leiden Christi und alles andern, so seine Person angehet, welches von den Evangelisten und Aposteln beschrieben worden; mit einem Wort: durch die Zeugnisse des neuen Testaments, dessen Ansehen und vollständige Glaubwürdigkeit nun ganz außer allem Zweifel zu setzen ist.

Dritte

# Dritte Abhandlung.

## Von der göttlichen Offenbarung im neuen Testament.

### Erstes Kapitel.

### Von der Glaubwürdigkeit des neuen Testaments.

**Frag.**

**Mit was für Gründe wird die Glaubwürdigkeit des neuen Testaments dargethan?**

**Antwort.**

Mit den allerwichtigsten, so je für das Ansehen einer Sache können beygebracht werden; und man mag sie auf fünf Hauptbeweise zusammen ziehen.

### §. 1.

**Frag.**

**Worinn bestehet der erste Beweis?**

**Antwort.**

In dem allgemeinen Zeugniß der ganzen christlichen Versammlung zu allen Zeit, in allen Ländern, als welche durch ihre erste Glaubenslehrer und so viele mit einhelligem Glaubensgründen von der Gewißheit solcher Bücher vollkommen überzeugt, eine solche Gewißheit von Hand zu Hand mit allseitiger Glau-

Einstimmung [illegible] [illegible] [illegible] [illegible] [illegible] [illegible] [illegible] [illegible] [illegible] Ueberlieferung [illegible] [illegible] Christen, aus Juden und Heyden Ge-[illegible] [illegible] Welt, welches so viele und so unterschiedene Schriftsteller von den Aposteln an durch alle Jahrhunderte ein gleichlautendes Zeugniß beylegen, welche so gar die ärgsten Feinde der Christen, als da sind die Jüden, Heyden und Ketzer allzeit für bekannt und unstreitig gewiß angenommen haben. Wo ist ein Buch in der Welt, das für seine Glaubwürdigkeit ein so mächtiges Zeugniß aufführen kann?

## §. II.

### Frag.

**Woher kommt der andere Beweis?**

### Antwort.

Aus der Beschaffenheit der Bücher des neuen Testaments; [illegible] [illegible] nach dem übereinstimmenden Zeugniß der ganzen [illegible] Ueberlieferung solche Verfasser haben, die zur Zeit, da die Dinge geschehen [illegible] gelebt und sich alles mit Augen gesehen haben. Zum andern, [illegible] [illegible] an jenem Orte geschrieben worden, wo [illegible] [illegible] zugegen waren, die alles mit ihren Augen gesehen, oder die mit diesen geredet hatten; welche sich folglich mit Erdichtungen nicht [illegible] [illegible] [illegible] [illegible] [illegible] [illegible] beschäftigen lassen, [illegible] [illegible] [illegible] [illegible] [illegible]

[illegible] Beweis aus der Glaubwürdigkeit des neuen Testaments.

[illegible]

sus Christus, wie man gar vielen erfahren ist, wieder geglaubt haben. Zum dritten. Können selbige sogleich jemand zu Gesichte, so gar vollkommener Erkenntniß der Sachen und aus angenommenem Haß gegen Christum und den Christlichen Glauben gewißlich nicht unterlassen haben, aber den Betrug zu überzeugen, wenn etwas verglichen mit den Büchern des neuen Testaments wäre geschickt worden. Denn von solcher Art waren die Pharisäer und Verfolger der Juden. Zum vierten. Was man in diesen Büchern gemeldet wird, schickt sich vollkommen auf die Verfassung der Welt so wohl bey den Römern als bey den Juden zur Zeit der Kayser Augustus und Tiberius.

## §. III.

### Frag.

**Worauf beziehet sich der dritte Beweis?**

### Antwort.

Auf die Eigenschaft der Verfasser des neuen Testaments; denn diese macht sie alles Vertrauens und Glaubens würdig. Also geben sie erstens deutlich ihre Aufrichtigkeit zu erkennen durch ihre ganz genaue ungekünstelte und einfältige Schreibart. Zweytens, ihre Treue und guten Glauben in Erzählung der Sachen, wie sie geschehen; sie verhehlen nicht ihre Unwissenheit, Mängel und Fehler; sie

sie verschweigen nicht, und ihnen zur Warnung erzählen; sie beschreiben auch allen Ausschweifungen das schreckliche Elend und Gericht [illegible]. Drittens, ihre Aufrichtigkeit und [illegible] in Erzählung alles dessen, was sie geschrieben haben; unsere Verehrungen unserer [illegible], auch der [illegible] Tod selbst konnte sie zum Schweigen oder anders zu reden bringen. Wie erscheinen nicht alle Glauben, die, was sie geschrieben, mit ihrem Blut bestätigt, und dennoch die Welt zur Erkenntniß des wahren Glaubens brachten!

## §. IV.

### Frag.

### Woher fließt der vierte Beweis?

### Antwort.

Aus dem Innhalt der Bücher des neuen Testaments. Sie begreifen diese vortreffliche Glaubenslehren, von welchen wir einen [illegible] Begriff in der [illegible] Glaubensbekenntniß haben; Sittengesetze [illegible], die zur Liebe Gottes und des Nächsten, zur Demuth und Sanftmuth, zur Geduld, Mäßigkeit und Keuschheit, zu allen christlichen Tugenden mit [illegible] Deutlichkeit und Nachdruck anführen. Drittens, Geschichten, besonders von Jesu Christo, von seiner Geburt, Lehren, Wunderwerken, Leiden und Ster-

Marien, von seinen Jüngern und Aposteln, von ihren Bezeichnungen und glaubwürdigen Gelehrten, welche so offenbar und befriedigend waren, daß sie auch von den schärfsten Critik angenommen, und von anderen aus diese Zeit schreibenden Geschichtschreibern eingezogen wurden. Wir sollen nicht [illegible] bessere Bücher ein so neues und so herrliches Religionsgebäude haben erwählen, und womit die vernünftige große Welt betrügen können?

§. V.

Frag.

Was giebt den fünften Beweis?

Antwort.

Die Folge unbegreiflicher Ungereimtheiten im Fall, daß diese Bücher unrichtig wären; denn es würde erfolgend folgen, daß der größte und beste Theil der Welt seit achtzehn hundert Jahre in einem erschrecklichen Irrthum gelebt habe; welcher die allergelehrtesten und scharfsinnigsten Männer in allen Jahrhunderten [illegible] und gegen alle Einwürfe der Heiden und Juden zu Christen gemacht habe; ungezählte Märtyrer am Glauben den Tod [illegible]; welcher so viele Concilia allen Versammlungen der berühmtesten Kirchenlehrer [illegible] Glaubensgrundsätze haben veranlasset, und so viele Millionen [illegible] Gott zu dienen [illegible]

[illegible]

[illegible] daß dasjenige Genie zur Ausführung der be- sonderlichen Angelegenheit durch einen unbe- greiflichen [illegible] verschaffen habe. Zwey- tens würde folgen, daß durch einen der ersten Ungestalten ersinnlichen Glücksfall alle zu so verschiedenen Zeiten von vielen ganz unter- schiedenen Propheten ausgegangene Weissa- gungen auf die einzige Person Jesu Chri- sti ohne allen Grund und doch ganz ge- nau eintreffen; von welchen auch einige und zwar sehr wichtige, nämlich, jene des Jacobs, des Daniels, des Michäas gerade von der Zeit geredet haben, zu welcher Christus sich hat sehen lassen. Drittens würde folgen, daß z. B. Matthäus, Joannes, Petrus, Paulus u. s. w. die Verfasser jener Bücher und Briefe nicht wären, von welchen sie den Namen tragen; und daß vielleicht der [illegible] allein die Christliche Religion [illegible] auch [illegible] man den Verfasser eines Buches [illegible]. [illegible] [illegible] [illegible] wir [illegible] stärkere Grün- de für die Verfasser dieser Bücher, als von den Verfassern aller anderen Bücher haben; und auch sogar die Evangelisten [illegible] anderer Verfasser derselben [illegible] eigenen Namen. Viertens. Wenn man aber die Apostel für Verfasser annimmt, so würde folgen, daß selbige die aller unwissendesten und gewissen- losesten, aber die aller [illegible] Menschen gewesen, als welche einen theils durch sträf- lich [illegible] [illegible] und [illegible] erdichtete Wunderwerke, die [illegible] in [illegible] Ge-

[illegible]

[illegible] so erfüllen, oder dieser Lehrsätze und in den schrecklichsten Umständen so un- [illegible] Welt zur Tugend und zur Erkenntniß des wahren Gottes haben bringen können; anderer [illegible] aber auch kein Verbrechen getragen, zur Bestätigung der von ihnen selbst geschriebenen Nachrichten, und zur Zeugniß einer, wie sie gelehret hätten, auch dem schmählichen Kreuztod zum neuen Leben [illegible] [illegible], [illegible] Leben unter beständigen Verfolgungen zu führen und den schmerzlichsten Tod auszustehen. Wer kann aber diese und andere solche ungereimte Folgerungen leiden, oder über die Torheit der Freygeister zu lachen oder Mitleiden zu bezeugen?

## § VI.

### Frag.

**Könnte man nicht sagen, die Bücher des neuen Testaments wären von einem späteren Betrüger erdichtet, und den Aposteln zugeschrieben worden?**

### Antwort.

Dieses Vorgeben ist ganz und gar unmöglich.

Erstens. Weilen, da man von einem Jahrhundert auf das andere zurück geht, täglich erkennen muß, daß die erste Christen

 allzeit

allzeit diese Bücher vor Augen gehabt, und als die Grundsäule ihres Glaubens angesehen haben; daß solche als göttliche Bücher von den ältesten heiligen Vätern, von dem Heil. Clemens, dem Heil. Ignatius, dem Heil. Polycarpus, von Heil. Irenäus, so um die Zeit der Apostel gelebt haben, oder ihre Jünger gewesen, angezogen und angeführet worden.

Einwurf. Wenn diese Vorgeben als eine Schrift der Glaubwürdigkeit wäre, so müßte ein solcher Betrug in den allerersten Zeiten der Kirche geschmiedet worden seyn; denn alle Christen haben diese Bücher beständig und einhellig den Aposteln zugeschrieben. Allein auch in diesen ersten Zeiten war es unmöglich: denn wie kann man sagen, daß z. E. die Briefe des H. Paulus zu vielen ganzen Christlichen Gemeinden als der Römer, der Corinthier und Epheser seyen geschrieben worden, wenn diese nicht wahrhaft gewesen? wie hätte man solche Gemeinden überreden können, ihnen einen vergleichen Briefe zu Handen gekommen, wenn es in der That falsch gewesen wäre? zu dem muß man hier erwähnen alle Theile, so das neue Testament ausmachen, sey es alleingezogen, oder sie alle eingeführet; welches sich kein einziges Evangelium, kein einziges Sendschreiben des H. Paulus, des H. Petrus, des H. Johannes weis finden, welches nicht alle wesentliche Geschichte

Unmöglichkeit der Betrügerei in Ansehung des neuen Testaments

lehr

ten, ohne welche kein Christenthum Platz hat, aufzustellen. Und wenn auch nie ein Ketzer oder Ungläubiger in irgend einem Zeitalter, der sich erkühnt hätte zu sagen, alle diese Bücher wären untergeschoben, [illegible] [illegible] sie in den ersten Zeiten der Christenheit in den Händen aller Christen sich befunden. Würde der Geist, wenn sich jemand unterfangen hätte, etwas an diesen Büchern zu ändern, besonders in wesentlichen Stücken, so würden sich alle Christen dagegen aufgelehnt haben, und die Feinde der christlichen Religion, als da waren Julianus der Abtrünnige, Porphyrius, Celsus &c. samt allen Ketzern der Kirchen, die in den ersten Zeiten der Kirche aufgestanden, würden nicht ermangelt haben, ihren Vortheil daraus zu ziehen. Allein, zum Trost aller dieser Glaubenswahrheiten, ist das Ansehen des neuen Testaments rein und unverfälscht erhalten worden.

[illegible]. Die unendliche Zahl der Abschriften und Uebersetzungen, so man gleich Anfangs vom neuen Testament gemacht, würde die Verfälschung solcher Bücher unmöglich gemacht haben; absonderlich in den wesentlichen Geschichten, als da sind die Wunderthaten Jesu Christi, seine Auferstehung, seine Himmelfahrt, die Ankunft des heiligen Geistes über die Apostel, die damals empfangene Gabe viele Sprachen zu reden und Wunder zu thun. Nun kann man diese Geschichten nicht für untergeschoben halten, wenn man nicht zuvor die ganze heil. Schrift des neuen Testaments für erdichtet und untergeschoben hielte, weilen der Innhalt dieser Bücher nur aus diesen Geschichten oder aus Sachen, so sich darauf beziehen, bestehet, die nichts falsch wären, wenn obige Geschichten keinen Grund hätten.

## §. VII.

### Frag.

**Hat das neue Testament niemal einige Verfälschung erlitten?**

### Antwort.

Daß solches niemal geschehen seye, wird genug klar, wenn man nur beobachtet, wie alle Lehrer des neuen Testaments, und welchen eine unendliche Anzahl in den Kirchen aller heiligen Väter angetroffen wird, eine vollkommene Gleichförmigkeit haben. Diesem allem kommt noch hinzu, daß die Apostel allzeit als Leute, so die göttliche Eingebung hatten, geredet haben: und sie waren es in der That, denn da Jesus Christus ihnen das Apostelamt, die Völker zu lehren, aufgetragen, hat er ihnen nicht nur sein Ansehen und Gewalt, sondern auch seine Weisheit mitgetheilt, ohne welche das Ansehen von keinem Nutzen gewesen; er hat sie ausdrücklich versprochen, um ihnen seinen Geist mitzutheilen.

Unmöglichkeit der einigen Verfälschung.

Er-

*insufflavit et dixit eis: accipite Spiritum Sanctum.* Joann. XX. [illegible] Er hat ihnen den Verstand aufgethan, damit sie die Schrift verstünden, *aperuit illis sensum, ut intelligerent Scripturas*, Luc. XXIV. [illegible] So sagt auch der H. Paulus im [illegible] zu den Corinthern c. [illegible] Gott ermahnet sie durch seinen Mund: *tanquam Deo exhortante per nos.*

## §. VIII.

### Frag.

### Woraus erhellet noch mehr die göttliche Eingebung bey den Aposteln?

### Antwort.

Aus einer ungezweifelten Folge; denn wenn sie vom göttlichen Geist nicht wären regieret worden, [illegible]

[illegible]

welche sie durch ihr eigenes Beyspiel zu be- gleichen Wercken angefrischt haben. Aber wie mag wohl ein solche [illegible] einem vernünftigen Menschen zu Sinne kommen, wann er erwäget, daß von einem kleinen Hau- fen, die auch übrigen angesehenen Bürgern nur andern zu erwählen, [illegible] [illegible] ten, und sich als von Gott erleuchtete Men- schen groß zu machen gesucht haben, solche Schriften und Bücher [illegible] [illegible] gestellet wor- den, welche die allervortrefflichste Frucht, die Gott- seligkeit, die Lieb Gottes und des Näch- sten einzuflößen; welche angefüllt seynd mit so starken, so beweglichen, so oft wiederholten Ermahnungen zur Forcht Gottes; die zu ihm als dem Mittelpunct aller Wesen alle wollen gerichtet haben; die durch und durch gegen die Sünd und sündliche Nachsicht eifern; aus welchen hervorleuchtet eine brennende Lieb und Begierde, andere heilig zu machen; die, mit einem Wort, das lehren, so man jemals geschrieben hat, auf die vollkommenste Art in sich enthalten?

Zwey-

## Zweytes Kapitel.

# Wie Jesus Christus alle Prophezeyungen, so den Meßias angehen, erfüllet habe?

### Frag.

**Wie wird nun bewiesen, daß Jesus Christus alle Prophezeyungen von dem Meßias erfüllet habe?**

### Antwort.

Durch die Bücher des neuen Testaments, deren Ächtheit und Glaubwürdigkeit nach den obigen Beweisthümern unwidersprechlich ist. Man hat also nur die Augen zu werfen auf dieses heilige Buch, um sich zu überzeugen, daß Jesus Christus alle Kennzeichen des Meßias trage, und in ihm alles, was die Propheten von dem Meßias vorgesagt haben, erfüllet sey. Wir [illegible] daher nun die oben S. 101. angezeigte Prophezeyungen vor sich.

Erstens. Der Meßias sollte erscheinen zur Zeit, da die [illegible] Juda ihren Obergewalt, den sie bis dahin behauptet, würde verlohren haben. Jesus Christus aber ist nach dem Berichte der Evangelisten auf die Welt gekommen unter der Regierung des Herodes. Nun weiß man, daß dieser Fürst

Christus er-[illegible] [illegible] daß alle auf den Meßia[s] [illegible] [illegible] [illegible].

dem Geschlechte nach ein Idumäer war; daß er sich der Krone von dem Reich Juda gewaltsam bemächtiget habe; und daß die Juden nach seiner tyrannischen Regierung unter die Bothmäßigkeit eines fremden Volks, nämlich der Römer gerathen, und endlich gar ihres Landes entsetzt worden sind.

Zweytens. Der Messias sollte zu Bethlehem geboren und von den Weisen aus Morgenland angebetet werden; eben dieses war es bey der Geburt Christi geschehen, so lehren uns die Evangelisten.

Drittens. Der Messias sollte nach der Weissagung des Propheten *Aggäus* in den zweyten Tempel kommen: Jesus Christus kam wirklich dahin und zwar oft: er wurde da als ein Kind hinein getragen, da die Tage der Reinigung Mariä seiner jungfräulichen Mutter erfüllt waren. Luc. II. 22. Als er zwölf Jahr alt war, suchten ihn seine Eltern zu Jerusalem, und fanden ihn in dem Tempel unter den Schriftgelehrten. Zur Zeit seines Predigamts hielte er darinn öfters Unterredungen; er vertriebe daraus die Käufer und Verkäufer Marc. XII. 35. Luc. XXI. 37. Joann. XIX. 45. Matth. XXI. 12. Joann. II. 15.

Viertens. Seine Gegenwart und Predigten sollte dem Tempel Ehre und Friede bringen; und Jesus Christus hatte im äußerlichen

nichts,

nichts, welches ihn, wie es scheint, den an-
dern merklich ausführlich; besonders die Ju-
den, da sie wegen der Weisheit seiner Leh-
ren in Erstaunung geriethen, und ihm sag-
ten: ist dieser nicht des Sohn des Zim-
mermanns? Matth. XIII. 55. Marc. VI. 3.
Aber er sollte zu gleicher Zeit den Menschen
durch seine Wunderwerke und Lehren nützlich
seyn. Hier hat man aber nur die Augen
auf die Nachrichten zu werfen, so uns die
Evangelisten von seinem Predigen und allen
seinen Wunderwerken, die er zum Besten der
Kranken bey Durchwanderung des Judenlands
gewirket, aufzeichnen, und man wird die Er-
füllung dieser Weissagung sichtlich erkennen.
Man siehet, daß sein Leben aus lauter unun-
terbrochenen Wohlthaten zusammen gesetzt sey:
und der erste Eindruck, so das Evangelium
in dem Gemüth macht, ist, daß Jesus Chri-
stus innerhalb drey und einem halben Jah-
re lang, nemlich sein Predigamt gedauert,
mehr Wunder gewirkt habe, als man vom
Anfang der Welt her jemals gehöret hat.

Siebzehend. Der Messias sollte von sei-
nem Volk, so ihn erkennen, verworfen, und
dem Tod überliefert werden: er sollte wie ein
Missethäter gehandelt, zu den Uebelthätern ge-
zählt, mit Schmähungen gesättigt werden, und
dabey so still und stumm verbleiben, wie ein
Lamm, so man schlachtet; endlich vollkommen
gleich werden jener lebhaften Schilderung, die

mit David und Michas gemacht haben mit so vielen Umständen der Erscheinung, deren der andächtigen Gemüther in Vergleichung seines Lebens für die Menschen würde entgegesetzt werden. Man hat nun nur bey den Evangelisten die Geschichte des Lebens Jesu Christi zu lesen, so wird man deutlich sehen, daß eine vollkommene Gleichförmigkeit zwischen der Vorhersagung und der Erfüllung angetroffen werden; und daß es unmöglich sey, den Messias in der Person Jesu Christi nicht zu erkennen.

Drittens. Der Messias sollte getödtet werden gegen das Ende der vom Propheten Daniel angezeigten Wochen: diese waren Jahrwochen, wie oben angezeigt worden, und siebenzig dergleichen Wochen machen 490 Jahr aus, deren Anfang von dem zwanzigsten Jahr der Regierung des *Artaxerxes Longimanus*, in welchem dieser Fürst Erlaubniß gegeben, die Mauern der Stadt Jerusalem wieder aufzubauen, genommen wird; und diese Berechnung führet grade auf das Jahr, in welchem der Tod Christi erfolgt ist, nämlich in der Mitte der letzten Woche nach den Worten der Prophezeyung; nachdem das Predigamt Christi drey Jahr und ein halbes gedauert.

## Anmerkung.

Merkwürdig ist hier, daß man weiter gehet, die Erklärung der Wahrscheinlichkeit für

die

die christliche Religion angenommen. Wer den Jesum Christum annimmt, der muß auch den Moyses und die Propheten annehmen, und mit einem Wort, die Schriften des alten Testaments; denn Jesus Christus hat dem Mosaischen Gesetz und der Wahrheit der Prophezeyungen Zeugniß gegeben: er hat sich dieses Gesetz unterworfen: er sagt im deutlichen Ausdruck: wenn ihr dem Moyses glaubtet, so würdet ihr auch an mich glauben, denn von mir hat er geschrieben. Johann. V. 46. und es mußte nothwendig daß alles, was von mir in dem Gesetz Moyses und in den Propheten geschrieben ist, erfüllet würde.

Einwendung. Der Meßias sollte der Sohn Davids und Gott selbsten seyn; er sollte vom Tod wieder auferstehen; die Völker und die Könige des Erdkreises sollten ihre falsche Gottheiten verlassen, und ihn verehren; das Volk der Juden sollte ihn verkennen, [illegible] angenommen. Ihn verwerfen wieder; und alles ist geschehen. Allein dieses sind so wichtige Prophezeyungen, und sie sind so ausserordentlich erfüllet worden, daß man selbige nicht anderwärts ausführen muß, noch die Hauptsache zu übergehen.

[illegible]

## Drittes Kapitel.

# Von der Gottheit Jesu Christi.

### Frag.

**Mit welchen Gründen wird die Gottheit Jesu Christi bewiesen?**

### Antwort.

Es sind derselbigen sehr viele: man mag sie auf neun Hauptpunkte zusammen ziehen, als nämlich:

1) Auf die Zeugnissen der heiligen Schrift.

2) Auf die Art und Weise, wie welcher Christus ist von den Propheten vorgesagt worden.

3) Auf die Umstände seines Lebens, die seine Gottheit an Tag legen.

4) Auf die Heiligkeit seines Lebens.

5) Auf die Wahrheiten, die er von sich selbsten offenbaret hat.

6) Auf die Wunderwerke, durch welche er seine Gottheit deutlich bezeuget hat.

7) Auf

7) Auf die Erfüllung seiner Verheißungen.

8) Auf die Wahrheit seiner Auferstehung von dem Tod.

9) Auf das Zeugniß der christlichen Kirche.

## §. 1.

### Frag.

Was meldet die heilige Schrift von der Gottheit Christi?

### Antwort.

Im alten Testament wird Christus als ein so edles und herrliches Wesen vorgestellt, welches nur allein einem Gott Menschen zukommen können. Ihm wird gegeben der Name eines Erlösers, eines gebenedeyten Saamens der Patriarchen, eines Sterns aus Jacob, eines Erben des königlichen Hauses Juda, eines großen Propheten, eines großen Königs, eines Königs von Israel und Jerusalem, eines Herrschers in Israel, eines Ueberwinders des Belials, eines Engels des Testaments, eines Verlangten von allen Völkern, eines Lehrers der Gerechtigkeit, eines Herrn und Erbauers des Tempels, eines ewigen Hirtens, eines wah-

ren

ren Davids, einen Vater der zukünftigen Zeit, einen Fürsten des Friedens, einen Verwunderlichen, einen Messias, Christus oder Gesalbten, einen Emmanuel, das ist Gott mit uns, einen Sohn Gottes, einen Gottes. Die meiste von dieser unverfälschten Gottheit kann man in den Psalmen Davids und beym Jesaias lesen.

Die Gottheit Christi beweiset die heilige Schrift.

Im neuen Testament wird Jesus Christus ausdrücklich genennt: Gott über alles gelobet in Ewigkeit. Röm. IX. 5. Der große Gott Tit. II. 13. Der wahrhaftige Gott 1 Joh. V. 20. Ihm werden göttliche Eigenschaften beygelegt, als die Ewigkeit Joh. I. 1. 2. Die Allmacht Matth. XXVIII. 18. Offenbar., Joh. IV. 8. Die Allwissenheit Joh. II. 24. 25. XXI. 17. Offenb. II. 23. Die Allgegenwart. Matth. XVIII. 20. XXVIII. 20. Zugleich werden ihm auch göttliche Werke zugeschrieben, als die Schöpfung und Erhaltung Joh. I. 3. Hebr. I. 3. Die Sündenvergebung und Heilung der Kranken mit einem Wort. Matth. VIII. 3. 13. IX. 6. 7. und andere Wunderwerke Marc. XI. 4. 6. Joh. XX. 30. 31. Die Auferweckung der Todten Luc. VII. 14. Joh. V. 28. Die Erlösung des menschlichen Geschlechts Apost. Geschicht. XX. 28. und die Haltung des allgemeinen Weltgerichts Joh. V. 22. 27. Apost. Gesch. XVII. 31. Wir sollen ihm göttliche höher über Engel erweisen Hebr. I. 4. Johann. III. 31. 36. Er ist in ganz eigenem Verstand der Sohn Gottes Hebr. I. 4. 5. und zwar mit solchen Beyfügen, aus welchen deutlich erhellet, daß er eine göttliche Person sey; denn er heißet der eigene Sohn Gottes Röm. VIII. 32. Der Eingebohrne Johann. I. 14. 18. Und eben solche göttliche Namen und Werke hat sich Jesus Christus selbst zugeeignet, wie weiter im folgenden [illegible].

## § II.

### Frag.

### Wie haben ihn die Propheten vorgesagt?

### Antwort.

Durch die übrige Vorbilder und Prophezeyungen, die einen gar großen und merklichen Unterschied zwischen ihm und anderen Propheten und Gesandten zeigten. Er wurde ja gleich im Anfang der Welt vorgesagt und versprochen, [illegible] [illegible] [illegible] erneuert, von allen Gesandten, als der Gegenstand ihres Verlangens angesehen, [illegible] [illegible] [illegible] [illegible]. Wenn nun aber Jesus Christus ein von anderen nicht unterschiedener Mensch wäre, so kann man sagen, daß alles dieses ganz Gepränge der Vorbilder und Prophezeyungen, welches die [illegible]

[illegible]

Die Weissagungen der Propheten.

wirklich zur Ankunft eines Erlösers vorbereitet worden, dessen Kennzeichen und Eigenschaften so angezeigt worden, daß man ihm mehr als menschliche Natur zuerkennen mußte. [illegible] sage ich, alles dieses ein für die Menschen aller Zeiten [illegible] gelegter Grund [illegible] gewesen, [illegible] [illegible] die sie Jesum Christum für den Sohn Gottes erkennen, [illegible] werden. [illegible] [illegible] aber [illegible] eine [illegible] Erklärung, die auf [illegible] [illegible].

## §. III.

### Frag.

**Was für Umstände des Lebens Christi legen seine Gottheit an den Tag?**

### Antwort.

Es sind im kurzen Begriff folgende:

Jesus Christus wird von einer unbefleckten Jungfrau aus dem Stamm Juda geboren; gleich bey seiner Geburt lassen die himmlischen Heerschaaren ihre Freudengesänge in den Lüften erschallen und verkündigen es, diese Geburt [illegible] den [illegible] Gott die Ehre und den Menschen den Frieden bringen. Nachhero [illegible] aus [illegible] Gegenden die Weisen aus Morgenland, als die Erstlinge der bekehrten Heidenschaft zu seiner Krippen; ein

gewisser

gerechter Simeon und die heilige Wittib Anna verkündigen seine künftige Herrlichkeit, und sehen ihn an als den Trost der ungläubigen Völkerschaften Luc. II. und Simeon begehrt nichts mehr als im Frieden zu sterben, nachdem seine Augen den Heiland gesehen hatten. Die versammelte Lehrer sehen mit Erstaunen, daß seine Antworten viel größere Weisheit und Erkenntniß habe, als alle Weisen der Welt. Nach Wunsch seines gerechten [illegible] läßt er seine [illegible] [illegible]. Johannes der Täufer zeiget sich [illegible] vor ihm; der Himmel eröffnet sich über seinem Haupte, und erschallet durch eine vernehmliche Stimme, daß dieser der vielgeliebte Sohn sey; die Teufel können seine Gegenwart nicht ertragen. Auf dem Berg Thabor, wo er einen Strahl seiner Herrlichkeit läßt hervorbrechen, nennt ihn der himmlische Vater seinen Sohn und den Gegenstand seines Wohlgefallens, stellt ihn dabey vor, als das lebendige und ewige Gesetz. Da gar bey seinem Tod verfinstern sich die Sonne am hellen Mittag, die Erde erzittern, die Felsen bersten, die Gräber eröffnen sich, die Todte stehen auf.

[illegible]

## §. IV.

### Frag.

**Was [illegible] haben seine Thaten und Wunderwerke?**

[illegible]

[illegible] [illegible] aus der ganz [illegible] Erzählung der Evangelisten, daß Jesus Christus die Wunderwerke mit einer [illegible] Leichtigkeit, [illegible] man die Gottheit [illegible], [illegible]. Er sagt [illegible] [illegible] Dinge [illegible] so vor, wie er [illegible]. Die [illegible] der [illegible] [illegible] nichts, so ihn [illegible] [illegible] in [illegible] [illegible], oder in eine Art von [illegible] bringe, dergleichen die Propheten gehabt haben, wie es aus der Höhe ihrer Ausdrücke und Bildungen abzunehmen ist. Die von ihm [illegible] [illegible] [illegible] in seiner Seel keine [illegible] [illegible], wie bey den Dichtern und [illegible] des [illegible]; es [illegible] ihm ganz [illegible] und [illegible] Dinge, die ihm niemal aus dem Auge [illegible], die er in sich [illegible] [illegible], welche alle [illegible] und [illegible] seiner [illegible] [illegible] [illegible]. Er [illegible] die Lehre, wie er [illegible] [illegible] ganz [illegible] die [illegible] [illegible]; Er redet als ein [illegible] zu [illegible], so [illegible] [illegible] [illegible] [illegible] [illegible], und man [illegible] [illegible] [illegible], daß er eben so wohl ein Herr der Natur als der [illegible] [illegible], [illegible] [illegible] [illegible], als [illegible] er die allergrößte Wunder verrichtet; [illegible] [illegible], so zu sagen, wenn er Wunder wirket; seine Wunderwerke [illegible] [illegible] [illegible] [illegible] der [illegible], [illegible] [illegible] er und [illegible] zeigen, daß er Gott gleich sey,

Die [illegible] der [illegible] [illegible] [illegible].

und

und daß die Werke seines Vaters auch die seinige seyen.

## § V.

### Frag.

**Was ist von der Heiligkeit seines Lebens zu merken?**

### Antwort.

Christus ist so beschaffen, daß man ihn mehr als einen Menschen halten müsse; denn je genauer man sein ganzes Betragen betrachtet, desto mehr findet man ihn von allen jenen Schwachheiten befreyet, die sonst von der menschlichen Natur unzertrennlich sind. Wenn er redet, hört man nichts als die Sprache des Himmels; antwortet er, so können seine [illegible] [illegible] [illegible] zum Schweigen. [illegible] fragen, [illegible] [illegible] an ihm keine Zweifelhaftigkeiten, wo sich der Mensch zeiget; seine auch gewöhnliche Handlungen sind bey ihm sonderbar wegen dem edlen Ursprunge, aus welchem er sie herleitet. Wer jemal ein Mensch, der so große Lieb zur Tugend, so große und aufrichtige Verachtung der Welt, so große Lieb für die Menschen, so große Gleichgültigkeit für die menschliche Ehre, so viel Eifer für die Ehre Gottes und für das Heil seiner Brüder gezeiget hat? Alle seine Reden, alle seine

Die Heiligkeit seines Lebens und der Sitten.

Sorgen und alle seine Vergnügen waren auf dieses gerichtet.

Frag.

Wie war seine Lehre beschaffen?

Antwort.

Sie war so [illegible], daß sich auch die Heyden darüber verwunderten; alles ist darinn [illegible], alles heilig, alles hoch und edel. Aus dieser Lehre allein lernen wir, daß auch die mit größtem Heldenmuth verrichteten Thaten nichts seyen, so bald man sich dabey für etwas achtet, und auf sich absiehet. Sie lehrt uns die weltliche Ehre ansehen wie ein Blendwerk; die Glückseligkeit wie den gefährlichsten Grund; die hohe Gemüthsart wie den Gipfel einer [illegible] [illegible]; hingegen die Widerwärtigkeiten, wie den Weg zur ewigen Glückseligkeit, und die [illegible], wie ein Ort der [illegible].

§. VI.

Frag.

Was hat Jesus Christus von sich selbsten ausgesaget?

Antwort.

Solche Wahrheiten, welche anderst nicht seyn können, als Er sie [illegible] hat; wenn

[illegible]

wenn Jesus Christus ein wahrhaft heiliger Mensch gewesen, wie sein ganzes Betragen erweiset, und wie selbst die Feinde seiner Gottheit eingestehen müssen, so folget nothwendig, daß er Gott sey; denn ein heiliger Mensch würde zu gleicher Zeit kaum so gottlos seyn, daß er sich die Gottheit fälschlich zueigne; er kann auch zu gleicher Zeit keine solche Lehre vortragen, welche die Menschen verleiten, sich in Irrthum und Abgötterey zu stürzen. Wäre aber nun Jesus Christus nicht der Sohn Gottes, ja Gott selbsten gewesen, so wäre seine ganze Lehre nichts als ein beständiger Zusammenhang zweydeutiger Vorträge oder Gotteslästerungen; solche muß man betrachten entweder in Absicht Gottes, oder in Absicht der Menschen. Allein dieses kann bey einem heiligen Menschen unmöglich zugegeben werden.

## Frag.

### Warum wäre es ein so großes Unglück in Absicht Gottes?

## Antwort.

Jesus Christus wiederholter massen sagt, Er seye der Sohn Gottes, und nicht aufhöre, sich seinem himmlischen Vater gleich zu machen. Er sagt ausdrücklich: Er seye vom Himmel herab gestiegen, und seye aus dem Schooß Gottes ausgegangen. Er sey von allen Dingen und lang vor Abraham, der Vater und Er seyen Eins. Ueberall legt er sich die der Gottheit geziemende Eigenschaften bey, und vergleicht sich mit dem allerhöchsten Gott. Umsonst erinnern die Juden an seinem Ausdrucke Aergerniß: Er [illegible] sie in dieser genommenen Aergerniß, und [illegible] die [illegible]. Er forderte, daß man Ihm gleiche Ehre [illegible]. Wäre er nun ein Mensch gewesen, so würde er nur auf die Erde gekommen seyn, die Völker zu verführen, da er auch nach dem Tode [illegible] seyn: und die [illegible] [illegible] [illegible] Menschen gewesen, welche eine Gottseligkeit zu [illegible], die Erde mit ihrem [illegible] [illegible].

Wenn Christus [illegible] Gott wäre, so wäre er der [illegible] gewesen seyn.

## Frag.

Was für eine Unthat wäre es die Anbetung der Menschen gewesen?

## Antwort.

Die gottlose Ungerechtigkeit, denn der thut ein jeder Mensch, der sich anderen Menschen vorstellt als einen Gegenstand ihrer Liebe und ihrer gottesdienstlichen Verehrung, der ist ein Bösewicht, der aus Uebermuth auf sich bringen will das allervortrefflichste Recht des höchsten Gottes. Nun zielet die Lehre Christi dahin ab; er befiehlt uns, ihn zu

lieben.

lieben, wie er uns seinen Vater zu lieben unterrichtet; er will, daß wir in ihm unsere Glückseligkeit suchen; zu seiner Ehre alle unsere Handlungen, alle unsere Gedanken, alle unsere Begierden eben so richten, wie zur Ehre seines himmlischen Vaters; er will, daß wir ihn mehr lieben, als unsere nächsten Anverwandte, als unsere Freunde, als unsere Güter; daß man bereit sey, sein eigenes Leben für ihn aufzuopfern; daß man außer seiner nicht würdig sey, und keinen Theil an seinen Verheißungen haben könne. Endlich versichert er uns, daß er unser Weg, unser Leben, unsere Gerechtigkeit, unsere Erlösung, unser Licht sey. Wenn er aber nicht Gott wäre, so ist diese Liebe gottlos und unbillig; verwegen ist er, da er doch nichts als ein Mensch ist, sich anmaßen will, in unsern Herzen den Platz, welcher Gott gehöret, einzunehmen. Und wenn er nicht der Urheber unseres Lebens ist, was für ein Recht behauptet er uns zu fodern, daß wir ein Opfer zu thun? Es schickt sich also unwidersprechlich, daß, da man in Gott nicht setzen kann, Jesus Christus sey ein heilige Person gewesen, ohne nothwendig einzusehen müsse, daß er Gott sey.

§. VII.

## §. VII.

### Frag.

**Mit was für Wunderwerke hat Jesus Christus seine Gottheit ganz deutlich bezeuget?**

### Antwort.

Drey scheinen vor andern merkwürdig.

1) Das Wunderwerk der Heilung des Gichtbrüchigen, welcher ihm durch Oeffnung des Dachs an einem Strick ist vorgelegt worden, und zu dem er diese Worte sprach: mein Sohn, deine Sünden seynd dir vergeben. Luc. V. Marc. II. denn auch dem Bericht, den uns die Evangelisten von dieser Sach geben, sehen wir, daß Jesus Christus zu den Pharisäern nicht sage, daß ein anderer als Gott die Sünden vergeben könne, wie sie sagten, der einen Unrecht sagen würde; sondern er beweist ihnen durch ein bewährtes Wunderwerk, er habe die Gewalt, solche nachzulassen; und ermahnt ihnen dadurch, daß sie ihn einer Gotteslästerung beschuldigen, indem er sagte, er vergebe die Sünden, an statt, daß sie seinem Wort Glauben beymessen.

[illegible]

2) Das Wunder bey dem Blindgebohrnen, wo Christus einen hohe Wahrheit bewiesen, das Evangelium Joann. IX. Kap. meldet: Jesus Christus als er gehöret, daß sie den Blinden, den er sehend gemacht, aus der Synagog verstossen hätten, und

da

da er selbigen angetroffen, habe er zu ihm gesagt: glaubst du an den Sohn Gottes, und er antwortete, Herr wer ist selbiger, daß ich an ihn glaube? Jesus sprach zu ihm: du siehest ihn, und der mit dir redet, ist eben derselbige, worauf er geantwortet: Herr, ich glaube, und da er sich niedergeworfen, hat er ihn angebethet.

Dieses ungezweifelbare und so deutliche Mirakel, wenn man es mit den hier angezogenen Worten Christi zusammen hält, giebt ein ganz überzeugendes Beweis, daß Jesus Christus Gott sey, und daß wir an ihn glauben müssen: immaßen eben dieser Mensch, durch den Gott seine Allmacht mit so erstaunlichen und sichtbaren Wunderwerken erscheinen läßt, sich den Sohn Gottes nennt. Ja es scheinet, dieses Wunder sey, um solche Wahrheit darzuthun, gewirket worden, und deutlich zu gleicher Zeit, was alle andere Wunderwerke Christi haben anzeigen wollen.

3) Die Auferweckung des Lazarus aus dem Grabe, welche ein so großes, ein so erstaunliches und so offenbares Wunder gewesen; welche die Feinde Jesu Christi so gewaltig geärgert, daß sie sich entschlossen, ihn ums Leben zu bringen. Nun liest man in der Erzählung dieses Wunderwerkes folgende Worte Joann. XI, 24. Martha (die Schwester des Lazarus) sagte zu Jesu Christo: mein Bruder wird bey der allgemeinen

Auferstehung am letzten Tag wiederum auferstehen. Jesus antwortete ihr: Ich bin die Auferstehung und das Leben: derjenige, so an mich glaubt, wird, wenn er auch gestorben ist, leben, und ein jeder, der da lebt und an mich glaubt, wird niemal sterben: glaubst du dieses? Sie gab ihm zur Antwort: Ja Herr, ich glaube, daß du Christus der Sohn Gottes seyest, der da in die Welt kommen bist.

Deutlich kann man keine stärkere und kräftigere Weise sich zu erklären, finden. Jesus Christus ist, wie er sagt, die Auferstehung und das Leben; er fodert von Martha, daß sie dieses, ohne zu zweifeln, glaube, und daß sie bekenne, er seye der Sohn des lebendigen Gottes; und dabey versichert er sie, daß ihr Bruder auferstehen werde, nicht allein am letzten Tage, sondern auch etlichen Augenblicke. Würklich da Jesus Christus nach diesem Vortrag den Lazarus vom Tod auferweckt hat, ist es also klar, daß seine Worte die Wahrheit selbst, und er der Sohn des lebendigen Gottes sey.

## §. VIII.

### Frag.

**Mit was für Verheissungen hat Christus seine Gottheit bestätiget?**

Ant.

## Antwort.

Wir schließen, wie in einem Gegenstande [illegible] richtig, und in ihrer Erfüllung [illegible] auf hell und gewiß machen.

1) Jesus Christus hat Matth. am VIII. Kap. vorgesagt, daß sich alle Menschen bekehren; und daß vom Aufgang und Niedergang der Sonne eine große Menge der Heyden kommen würden, welche einst Tage ihren Platz haben würden mit den Erzvätern, Abraham und Jacob: und so [illegible] Christus gesagt, da die Christenthum auf dem ganzen Erdboden, den Winkel von Judenland ausgenommen, herrschet; nichts bekannteres hat der Erfolg alles, was hier vorgesagt worden, bestätiget.

2) Jesus Christus hat in Absicht der Juden, die damals das Volk Gottes ausmachten, und alle andere Völker verachteten und [illegible], daß sich ihnen Gott zu erkennen gegeben, vielmals vorgesagt. Matth. XX. 16. daß die ersteren, nämlich die Juden, würden die letztere, und die letztere, nämlich die Heyden, würden die ersteren werden. Auch Moyses hatte diese ganz große Wahrheiten, da er in der Person Gottes zu den Juden redete, vorgesagt, wie solches der H. Paulus in dem Sendschreiben an die Römer Kap. X. 19. aus dem fünften Buch Moysis am XXXII. Kap. bezeuget; und der Erfolg hat bewiesen, daß Jesus Christus als Gott vorgesehen hat, was er seinem Propheten dem Moyses offenbaret hatte.

3)

3) Jesus Christus, da er von dem schmählichen über ihn verhängten Tod redete, hat besage Johannes am XII. Kap. vorgesagt, daß, wenn er würde am Kreuz von der Erde erhöhet werden, so werde er alles an sich ziehen; wodurch nicht allein angezeiget wird, daß nach seinem Willen und Kraft auf dem ganzen Erdboden werde ausgebreitet, sondern daß er auch die Menschen zu Liebhabern des Kreuzes und zu Nachfolgern seiner Gebote und seiner Demuth machen würde; und diese Weissagung ist wahr gemacht worden nicht allein durch unzählig viele Märtyrer, sondern auch durch eine große Menge der Einsiedler und Heiligen.

Weissagungen Christi von sich selbst und seiner Kirche.

4) Jesus Christus hat vorgesagt, daß die Erinnerung an das Werk einer Frauen von geringem Werth, da Maria die Schwester des Lazarus ein köstlich Salb über sein Haupt ausgegossen hat, einst Tags werde kund werden, und sie auf dem ganzen Erdboden werde berühmt werden. Matth. XXVI. 13. Und die ganze durch die vier Welttheile ausgebreitete Kirche hat schon lang mit eigenen Augen die Erfüllung dieses Worts gesehen.

5) Jesus Christus hat der damals so herrlichen Stadt Jerusalem vorgesagt, es werde eine Zeit kommen, wo ihre Feinde selbige rundum mit Laufgräben umgeben, von allen Seiten eng einschließen, und selbige gänzlich von Grund aus zerstören, und zwar also

daß

sich brüsten. Und wir wissen, daß ungefähr sieben und dreyßig Jahr darnach diese unglückselige Stadt auf eben die Art, so Christus vorgesagt, eingenommen und von Grund aus geschleift worden sey. Also dieses erzählt ganz genau der Geschichtschreiber Joseph ein Jud von Geburt, der bey der Belagerung gewesen, und der von Gott erwählet worden, einen unwidersprechlichen Zeugen von der Wahrheit dieser Prophezeyung des Heilandes abzugeben. Es lehret uns auch die Geschicht-Tafel ferner, daß die Juden selbiger Zeit, die den Glauben Christi angenommen hatten, und sich der bevorstehenden Belagerung in Jerusalem besorgten, sich geflüchtet aus der Stadt [illegible] und sich [illegible] [illegible] [illegible] haben, indem sie keinen Zweifel hatten, daß diese Stadt eben auf die Art, welche Christus vorgesagt hatte, würde zu Grund gehen.

## §. IX.

## Einwendung.

### Frag.

**Was ist aber den Freygeistern zu antworten, wenn sie den Christen vorwerfen, die Dreyeinigkeit, die [illegible], die Geheimnisse, die [illegible] der Lehre Christi und endlich seine [illegible] [illegible] [illegible] [illegible] [illegible] [illegible] Begriff eines Gottes zusammen [illegible]?**

Ant-

## Antwort.

Nach allem diesem, was bisher von der Gottheit Jesu Christi gesagt und erwiesen worden ist, kann ein solcher Einwurf bey einem gesetzten Gemüth keinen Eindruck machen. Denn

[illegible] Erstens, da das höchste Gesetz verletzet worden ist, so mußte sich alles so begeben; und nachdem der Person Christus Gottheit worden und einen Leib, welchen er leiden konnte, angenommen hat, so konnte er auch seine Schmerzen mit einigem Maaße an Tag legen.

Zweytens, da er die Schulden der Menschen auf sich genommen, da er sich Gott als einem erzürnten Richter dargestellet, die bestimmte zu leistende Genugthuung mit allen Umständen seines Leidens und Todes willig auf sich genommen, und also ist die Genugthuung welche er zu leisten hatte, vielmehr ein Grund des Lobs als der Vergrösserung.

## Frage.

**Wie kann das Leiden Christi so vielbedeutend, als es die Evangelisten angeben?**

## Antwort.

Erstaunend, wenn wir nun auf alle Umstände, so bey dem Leiden und Sterben Jesu Christi vorkommen, eine aufrichtige Betracht-

[illegible]

lang wandte, so wird man noch einleuchtender [illegible] Beweggrund zu schöpfen in Absicht(?) des Kreuzes und des erschrecklichen Gerichts, welchen er [illegible] [illegible] seyn; oder in dem [illegible] seiner Gottheit zu [illegible]; man wird [illegible] [illegible] erkennen, daß der Heiland niemal größer gewesen seye, als am Tag seines Leidens.

## Frag.

### Was bemerkst du in den Umständen seines Leidens?

## Antwort.

Jesus stirbt, aber er hat seinen Tod vorhergesagt; er hat selbst sich dazu anerbothen, und ein Verlangen getragen, so zu sterben. — Er bezeugt eine menschliche Schwachheit im Oelgarten, aber unter der Zeit, da wir daran erkennen, Jesus Christus sey ein Mensch wie wir, öffnet sich der Himmel, ein Engel steigt im Namen des Allerhöchsten herab, und stärket ihn gegen die Widerwärtigkeit und den Greuel der Marter. — Er wird verrathen von einem seiner Jünger; aber die Verrätherey gereicht ihm zur Ehre: sie entdeckt in seinen Feinden eine gottlose Verschwörung, woraus das Gewissen erhellet, welches ihm seine Lehre und seine Wunderwerke bey dem Volk gewonnen zu gebracht haben. — Er wird gefangen und gebunden; und alsobald erkennet der von seinem Umstande überzeugte Verräther seine

Misse-

Widersachern, und überließ sich der Verzweiflung. — Er bietet die Backe dadurch einem [illegible] [illegible] Knecht zum Schlagen und [illegible]; aber zu gleicher Zeit weiß die Frau des Pilatus [illegible] mit [illegible] Traumgesichter geängstigen. — Pilatus verurtheilt ihn; aber dieser zugleich ungerechte und blutige Richter wusch vorher die Hände, und erkläret, er sey an dem Blute dieses Gerechten unschuldig. — Jesus Christus wird am Kreuz aufgerichtet, aber zur selbigen Zeit wie groß scheinet nicht seine Gnade im Munde der Sün[illegible]! was für eine Geduld! was für eine Großmüthigkeit! was für ein Heldenmuth! Er bittet seinen Vater für seine Feinde; er verspricht [illegible], seinen [illegible] zu vergeben. — Weigert er sich die Aufforderung der Juden anzunehmen, und vom Kreuz, woran er geheftet war, herab zu steigen; so bedeutet er sie durch eben dieses, daß es ein [illegible] sey, Gott zu versuchen, und Wunderwerke von ihm zu begehren; er vollzieht an ihren verhärteten Herzen das Gericht des Zorns und der Verwerfung: er bezeugt sich gegen sie, als gegen [illegible], die aller Barmherzigkeit unwürdig sind. Seine [illegible] waren allzu offenbar; seine Wunderwerke allzu [illegible]; und er hatte mit allzu großer Deutlichkeit an seiner Person die wahren Kennzeichen des Messias sehen lassen, als daß dieses undankbare Volk nicht verdienet, endlich seiner Halsstarrigkeit überlassen zu werden.

[illegible]

Unglücklich stirbt er am Kreuz; aber der Hauptmann, so seiner Hinrichtung vorstehen, und die bey seinem Tod sich ereignende Wunder sehen, ruft laut aus, er seye wahrhaftig der Sohn Gottes. Und was seynd das für Wunder? Das Weltgebäude wird erschüttert; die Erde zittert; die Sonne wird verfinstert; eine gählinge Finsterniß bedecket den Tag und Licht; die Gräber öffnen sich, die Verstorbenen erscheinen; der Fürhang des Tempels zerreißt. Ich will nicht schweigen, daß alle diese Wunder auf den Messias, der sein Leben für die Menschen hergiebt! Es ist demnach [illegible], daß unser Glaube in Ansehung der Gottheit Jesu Christi [illegible] [illegible]; die glorreichen Umstände, welche seinen Martertod begleitet haben, zeigen uns, wie den Hauptmann überzeugten, daß er wahrhaftig der Sohn Gottes seye.

### Frag.

**Was muß man noch besonders bey dem Tod Christi anmerken?**

### Antwort.

Seine Auferstehung. Wenn Jesus Christus wäre gestorben, um unter dem Gewalt des Todes zu verbleiben, so wäre dieses in Wahrheit ein Zeichen der Schwachheit und Armseligkeit; aber so bald er stirbt, den Tod mit seiner Auferstehung aus dem Grab zu [illegible], so ist es ein Zeichen einer [illegible] natürlichen und göttlichen Macht. Denn wie der heilige Augustinus sagt, wenn Jesus Christus die Gewalt gehabt hat, auch den Tod wieder zum Leben auf zu erwecken, wie viel leichter wäre ihm gewesen, nicht zu sterben? plus est [illegible] vincere [illegible], quam vitare vivendo. Wenn er [illegible] [illegible] lebendig und [illegible] [illegible] [illegible], wie viel leichter wäre ihm gewesen, vom Kreuz herab zu steigen, wie es die Juden von ihm spottweise begehrt haben? Endlich [illegible] in diesem [illegible] des [illegible], wie es der heilige Paulus [illegible], das [illegible] der göttlichen Weisheit, die [illegible] [illegible] [illegible] die [illegible] der [illegible] in unserer [illegible] [illegible], und die [illegible] [illegible], [illegible] den [illegible] der [illegible] [illegible] [illegible], da die [illegible] der [illegible] [illegible] [illegible] der [illegible] [illegible] [illegible], so [illegible] [illegible], [illegible] zu werden. Man sehe nur den [illegible] Jesum Christum, wie er die Welt durch seinen [illegible] [illegible], das [illegible] durch die [illegible] des [illegible] [illegible]; und eine [illegible] [illegible] Zahl der [illegible] nach sich ziehet, die ihm nachfolgen, [illegible], und [illegible] [illegible] [illegible] die [illegible], so er die [illegible] zu lehren [illegible] ist, [illegible] wollen.

## Viertes Kapitel.

# Von der Wahrheit der Auferstehung Jesu Christi.

### Frag.

**Worinn bestehet noch der größte Beweis für die Wahrheit Jesu Christi?**

### Antwort.

Er bestehet in der wahrhaften Auferstehung Christi aus dem Grabe, und in der Erfüllung seiner Verheißungen.

### Frag.

**Durch was für Gründe wird die Auferstehung Jesu Christi bewiesen?**

### Antwort.

Durch sechs Hauptgründe wird selbige standhaft und sicherlich bewiesen.

Erstens, Durch die Zeugniß deren, welchen er sich nach der Auferstehung hat sehen lassen, und von welcher die Evangelisten uns einen deutlichen Bericht gegeben haben.

Zweytens, durch die Erniedrigung, wie die Apostel vor der Ausrüstung gewesen waren.

Drittens, durch die Betrachtung, mit was Herzhaftigkeit sie hernach diese Wahrheit bezeugt haben.

Viertens, durch die Wunderwerke, mit welchen sie solche Wahrheit bestättiget haben.

Fünftens, durch den glücklichen Erfolg auf ihre Predigen.

Sechstens, durch die Standhaftigkeit, so sie in allen wegen der Verkündigung des Evangelii ihnen zugestandenen Verfolgungen bezeigt haben.

## §. I.

### Frag.

**Was für Zeugnuß haben die abgelegt, wenn sie Jesum Christum zu sehen lassen?**

### Antwort.

Diese Zeugnissen seynd oft und vielfältig abgelegt worden. (1) Von der heiligen Magdalena.

haben, welcher sich der Heiland am Tag seiner Auferstehung hat zu erkennen gegeben; die er mit ihrem Namen benennet, und diese Worte hat hören lassen: berühre mich nicht, ich bin noch nicht zum Vater aufgestiegen, sondern gehe hin zu meinen Brüdern, und sage ihnen in meinem Namen: ich steige auf zu meinem Vater und zu eurem Vater, zu meinem Gott und zu eurem Gott. Joan. am XX. 17. (2) Von den heiligen Frauen, zu welchen der Heiland also geredet: fürchtet euch nicht; gehet hin und sagt meinen Brüdern, sie sollten in Galiläa gehen, und allda werden sie mich sehen. Matth. am XXVIII. 10. (3) Von den zween Jüngern, so nach Emaus giengen, und die ihn bey der Brechung des Brodts erkannt haben. Luc. am XXIV. 35. (4) Von den eilf Aposteln, so an einem Ort versammlet waren, und wo sich Jesus Christus ganz gählings mitten unter ihnen eingefunden hat, obschon die Thüren verschlossen gewesen. Marc. am XVI. 14. Wie er ihnen ihren Unglauben hat verwiesen und gesagt: sehet meine Hände und meine Füße. Ich bin es selbst; greifet und sehet, ein Geist hat weder Fleisch noch Bein, dergleichen ich, wie ihr sehet, habe. Luc. am XXIV. 39. Wie er auch, um sie vollkommen zu überzeugen, in ihrer Gegenwart gessen hat. (5) Von den zwölf Aposteln, denen Christus an einem [illegible] gen Ort erschienen ist, und wo er [illegible]

Viele und glaubwürdige Zeugen [illegible] der Auferstehung Christi.

ligen Thomas. (Er einer von den zwölf Aposteln ware, der aber bey der ersten öffentlichen Erscheinung nicht gegenwärtig gewesen, und daran nicht hat glauben wollen) diese merkwürdige Worte gesprochen: reiche deinen Finger hieher, und betrachte meine Hände; strecke deine Hände hieher aus, und lege sie in meine Seite, und seye nicht ungläubig, sondern gläubig. Joann. cap. XX. 20. Wodurch er eine Anspielung machte auf die Art, wie vorher Thomas seinen Unglauben ausgedrückt hatte, sprechend, er werde nicht glauben, daß Jesus Christus auferstanden seye, wenn er nicht seinen Finger legen werde in die Mahle, so die Nägel gelassen hätten, und in die Wunde der Seite seines Meisters. (6) Von dem Petrus, Jacobus, Joannes und Nathanael samt zwey andern Jüngern, denen Jesus Christus an dem Gestade des Tiberiadischen Meers erschienen ist; da er ihnen einen wunderthätigen Fischzug verschafft, und mit ihnen gessen hat. Joann. cap. XXI. 1. (7) Von der gesammten Menge der Aposteln und Jüngern, deren Anzahl sich auf fünf hundert belaufte, von welchen er erschienen ist auf einem Berg in Galiläa, den er ihnen, um sich darauf einzufinden, durch den Mund der heiligen Frauen hat andeuten lassen. In der 1. zu den Corinth. cap. XV. 6. (8) Von denen in Jerusalem versammleten Aposteln, welchen er vor seiner Auffahrung gegen Himmel erschie-

nen

[illegible], und gesagt hat, es seye ihm alle Gewalt im Himmel und auf Erden gegeben, sie sollen nun hin in die ganze Welt ausgehen, die Menschen unterweisen, und im Namen des Vaters und des Sohnes und des heiligen Geistes taufen. Matth. am XXVIII. 18. Marc. am XVI. 16. Luc. am XXIV. 45. Apostelgeschicht. am I. 4. Wie er ihnen die Gab Wunder zu wirken versprochen hat, nicht nur allein für sich, sondern auch für die jenige, welche auf ihr Wort glauben würden. Wie er sie seines Beystandes bis zum End der Welt versichert, die Augen des Verstands eröffnet, daß sie den wahren Sinn der heiligen Schrift einsehen können; wie er ihnen versprochen hat den heiligen Geist bald herab zu senden, und ihnen befohlen, in der Stadt Jerusalem zu verbleiben, bis sie mit der Kraft von oben herab [illegible] [illegible] seyn.

Hernach hat er seine Jünger auch Bethania [illegible] [illegible] auf den Oelberg geführt; hier hat er ihnen den Segen gegeben, und unter diesem Segnen sich von der Erde gegen Himmel erhoben, ist in eine Wolke eingegangen, die ihn den Augen seiner Jünger entzogen. Endlich meldet der heilige Lucas in den Apostelgeschichten am ersten Kapitel ganz deutlich, daß sich Jesus Christus seinen Aposteln nach seinem Leiden öfters gezeigt, und ihnen durch viele Beweise bezeiget habe.

habe, daß er wirklich lebe; wie er ihnen denn vierzig Tage hindurch erschienen ist, und mit ihnen von dem Reich Gottes geredet. Zu welchen wenigen Worten der Evangelist unzähliche Proben verschwiegen hat, die in den heiligen Büchern nicht verzeichnet seyn: aber diese so oft und auf so vielerley Art wiederholten Erscheinungen geben den [illegible] eine Gewißheit; und dienen, die Apostel zu bestätigen in dem Glauben des Heils, dessen Vertheidiger sie seyn sollten, und in der Ueberzeugung von denen aus der H. Schrift gezogenen Beweisen, so von dem Glauben abhängen, und daraus folgen.

## §. II.

### Frage.

**Wie dienet die Beschaffenheit der Apostel aus der Auferstehung, diese zu beweisen?**

### Antwort.

Würden wenn die Apostel wegen einer un[illegible] oder auch der [illegible] der Leichtgläubigkeit nicht in Verdacht haben können, so muß man aus dem einfältigen Berichte der Evangelisten von dieser Begebenheit erkennen, daß solche die Auferstehung Jesu Christi keinesweges erwarteten, wie solches

folgen

sagten sie auch Thomas gethan haben. Lucas am XXIV. Kap. zu Jesu Christo selbst, er werde das Reich Israel wiederum herstellen. Welches hoffen sie weiter nicht. Dein Beweis machet, daß der geringe Glaube, den sie anfänglich an seine Verheißungen hatten, verschwunde. Ja man siehet ferner, daß die Nachricht, so den Aposteln die heilige Frauen von der aus den Engeln gehabten Unterredung gebracht hatten, ihnen im Anfang wie ein Weibermährgen vorgekommen seye. Et visa sunt ante illos sicut deliramentum verba illarum. Luc. am XXIV. Kap. v. 11. So kann man auch bemerken, daß sie anfänglich keinen Glauben gemacht haben auf die allergewisseste Zeugnisse von der geschehenen Auferstehung Jesu Christi. Man begreifet, als Jesus Christus sich zu verschiedenen malen hat sehen lassen, als er mit ihnen geredet, und als er seine Wunden von dem H. Thomas hat berühren lassen, beweiset es ihnen, seine Auferstehung seye ein standhafte und ungezweifelte Begebenheit.

## §. III.

### Frag.

**Was hat man wegen der Standhaftigkeit der Apostel nach geschehener Auferstehung anzumerken?**

## [illegible]

Die plötzliche und ganz wunderbare Veränderung ihrer Gemüthsbeschaffenheit, diese unerwarteten Einsichten, wie sie von den Jüdischen Priestern und Rathsversammlung (Apostelgesch. am IV. Kap.) bemerket werden, diese bis dahin so verzagte Leute, die kaum verstanden, was ihnen Jesus Christus sagte; diese so furchtsamen und schwachen Menschen thun sich alle auf einmal [illegible] und Entschlossenheit hervor, die Befehle ihres Meisters auszuführen. Sie predigen erst den Gesetzen entgegen in der Hauptstadt, im Angesicht des ganzen Volks; sie [illegible] wider ihre feindlichen [illegible] und Unterricht; sie verkündigen ganz deutlich die Auferstehung Jesu Christi, thun darüber Wunder im Tempel und auf Gassen; sie sagen es den Juden ins Gesicht, sie leiden eher hierin und werden geschlagen (Apostelgeschichte am IV. u. VII. Kap.) und geben ihnen mit einem [illegible] Beweis, daß der heilige Geist über sie gekommen sey, daß er sie mit Standhaftigkeit erfüllet, und die Gabe der Sprachen ertheilet habe. Indem sie aber diese Wahrheit bezeugen, zeigen sie die Stellen der Propheten an, welche so wohl die Umstände des Todes Jesu Christi, als auch seine Auferstehung vorgesagt hatten.

## §. IV.

### Frag.

**Haben sie auch mit Wunderwerken diese Wahrheit bestätiget?**

### Antwort.

Ja freylich, und zwar mit ungewöhnlichen, auffallenden, im Angesicht der Feinde Jesu Christi gewirkten Wunderwerken. Um sich zu überzeugen, mag man nur die Apostelgeschichte nachlesen. Im III. Kap. sieht man, wie der heilige Petrus und der heilige Joannes bey der Pforte des Tempels einen vom Geburt an lahmen Menschen, den man alle Tag dahin tragen mußte, im Namen Jesu Christi mit geraden Gliedern herstellen. Im IX. Kap. v. 34. liest man, wie dieser Fürst der Apostel mit einem Wort einen seit mehreren Jahren gichtbrüchigen Menschen gesund machte. Im 40. v. erweckt eben dieser zu Joppe im Angesichte einer großen Menge Volks eine Frau mit Namen Tabitha vom Tod. Wie dieser Apostel sichtbar zu gehen hatte, trug man die Kranke in den Gassen auf die Betten, damit nur sein Schatten solche bedecken und also gesund machen könnte, im V. Kap. Diese wenige Worte eines heiligen Apostels: wie hat dich der Satan verführet dem heiligen Geist zu lügen.

[illegible]

lägern, so er zu dem Unterricht und der Gemüther sonach zu der Eroberung seiner Feinde gebrauchen, daher beyde das Leben brachte. Der Gebrauch aber, welchen ein so plötzlicher Tod verursachte, machte das Wunder so beträchtlich, daß es unmöglich war, solches zu verdunklen.

Die Einwohner zu Lystra einer Stadt in Lycaonien in Klein Asien wurden durch die wunderbarliche Herstellung, so der H. Paulus an einem elenden von Mutterleib her lahmen Krüppel thate, in solche Erstaunung gesetzt, daß sie den Heil. Paulus und den Heil. Barnabas für Götter hielten, und ihnen zu opfern Anstalt machten (Apostelgeschichte am XIV. Kap.) Eben dieser Apostel, da er zu Troas einer Stadt in Phrygien sich befande, erweckte zum Leben einen jungen Menschen mit Namen Eutychus, der im tiefen Schlaf von dem dritten Stockwerk herabgefallen war, und für Tod hinweg getragen worden (Apostelgesch. am XX. Kap.) Es brachte man auch nach Jerusalem, wie in der Apostelgeschichte erzählet wird, eine große Anzahl der Kranken und vom Teufel besessenen, und sie wurden alle gesund gemacht am V. Kap. Man aus dieser unbekannten Zahl muß man schließen, daß die Wunderwerke der Apostel nicht allein offenbar und erstaunlich, sondern, so zu sagen, alltäglich gewesen seyen. Aber eben dieß, durch welche

Gott

Gott seine Wunder so deutlich offenbaren ließ, wenn jene Zeichen, so die Auferstehung Jesu Christi laut und öffentlich bezeugten.

## Frag.

### Wer giebt denn von diesen Wunderwerken sichere Nachricht?

## Antwort.

Solche und mehr andere hat genau aufgezeichnet der heilige Lucas, ein Schriftsteller dieser Zeit, der unter den Christen in großem Ansehen stunde, der mit den Aposteln, besonders mit dem H. Paulus genau [illegible], und vollkommen von allem, was er geschrieben und gesehen hat, unterrichtet war; dessen Erzählung in einer so [illegible] und aufrichtigen Schreibart abgefaßt ist, daß man in [illegible] Geschichtschreibern in dieser Art die Gleichheit findet: [illegible] ließen sich darin [illegible]; oft wird [illegible] ein- und [illegible] zum eingeschaltet wie einer Ge[illegible], so die [illegible], welche der Ge[illegible] erzählen, [illegible]. Gewißlich dieser Weise bedienen sich nicht jene Betrüger, so mit Erzählung solcher Wunder die Leichtgläubige hintergehen wollen.

## Frag.

### Können auch gewisse Wunderwerke nach den Zeiten der Apostel zur Bekräftigung dieser Wahrheit beygebracht werden?

Ant-

## Antwort.

Die Kraft, Wunder zu wirken, ist nicht allein in den ersten Jahrhunderten nach Christi Geburt, sondern beständig in der wahren Kirche verblieben: solches erhellet deutlich aus dem Zeugniß aller Geschichtschreiber der Kirchengeschichte, die uns in ihren Schriften Nachricht geben, wie die ganze Dauer hindurch und fast jede Zeit durch ein heiliges Leben bekannte Personen, als Bischöfe, Ordensstifter und Mönche auf ihren Grabstätten, wie [illegible] mit dieser Wunderkraft begabt gewesen, also, daß, so zu sagen, kein Tag vergangen, besonders in dem vierten und fünften Jahrhundert, wo nicht ein Wunder gewirkt wurde, die Wahrheit der Christlichen Religion, so sich auf die Auferstehung Christi gründet, augenscheinlich zu bestätigen.

Von den Wundern des vierten und fünften Jahrhunderts, sowie auch folgender Jahrhunderte, darf man nur die so glaubwürdige Schriften der heiligen Väter und Geschichtschreiber nachsehen, wovon im folgenden fünften Kapitel §. II. ein mehreres vorkommt.

§. V.

## §. V.

### Frag.

**Was verursachte die mit so glücklichem Erfolg unternommene Verkündigung des Evangeliums?**

### Antwort.

Da man so [illegible] augenscheinlich und handgreiflich die Wirkung des Heiligen Geistes erfahren mußte, so ist unbegreiflich, daß der Allmächtige seinen Gewalt über die Herzen der Menschen [illegible] an Tag legen wollen durch eine Menge gewisser Wunder, die als Merkmale der unzweifelhaften Göttlichkeit die Auferstehung Jesu Christi verfestigen [illegible].

### Frag.

**Was geschahe im Anfang der Apostolischen Predigten?**

### Antwort.

Die Bekehrungen zum Christlichen Glauben waren tausendweis zu sehen: eine einzige kurze Predig des heiligen Petrus bekehrte drey tausend Juden. (Apostelgesch. II. 14-41.) Die zweyte fünf tausend. (Apostelgesch. IV. 4.) Der Christliche Glaube verbreitete sich wie ein Lauffeuer. Das Evangelium wanderte gähling von Jerusalem in das übrige Judenland, Erstaunende Erfolge der Apostolischen Predigen.

und

nach Samarien, zu den benachbarten Völkern; denn es ist angemerket, daß alle Juden, welche aus allen Ländern, so unter dem Himmel sind, wegen dem Pfingstfest nach Jerusalem gekommen, und von welchen ein jeder in seiner Sprache gehöret, wie die Apostel von den Wunderwerken Gottes und dem Evangelium Jesu Christi erzählten, so heftig von diesem Wunder gerühret worden, daß sie ganz außer sich gewesen, und daß sie bey ihrer Zurückkunft in ihre Vaterländer, so sie bewohneten, die gute Zeitung der göttlichen Erlösung ausgebreitet haben. (Apostelgeschichte II. 7.)

## Frag.

**Was thaten hierauf die Apostel?**

## Antwort.

Die Apostel und ihre Jünger haben hernach sich vertheilt, das Evangelium in der ganzen Welt zu predigen; und da sahe man in großer Eifrigkeit überall die heiligste Früchten hervorkommen. Der Christliche Glaube wurde in gar kurzer Zeit fast in allen bekannten Ländern von einer Menge Menschen angenommen; wie dieses aus demjenigen der H. Paulus in seinem Sendschreiben zu den Römern am X. Kap. v. 18. seinen Ursprung hat, es zu erklären, daß die im XVIII. Psalm vorgesagte schnelle Verbreitung der Apostolischen

schen

schon sehr erfüllt seyn. Ihr Schall, sagt er, hat sich auf dem ganzen Erdboden hören lassen, und ihre Worte haben sich bis an die äussersten Gränzen der Erde ausgebreitet. Wie mag man sich aber zu Sinnen kommen lassen, daß Menschen, die man voll für Betrüger ansiehet, die mit Erdichtung der Wunder und Auferstehung Jesu Christi hätten solche umgehende haben, mit den übernatürlichen Gaben, Wunder zu wirken, und verschiedene Sprachen zu reden, seyen begabt gewesen, und also die Welt in einen weit bessern Stand gesetzt haben?

## §. VI.

### Frag.

**Was ist endlich von der Standhaftigkeit der Apostel zu gedenken?**

### Antwort.

Daß sie den Ungläubigen in Ansehung der Auferstehung völlig benehme. Sie und ihre Jünger wussten nemlich, wann sie die Wahrheit der Auferstehung Christi fest zu setzen, von den Juden und Heiden die schmerzlichste Verfolgungen beständig auszustehen; sie hatten mit Willigen bis auf den Tod zu kämpfen, welches schier bey allen grausamlich und grausam war; es wurden auch allerhand Gattungen der Verfolgungen gegen sie gebraucht, von

Unmöglichkeiten der Apostel in Erdichtung der Auferstehung.

welchen der H. Paulus in seinem ersten Sendschreiben an die Corinther am IV. Kap. eine Menge beybringt. Was wollen aber die Freydenker hier einwenden?

Wollen sie sagen, die Verkündigung der Auferstehung Jesu Christi seye eine von den Aposteln ausgesonnene Betrugsgeschichte, oder eine heimlich getroffene Verabredung; aber wie wollen sie begreifen, daß dergleichen Verabredung niemal von einem einzigen aus ihnen im Angesicht der grausamsten Marter und Todesstrafen durch so lange Zeit, nämlich die ganze Lebenszeit der Apostel und ihrer Jünger, seye entdeckt worden? Ja, man mag wohl Leute finden, die aus Vorurtheil oder Gleichgültigkeit handgreifliche Wahrheiten in Zweifel ziehen, oder wunderthätige Begebenheiten ungläubigen und unempfindsamen Ursachen zuschreiben; aber niemal wird man Leute finden, welche sterben wollen, um zu bekräftigen, sie hätten das gesehen, was sie in der That nicht gesehen haben; und noch denken behaupten, sie glauben, daß der Betrug ein großes Laster seye; und besonders, wenn sie wohl bedacht sehen, wo sie durch eine große Menge der Zeugen ihrer Gegenwart so überwiesen werden, daß der Betrug, die Menschen in diesen Grad zu bewegen, ein [illegible] Ursach ware. Die Unmöglichkeit eines solchen Vorhabens ist auf die Natur des menschlichen Herzens gegründet, und

macht

macht von der [illegible] der [illegible] die Apo-
ſtel wahrhaftigen Zeugen eine Probe, die den allerſtärkſten Vernunftſchlüſſen gleich iſt. Denn ſo bald die Ungläubige einmal eingeſtehen, daß Predigen der Apoſtel ſey eine geſchehene Sache, ſo folgt nothwendig, daß ihre Lehre wahrhaft ſey; daß ſie ſich den Verfolgern nicht haben ausſetzen können, eine Falſchheit zu behaupten; und daß es unmöglich ſey, daß ſelbe einiger das Spiel verrathen hätte, wenn ſie Betrüger geweſen wären.

### Frag.

### Können wohl die Ungläubige das geſchehene laugnen?

### Antwort.

Sie hätten keinen andern Weg, ſich aus dieſem ſo ſtarken Vernunftſchluß heraus zu ziehen, als wenn ſie verneinen, daß die Apoſtel geprediget, und den Tod deswegen ausgeſtanden, daß z. B. die heilige Petrus und Paulus unter dem Kayſer Nero als Martyrer gelitten haben; allein dieſen Weg einſchlagen wollen, führet ſie viel weiter als ſie denken; denn wo man alle dieſe geſchehene Dinge laugnet, muß man auch alle Geſchichten und alle Begebenheiten laugnen, die ſich in dem menſchlichen Geſchlecht ereignet haben: wenn aber eine vernünftige Erfahrung ſowol als der geſunden Vernunft zu

Dieſe Dinge [illegible] kann man unmöglich zu laugnen [illegible].

sterben können, und sie die Wahrheit gewisser ungezweifelter Begebenheiten, z. B. der Wunderwerke der heiligen Petrus und Paulus unter dem Kayser Nero, eingestehen, so ist leicht zu zeigen, daß aus Annehmung dieser letztern alle andere folgen; nämlich, daß dieselben gewesen, die das Evangelium gepredigt, daß sie Verfolgungen ausgestanden, die auch von den Heyden bezeugen, und von den Befehlen der Kayser bestätiget werden. Wird man dieses, wie es nicht anders seyn kann, eingeräumet, so ist die oben gemachte Folgerung von der Standhaftigkeit der Apostel in den ausgestandenen Verfolgungen, und von der einmüthigen Entschließung, die nämliche Wahrheiten zu behaupten, ohne daß ein einziger davon abgegangen ist, diese Folgerung, sage ich, ist ganz und gar billig und auf beyde gegründet, die wider alle Veränderung und Einwendungen sich unmöglich wohl entkräften.

## Frag.

### Wie wäre überhaupt das Betragen der Apostel beschaffen?

## Antwort.

Solches wäre so beschaffen, daß, wenn die Ungläubige mit aufrichtigem Gemüth und ohne Vorurtheil ihre Aufführung betrachten, und sich nur für einen Christ fähige Urtheile gewiß, reinigen wollen, sie also doch vonder Wahrheit des Evangeliums anderen überzeugt seyn; durch wen sollte sich wohl die Religion mit einer Geschwindigkeit ausgebreitet haben? betrachtet man ihre Schriften, so lieset man solche mit Vergnügen ihres festen Glaubens und unerschütterten Hoffnung angefüllt, und das nicht allein, wenn sie zu dem Haufen der Gläubigen reden, sondern auch, wenn sie ihre liebste Jünger ermahnen. Erforschet man den Geist, der sie in allen Angelegenheiten ihres Lebens erfüllet, so siehet man, daß sie ohne Unterlaß den Namen Jesu im Munde führen, den sie in ihren Kämpfen als gegenwärtig, und als einen Zeugen ihrer Geduld in den Trübsalen ansehen, so bereit zu seyn, die überstandenen Drangsalen mit einem ewigen Leben zu belohnen. Endlich siehet man, wie sie alle den Tod mit Freuden entgegen gehen, in der Hoffnung, diesen Gottmenschen zu sehen, dessen Auferstehung und Lehre sie verkündiget, und für den sie alles aufgeopfert haben.

Was die [illegible] [illegible] [illegible] der Apostel.

Mit einem Wort, man kann sagen, daß Jesus Christus seine Auferstehung dem ganzen Erdkreise mit solchen Beweisthümern bezeuget habe, denen alle menschliche Vernunft und alle Gewalt der Menschen und Teufel nicht hat widerstehen können. Wo findet sie Gelehrten, so die alte Geschichtschreiber bezeuget haben, als sie nicht mehr im Leben waren? allein Jesus Christus hat nach seinem Tod durch die Predigt seiner Apostel und Erzählung seiner Kirche die Völker der Erde zu seinem Dienst bezwungen.

## §. VII.

### Frag.

**Was soll man hauptsächlich aus allen diesen von der Auferstehung Jesu Christi hergebrachten Umständen schließen?**

### Antwort.

Daß diese mit solcher Ueberzeugung sich gezeigte Wahrheit die Gottheit Jesu Christi ausgezeichnetlich beweise; denn es ist zu bedenken, daß er durch seine eigene Kraft, wie er es vorhergesagt hatte, auferstanden sey, welches man noch niemal gesehen hat. Wer aber kann sich selbst das Leben wiedergeben, als allein der Gott und Mensch zugleich ist? zudem ist er nicht auferstanden, um wiederum zu sterben, wie jene Menschen, die durch die alte Propheten sind vom Tod auferweckt worden; sondern er ist erstanden, um nicht mehr zu sterben, und hat auch hier auf Erden ein unsterbliches Leben angefangen. Endlich ist er in den Himmel aufgefahren, aber nicht in einem feurigen Wagen, der ihn wie den Elias in einem Augenblick entführet hätte, sondern er hat sich selbst mit Majestät langsam in die Höhe bis unter die Wolken erhoschehen: die Engel kamen ihm entgegen, und umschwebeten seinen Wagen, er würde auch einmal auf die Erde kommen mit der Herrlichkeit und unaussprechlicher Glanz umgeben. Die Bekehrung der Welt bey der Zukunft Christi.

Wer wird denn an diesem Tage nicht erkennen den Sohn des Himmels, der, nachdem er eine Zeitlang unter den Menschen gewandelt, sie aus ihrem Irrthume und Unwissenheit zu ziehen, nun wieder den Besitz seiner Glorie antritt! So möchten wir denn wohl sagen, die Herrlichkeit der Wiederkunft Jesu Christi würde für uns ein unvermeidliche Gelegenheit zur Bekehrung seyn, wenn es nichts mehr als ein Schauspiel wäre.

## Fünftes Kapitel.

# Von Erfüllung der Verheissungen Jesu Christi.

### Frag.

**Worinn bestunden die vornehmste Verheissungen Jesu Christi?**

### Antwort.

Jesus Christus hat den Aposteln versprochen, den heiligen Geist den Tröster zu senden, welchen er den Geist seiner Wahrheit, den Geist der Weisheit, der Stärke und des Verstandes nennet, der auch bey ihnen bleiben werde bis in Ewigkeit, das ist, auch bey ihren Nachfolgern Joann. XIV.

Zweytens, hat er ihnen verheissen die Gab Wunder zu thun ohne Unterscheidung der Zeit, welche auch ihren Nachfolgern und seiner wahren Kirche; also sagt er beym heil. Marcus am XVI. Kap. die glauben werden, werden folgende Zeichen thun: in meinem Namen werden sie Teufel austreiben, mit neuen Zungen reden, die Schlangen vertreiben, und wenn sie was giftiges trinken werden, wird es ihnen nicht schaden; auf die Kranke werden sie die Hände legen, und sie werden gesund werden.

[illegible]

Beym Johann. am XIV. Kap. Wahrlich, wahrlich sage ich euch: wer an mich glaubt, wird die Wunderwerke, so ich thue, auch thun, und wird noch größere als diese thun . . . vergleichen auch beym H. Marcus am XI. Kap.

Drittens. Die Zerstörung der Welt; den Sieg seines Kreuzes; die Standhaftigkeit der Märtyrer, das Evangelium auszubreiten.

## Frag.

### Kann man aus diesen auch erfüllten Weissagungen einen gewissen Schluß auf die Gottheit Jesu Christi machen?

## Antwort.

Ohne Zweifel; denn wenn z. B. die Apostel in der That die Kraft gehabt haben, Wunder zu wirken, so erkennet man deutlich die Wahrheit der Weissagungen Jesu Christi, und schließt ja erst, daß er nicht ein falscher Prophet, und hernach, daß er nicht Gott gewesen seyn. Umsonst ist hier die Erzählung der Feinde seiner Gottheit, wenn sie sich unterstehen zu sagen, er habe nur ein Prophet gewesen, dem Gott, gleichwie anderen Propheten, die zukünftige Dinge offenbaret habe; denn wenn Jesus Christus nicht Gott wäre, so würde er auch kein Prophet gewesen seyn.

## Frag.

### Wie kann diese Folge bewiesen werden?

### Antwort.

Die erfolgte Anbetung des Christi bezeuget seine Gottheit.

Ganz deutlich; denn erstlich, wenn er nur ein Prophet gewesen wäre, den Gott, und er gesetzt hat, eingegeben, so würde ihm eben dieser Gott große Irrthümer und Lügen eingegeben haben, da er wiederholt sprach: Er sey der Sohn Gottes. Er und der Vater seyen eins. Dieses aber würde zur Schande der Gottheit gereichen, als die sich selbst widerspräche, da sie einem sterblichen Menschen eine Lehre eingäbe, welche die andern Menschen verleiten, einem sterblichen Geschöpf den ihm allein gebührenden Dienst zu bezeugen, und die also die Welt mit Abgötterey angefüllt haben, welches man unmöglich ohne Gotteslästerung gedenken kann.

Zweytens. Wenn Jesus Christus kein Gott ist, so ist er nicht einmal ein Prophet. Allerwenigstens er nicht wußte, daß die Menschen in Anbetung seiner in tausendmal schädlichere Irrthümer fallen würden, als jene waren, von welchen er sie zu befreyen vorhatte, und daß er nichts, außer seinem Vater viele Anbeter im Geist und in der Wahrheit zu schaffen, als ein ganzes Volk von Abgöttern aus allen Nationen errichtet habe.

Frag.

## Frag.

### Was lässet sich von dem Artikel der Gottheit Christi hier noch ferner anmerken?

### Antwort.

Daß dieser Glaubensartikel der Christen eben so alt sey, als die Verkündigung des Evangeliums. Nichts leichter ist, als hiervon eine Ueberzeugung zu haben, wenn man nur bedenken will, daß unter den Verläumdungen, womit die erste Christen von den Heyden angegangen worden, diese Anklag ware, sie erweisen einem Christus göttliche Ehre; indem man aus den Schutzschriften, so die Christen zu ihrer Rechtfertigung mit überzeugenden Gründen aufsetzten, belehret wird, daß sie gegen die Anklag der Anbetung Jesu Christi als eines Gottes nichts eingewendet, ja vielmehr solche Anklag eingestanden, und diese Anbetung mit Worten und Thaten bekräftiget haben. Dieses ist sicher, daß ein [illegible] durch seine Schriften berühmten Landpfleger Plinius, da er bey dem Kayser Trajanus von den Sitten und Lehre der Christen Bericht abstattete, mit deutlichen Worten erkläret hat, die Christen wären billige, gerechte, anständige Leute, so die Begierd fremden Guts, die Betrügerey und den Ehebruch verabscheueten; welchen er auch nichts zur Last legte, als daß sie einem

gewiß

neuen Religion mit allem Ernst anhiengen. Denen Christo zu Ehren Lieder sangen, und ihm den Gott gebührenden Dienst erwiesen. Nun ist diese Erzehlung so viel glaubwürdiger, weil sie aus dem Munde und aus der Feder eines Heyden fließt, der gewisse nichts berichtet, als was er aus dem Munde der Christen vernommen hatte; die, wiewohl sie abgefallen und dem Exempel der Verfolgungen gewichen waren, gleichwohl nichts falsches angegeben haben und den, was in ihren Versammlungen vorzugehen pflegte. Daß ferner ihr ganzes Verbrechen vor den Augen der Heyden in dem bestanden, daß sie Christum als einen Gott verehrten, erhellet aus der denen Gefallenen auferlegten Widerrufung, nach welcher sie den Bildsäulen Weyrauch und Wein opfern und Christum verfluchen musten; welches zu thun, wie Plinius berichtet, die wahren Christen keineswegs können gezwungen werden.

Der Glaub an die Gottheit Christi ist mit der Kirche angefangen.

## Frag.

## Was ist hieraus zu schließen?

## Antwort.

Daß der Glaube von der Gottheit Jesu Christi bey den ersten Christen so gegründet und sämtlich gewesen sey, daß, welcher etwa ein Irrthum wäre, glauben, Christus sey Gott, dieser Irrthum mit der Christlichen

Kirche

Kirche angefangen, zum Grund derselben gesetzet Gebäudes gelehret, und unzähliche Bücher geschrieben habe. Aber wie ist es möglich, daß ein so grober Irrthum, der auch den Christen [illegible] einen Abgötterey gemacht hätte, die Er[illegible] bey andern Sünde und ein [illegible] Gottseligkeit in die Welt eingeführet, und so viele [illegible] Lehrer dieser [illegible] des Christlichen Glaubens gemacht habe? wie ist es möglich, sich einzubilden, daß der Gott so vielen [illegible] Märtyrer, die vor den Tyrannen öffentliche Bekenntniß von der [illegible] eines gekreuzigten Gottes ablegen, nicht auf die Erde gesendet sey, ein [illegible] Gott einen Glaubigen zu seyn, sondern den Unglauben und die Abgötterey mehr und mehr [illegible] zu machen.

## §. I.

### Frag.

**[illegible] denn nun die oben gemeldte Verheißungen, welche Christus seiner Kirchen an Tag legen wollen, auch erfüllet worden?**

### Antwort.

Vollkommen und überflüßig; denn erstlich ist der heilige Geist über die Apostel und Jünger am Pfingsttag mit so ausserordentlichen Wirkungen gekommen, daß dieselben ganz Jerusalem in Erstaunung gesetzet, wie sol-

ches

[illegible]

dort in der Apostelgeschichte am II. Kap. nach allen Umständen genau und deutlich beschrieben ist. Der starke Wind, so die Wohnung der Apostel erschütterte, und die feurigen Zungen, so sichtbarlich auf den Häuptern der Jünger ohne Unterschied des Alters und des Geschlechts geruhet haben, waren offenbare Vorzeichen der herrlichen Ausgießung des heiligen Geistes, wie auch Sinnbilder seiner [illegible], Wirksamkeit, Kraft und in das Innerste eindringenden Macht. So gewiß nun diese außerordentliche Begebenheit war, so deutlich erkannten die Jünger, daß die Verheißung erfüllet und der Zeitpunct ihres Predigtamts angegangen wäre. In der That auch machten sie sich alsbald auf, giengen den [illegible] herbey laufenden Juden unter das Angesicht, und verkündigten in anderer [illegible], dessen Wirkung sie nicht leugnen konnten, und auf eine ganz neue und den alten Propheten ähnliche Art die Wunderthaten Gottes. Die Versammlung der Juden aber, die aus allen Ländern der Welt damals wegen dem Pfingstfest zu Jerusalem waren, [illegible], als ein jeder in seiner Landsprache die [illegible] Geheimnisse lernen konnte. Umsonst wäre es hier, natürliche Ursachen hierbey [illegible] Zungen auf einmal sprechenden Apostel zu suchen; denn wer als Gott konnte sie in einem Augenblick so viele in der Redekunst und Sprachkunst ganz ungeübte [illegible] Sprachen lehren? so verschiedener

Ein-

Begriffe zu einem Wunder ihrer Gottheit eingetragen? in Zeiten der auf einmal eingegebenen Sprachen [illegible], wo sie andere, die sie reden sollten, eingeben, ohne Vorbereitung vorzubringen, und plötzlich von einer zur andern übergehen machen?

Hierzu kam die plötzlich übernommene Prophetengabe, [illegible] zugleich die Apostel in Gegenwart des ganzen Volks, vor dem großen Rath der hohen Priester den [illegible] gekreuzigten Jesum für den wahren Messias [illegible]; ferner die in einem Augenblick empfangene hohe Erkenntniß der heiligen Schrift; die plötzliche Bekehrung so vieler tausend Juden; die also gleich eingeführte Gottesdienstweise der aufgerichteten Kirche; die nicht nur bey den Aposteln, sondern auch bey den bekehrten Juden und Heyden ganz gemeine Mittheilung des heiligen Geistes, als fremde Sprachen reden, künftige Dinge vorsagen, die Geheimnisse des Herzens erkennen, allerhand Krankheiten heilen, große Wunder wirken, mit Fertigkeit die heilige Schrift und die wichtigsten Glaubenswahrheiten erklären, und dergleichen, welche bey den Christen selbiger ersten Zeiten so allgemein waren, daß der heilige Paulus, wie in seinen Episteln besonders zu den Corinthern zu lesen ist, wegen der [illegible] Unordnungen mit großem Bedacht abhelfen mußte.

§. 11.

## §. II.

### Frage.

**Wie ist die zweyte große Verheißung von der gebährenden Wunderkraft erfüllt worden?**

### Antwort.

Mit so vielen und so herrlichen Wunderthaten, daß endlich die ganze Welt nach langem Widerstand und Verfolgung die falschen Götzen verlassen, sich dem Kreuz Christi unterworfen, und auch in der Folge der Zeiten die Christkatholische Religion für die einzige göttliche halten mußte. Dergleichen Wunderwerke erzählet:

1) Von dem heiligen Lucas in den Apostelgeschichten, wo er eine Menge Wunderwerke vom heil. Petrus z. B. da er einem Lahmen durch den Namen Christi Stärke und Kraft gegeben, den gichtbrüchigen Aeneas zu heilen befohlen, die todte Tabitha zum Leben auferwecket, durch den Schatten seines Leibs die Menge Kranken gesund machte u. s. w. Vom heil. Paulus, z. B. da er den Lahmen zu Lystra gerad aufgerichtet, die Kranke und viele Besessene vom Teufel befreyet, dem zu Tod gefallenen Eutychus das Leben wieder gegeben, die mit ihm Eingeschiffte vom unvermeidlichen Untergang erhalten, und auch durch seine Schweißtücher allerhand Krankheiten

Erfüllung der Wunderkraft in der ersten Kirche auch von Aposteln angefangen.

ver-

ten abgehalten hat. Vom H. Stephanus, der einer Menge Frieden und Wunderdingen gewirkt hat. Vom H. Philippus, der zu Samaria vielen Besessenen, Lahmen und Gichtbrüchigen die Befreyung und Gesundheit ertheilet hat u. s. w.

2) Der H. Paulus erinnert in seinen Sendschreiben öfters die neuen Christen an die große und viele Wunder, so Gott durch ihn bey der Verkündigung des Evangeliums in ihrem Angesichte gewirkt hatte; ja die außerordentliche Wundergaben waren bey den neubekehrten Christen ganz gewöhnlich und gemein, wie oben gemeldet worden.

3) Die heilige Väter und Geschichtschreiber der drey ersten Jahrhunderten haben gar viele gottseelige Wunder, so sich zu ihren Zeiten begeben, verzeichnet; z. E. Eusebius in seinen Geschichtbüchern; der H. Athanasius in dem Leben des H. Antonius; der H. Gregorius von Nyssa in dem Leben des H. Gregorius des Wunderthätigen; der H. Augustinus in seinen Büchern von der Stadt Gottes; Severus Sulpicius im Leben des H. Martinus; der H. Gregorius der große in seinen Gesprächen, und so viele andere Schriftsteller, denen man vernünftiger Weise die Glaubwürdigkeit nicht absprechen kann. Ja so gar heydnische Scribenten stimmen den Christlichen in Erzählung großer Wunderzeichen bey, z. E. daß unter dem Kayser Mar-

vom Kreuzbild eine christliche Legion durch das Gebet zu Christo dem für Durst und Hitze schier verschmachtenden Römischen Kriegsheere in Deutschland einen häufigen Regen, gegen die Feinde aber Blitz, Donner und Hagel erhalten habe; daß der Kayser Constantinus der Große vor dem so gefährlichen Haupttreffen mit dem Tyrannen Maxentius durch ein am Himmel erschienenes schimmerndes Kreuz Muth und vollkommenen Sieg erlanget; daß die aus der Erde schlagende Flammen den Tempelbau zu Jerusalem, welchen der Kayser Julianus der Abtrünnige, die Weissagung Christi zu vernichten, mit aller Macht des Römischen Reichs wieder aufrichten lassen wollte, beständig verhindert und vereitelt haben, obschon Juden und Heyden alles mögliche dazu angewendet hatten; daß gegen das Ende des vierten Jahrhunderts das Vertrauen auf die Hülf Christi dem Kayser Theodosius den herrlichen Sieg über das viel stärkere heydnische Heer des Eugenius und Arbogastus, da der von Winden auf den [illegible] [illegible] abgedruckte Pfeilregen auf sie zurück prellte, und über den Haufen warfe, zuwege gebracht habe; daß in dem fünften Jahrhundert unter dem Arianischen König Hunnerich in Africa vielen Bekennern, so die Gottheit Jesu Christi vertheidigten, die Zungen aus dem Halse geschnitten und gerissen worden, die doch hernach viele Jahre lebten, und wie zuvor deutlich sprechen konnten zur größten

größten Erfahrung vieler Väter, welche sie gesammelt. Und dieses Wunder ist so ausge-sprochen und gewiß, daß solches allein genug wäre, die Wahrheit der Christlichen Religion gegen alle Freygeister und Ketzer unwidersprechlich an Tag zu legen.

4) In den folgenden und letztern Jahrhunderten werden in den Leben der Heiligen, z. E. des H. Benedictus, des H. Bernardus, des H. Dominicus, des H. Franciscus von Assisi, des H. Franciscus Xaverius, und zu unsern Tagen des H. Aloysius; sehen wir in denen zu Rom über die Heiligsprechung gewisser gottseligen Personen angestellten Untersuchungen, so wurde auch einen Umständen [illegible] glaubwürdige Wunder angeführt, daß auch die schärfste Kunstrichter nach genauester Prüfung dieselbe als glaubwürdig haben erkannt. Wer Glauben oder den Wundern [illegible], wenn sie auch durch die sicherste Urkunden und genauer alte Zeugnissen bestätiget sind, nicht anfangen, heißt den Unglauben bis zur Unvernünftigkeit treiben, und fällt ins Lächerliche.

# Vierte Abhandlung.

## Von der Christlichen Religion.

### Erstes Kapitel.

### Von Einführung des Christenthums.

Frag.

Wie ist die dritte große Verheißung Christi erfüllt worden?

Antwort.

Durch die Einführung des Christenthums in die ganze Welt; bey welcher man die Macht Gottes augenscheinlich erkennen muß.

Erstlich, in Einführung der christlichen Lehr, so über die Irrthümer des Heydenthums [illegible] werden.

Zweytens, in Ausführung der Lehrer.

Drittens, in Ansehung der Mittel, so hierzu gebraucht worden; endlich

Vier-

Vernunft, in Ansehung der Hinder-nissen und Verfolgungen, so zu überwinden waren.

## §. I.

### Frag.

Worinnen bestunde dann hauptsächlich die Lehre, so in die Welt eingeführet ware?

### Antwort.

Darinn, daß den vor langen Zeiten her eine Menge verschiedener Gottheiten anzubethen gewohnten Menschen wurde glaubwürdig gemacht werden, es seye nur ein einziger allmächtiger Gott, ein reiner Geist, der ursprüngliche Anfang und das letzte Ende aller Dinge; daß dieser Gott einfach in seiner Natur und dreyfach in den Personen seye, die von einander wirklich unterschieden seyen, und doch das göttliche Wesen ohne Unterschied besitzen, ohne daß deswegen drey Götter entstünden; daß eine von diesen drey Personen, welche man das Wort nennet, Mensch worden, das ist, daß er durch die allmächtige Wirkung des heiligen Geists in dem reinsten Leib einer Jungfrau empfangen, Gott und Mensch zugleich geworden, und in einer Person die göttliche und menschliche Natur vereiniget habe; daß dieses Wort Fleisch worden und durch die Geburt in die Welt eingetretten seye, in

Kurzer Inbegriff der Christlichen Lehr.

der [illegible], [illegible] und [illegible] [illegible] gleich, und sich so sehr erniedriget habe, daß er den Tod und zwar den schmählichsten Kreuzestod ausgestanden, und hiemit der Gerechtigkeit seines himmlischen Vaters genug gethan, gegen die Menschen aber die allergrößte Liebe bezeigt habe.

Daß alle Menschen durch den Ungehorsam und die Sünde der ersten Menschen Adam in die Ungnade Gottes gefallen, aus welchem Fall sie sich durch eigene Kräften nicht erheben konnten; daß ihnen ein Erlöser nothwendig gewesen, der mächtig wäre, ihnen durch seine Verdienste Barmherzigkeit zu erlangen; daß ein solcher Erlöser kein bloßer Mensch seyn konnte, indem ein jeder Mensch mit der Sünde behaftet war; daß ein Erlöser nothwendig gewesen, dessen Verdienste einen unendlichen Werth hätten, die der göttlichen Majestät zugefügte unendliche Unbild zu ersetzen; daß, mit einem Wort, das [illegible] Geschöpfe eines Schlachtopfers bedürftig war, welches, da es [illegible] den Sünden der Welt [illegible] im Stande wäre, fähig und [illegible] [illegible] [illegible], Gott seine Ehre, und den Menschen die verlorne Gnade und die ewige Seligkeit wieder erwerben. Daß dieses Schlachtopfer nur allein ein Gott-Mensch Jesus Christus seyn konnte, als welcher zur Versöhnung unserer Sünden zu sterben im Stand war, und daher mächtig, durch seine

[illegible]

gewöhnliche Verrichtungen solche ausgeschlossen, daß dieser Gott-Mensch auch dem am Kreuz erlittenen Tod durch seine eigene Kraft wieder zum Leben auferstanden, und nach einiger Zeit im Angesichte seiner Jünger gegen Himmel aufgestiegen sey; daß er also zur Stunde seines Abends speise der Apostel seinen Leib zur Speise und sein Blut zum Trank hinterlassen habe; und daß diese Verwandlung des Brods in seinen Leib, und des Weins in sein Blut, so durch den Dienst der Priester verrichtet wird, das einzige Opfer werden, welches Gott ehren und die Welt bis an das Ende der Zeiten heiligen sollte. Dieses ist ein kurzer Begriff der anbetungswürdigen Geheimnisse, so die Wesenheit des Christenthums ausmachen; und diese so fremd scheinende, die [illegible] anführte, und der damals in der Welt herrschenden [illegible] so allen Neigungen des Menschen gerade entgegenlaufende Lehre sollte der Welt glaubwürdig gemacht werden? Ja sie wurde wirklich bestätiget, angenommen, und mit Verehrung aller Tugenden und Gottesfurcht [illegible]. Was ein Wunder!

## Frag.

**Was ist ferner wegen der Christlichen Lehre anzumerken?**

## Antwort.

Daß diese Religion auch überall ihren Predigern auflegte, daß sie an statt der ge-

[illegible]

§. II.

Frag.

Was ist in Absicht der Lehrer zu bemerken?

Ant-

Antwort.

Daß sie zur Erfüllung solcher Lehr erste [illegible] zuviel [illegible] und [illegible], [illegible], ungeistlichere, arme, und von ihrer Nation verächtliche und verhaßte Männer gewesen, die doch die ganze damals bekannte [illegible], in allen [illegible] Weltweisheiten [illegible] erfahren, haben sehr viele Leute, das ist, nicht nur geringe und einfältige Leute, sondern auch viele, hoch verständige und hoch gelehrte, sowohl die zu der Zeit gelebet haben, als die nachmalige gefolget sind, vollkommen überzeuget haben, daß so wahr und auch ihre [illegible] Religion sey allein die wahrhafte, so auch mit Verlust aller zeitlichen Güter und des Lebens selbst von ihr angenommen und beybehalten werden; und ihre vorige Gottheiten, denen sie und ihre Vorfahren so viele hundert Jahr gedienet haben, als teuflische Betriegereyen [illegible] verspottet und verabscheuet, ihre Tempel niedergerissen, ihre Bildnisse mit Füßen getreten, den Gekreuzigten allein angebetet werden.

[illegible]

## §. III.

Frag.

**Was für Mittel haben sie dann hierzu an Handen gehabt und gebraucht?**

## Antwort.

Ohne allen (auch nur) den Menschen bekannten Vortheil, ohne Geld, ohne menschliche Weisheit und Beredsamkeit, ohne Waffen, ohne Kriegsheer, ohne Beyhülf einer weltlichen Macht; ja ohngeacht des allgemeinen Widerspruchs und Widersetzlichkeit der geschworenen Weltweisheit und Gewalt der Fürsten, die ihnen Glimpf, Qualen und den Tod selbst androheten, haben sie die Welt Christo dem Gekreuzigten, wie wir vernehmen, unterwürfig und die Christliche der Glaubigkeit so unbezwinglich gemacht.

Anmerkung über die Mittel.

Ja sie haben zur Vermehrung der Christen ganz widersinnige Mittel angewendet, nämlich die Predigung der Jungfrauschaft und Enthaltung, welche den ausgelassenen begierden Geschlechts auf einmal Platz gefunden; die freudige Erwählung des Todes, dem sich viele Weltleute unterworfen haben; und diese die der vergangenen Gebote sind, nach der Bemerkung des H. Augustinus, drey unglaubliche Dinge, die doch in Wahrheit so geschehen seynd.

## §. IV.

### Frag.

Wie hat es sich mit den Hindernussen und Verfolgungen verhalten?

Ant-

## Antwort.

Was Christus hierüber vorgesagt hatte, wurde von allen Seiten erfüllt: wegen dem Glauben an Christum verfolgten die Fürsten ihre Unterthanen, die Freunde ihre Anverwandte, die Väter ihre Kinder, die Kinder ihre Eltern, die Brüder ihre Schwestern, und so fort; man schritt zu Verläumdungen, zu Grausamkeiten, zur Beraubung aller Güter, zu Verweisungen aus dem Land, zu Kerker und Gefängnis, zu unerhörten Qualen und Tormenten, zu den grausamsten Todesstrafen; man sahe das Christenthum als eine der öffentlichen Ruhe und dem Staat gefährliche und schädliche Secte an, die man nicht grausam genug ausrotten könnte; es schrien gegen die Christen zusammen die überall zahlreiche Götzenpriester; die Gelehrten und Philosophen befliessen sich in Reden und Schriften überschwemmeten die Welt mit Schande und Lästerschriften gegen die Christen, als die aller Verbrechen schuldig wären; an allem Unheil, so dem gemeinen Wesen zustieße, mußten sie schuld seyn; sie wurden mit dem allgemeinen Haß beladen; und diese erschreckliche und die letzte grausame Verfolgung dauerte drey hundert Jahr unter den heidnischen Kaisern bald in dieser bald in jenen Provinzen, und wohl zehenmal durch das Römische in die ganze Welt ausgebreitete Reich, wo man mit allen ersinnlichen Listen und Grausamkeit das Christen-

Verfolgungen über die Christenheit.

ſtensondern ausgerottet gesucht [illegible]. Allein das Widerspiel erfolgte. Die Anzahl der Martyrer stiege zwar so hoch, daß man aus mehrjährigen Untersuchung gewisser Schriftsteller auf jeden Tag des Jahres wohl dreyßig tausend zählen könnte; doch hat man allezeit nach so entsetzlichen Grausamkeiten unter den Christen gefunden, die christliche Kirche nehme nur immer [illegible] zu, so mächtig waren den Verfolgungen, und bey allen diesen Verdrängnissen breitete sich frühzeitig in die ganze Welt auch zu den wildesten Völkern aus. Und immer haben die Standhaftigkeit der wahren Glaubens so groß und verwunderlich, daß wie der H. Augustinus meldet, selbst das Orakel dem Porphyrius bekennt habe, man würde eher Buchstaben aufs Wasser verzeichnen, als ein Christliches Herz vom Glauben abwendig machen können. Also hat die Christliche Kirche wie Feuer und [illegible] der die Welt eingehen, und sich bis zum [illegible] achtzehn hundert Jahr, ohngeachtet so vieler neuen [illegible] und Verfolgungen, als [illegible] Spaltungen und Irrthümer, wie Christus vorhergesagt hatte, erhalten. Was für herrliche Merkmale aber auch von der [illegible] vor der [illegible] und [illegible] Christi? Was für ungezweifeltes Beweis für die Wahrheit und Göttlichkeit des Christenthums.

Zwey-

## Zweytes Kapitel.

# Von mehreren Beweise für die Wahrheit der Christlichen Religion.

### Frag.

**Worinn bestehen die fernere Beweise für die Christliche Religion?**

### Antwort.

Sie werden aus der Vortreflichkeit dieser Religion in sich selbst hergenommen, wenn man nemlich erwäget, was diese Religion lehret von Gott und seinen Vollkommenheiten; ferner von dem letzten Ziel, und Ende des Geschöpfes; was solche für Mittel an Handen gibt, zu diesem Ziel zu gelangen, und sich in diesem zeitlichen Leben bey allen Zufällen aufrecht zu halten; wie weit solche von allen andern Religionen unterschieden sey. u. s. w.

## §. 1.

### Frag.

**Worinn bestehet die Vortreflichkeit der Christlichen Religion in der Lehre von Gott?**

Ant-

## Antwort.

[illegible]

Daß solche den Menschen die falsche Begriffe von der Gottheit benehmen, und hingegen den wahrhaftigen und würdigen Begriff von Gott und seinen Vollkommenheiten beybringen; sie lehren, daß ein Gott sey in drey Personen, die auch eine gleiche [illegible] haben, und doch von einander unterschieden sind; daß dieser Gott alle nur ersinnliche Vollkommenheiten ohne den geringsten Abgang oder Unvollkommenheit besitze; daß er allein der Urheber und das Ziel und Ende aller Dinge sey, ohne von einem andern im mindesten abzuhangen; daß ihm die vollständigste Herrschaft über alles in der ganzen Welt zukomme; daß er bey einer unumschränkten Gewalt die vollkommenste Unveränderlichkeit, die Ewigkeit ohne Abwechslung, die vorzüglichste Allgegenwart ohne Ausdehnung, eine unendliche Weisheit, der nichts von dem Vergangenen, nichts von dem Zukünftigen verborgen, sondern alles gegenwärtig ist; eine unendliche Allmacht in dem Wirken; eine unendliche Vorsichtigkeit in Beherrschung der Welt; eine unendliche Heiligkeit, Gütigkeit, [illegible], [illegible], [illegible] und dergleichen höchste Vollkommenheiten (von welchen oben S. 21. gehandelt worden) von sich selbst und ganz eigen habe. Gewißlich ein so hohen Begriff von der [illegible] Gottheit [illegible] [illegible]

Eigen-

Eigenschaften können nur von seiner Offenbarung den Menschen zukommen.

## §. II.

### Frag.

### Was ist von dem Ziel und Ende des Menschen anzumerken?

### Antwort.

Die Herrlichkeit des Ziels an sich selbst und den vorzüglichen Bedeutungen, die Christliche Religion setzt das letzte Ziel und Ende des Menschen in dem Besitz und Genuß seines vortrefflichsten Wesens, so Gott ist; in dessen alleinigem Besitz der Mensch, der von Gott herkommen, und das Ebenbild Gottes in sich trägt, die wahre und ewige Glückseligkeit finden; alle andere irdische Güter, als Reichthum, Ehre und Wollüste können unmöglich die Begierden des menschlichen Herzens ersättigen; sie machen ihn vielmehr unruhig und mißvergnügt, wie es die tägliche Erfahrung auch die Heyden schon gelehrt hat. Allein damit man zu diesem vortrefflichen Ziel und Ende gelange, welches man Gott über alles lieben, alles zu ihm richten, seine Hoffnung über die Grenzen dieses zeitlichen Lebens ausdehnen; den Nächsten eben so, wie sich selbst, lieb haben, und was man sich wünschet, auch ihm erzeigen; die aus der ver-

Vortrefflichkeit des Ziels und Ends des Menschen.

derb-

[illegible] Namen sich ereignen [illegible] Begegnungen [illegible] die [illegible] Wille [illegible]: Ehren und Reichthumen, so zur ewigen Seligkeit, erwerben; alle Tugenden ausüben, und [illegible] den Glauben einer gewissen Welt erlangen, als den Schöpfer seiner Seel zugeben. Endlich aber in Gottes auf jenes letzte Ziel und End in die Uebung bringen, als welche aller [illegible] möchte.

## §. III.

### Frag.

**Wie seynd die Mittel beschaffen, so der Christlichen Religion wegen ihrem Ziel und End an Handen gehe?**

### Antwort.

Sie enthalten eine [illegible] Unterweisung, und Kraft, dieses Ziel zu erlangen. Denn was soll nicht bewegen den Menschen einen Abscheu [illegible], über unsere Laster und Bosheit [illegible], und in das innerste unsers Herzen [illegible] Gewissen? die Erinnerung der zukünftigen Rechenschaft, und des Gerichts [illegible] Gericht, wo man von allen seinen Verrichtungen auch von den Gedanken die strengste Rechenschaft zu geben hat, wo nichts Gutes ohne Lohn, nichts Böses ohne Bestrafung bleiben wird; der unbegreiflich große Lohn und Herrlichkeit

[illegible] der [illegible] Mittel zu [illegible] Ziel und End

Löschen des Zornfeuers und Grimmes; die ewi- gliche Verdammung der Sünder und Gottlo- sen, so bestimmten ewig brennen wird. Hier- nächst die große Beispiele aller Tugenden, so uns Christus unser Herr und Heiland in seinem heiligsten Leben, Leiden und Sterben gegeben; seine kräftige Verdienste und Gnaden, so unserer Schwachheit zu Hülf kommen; die von Ihm eingesetzte Sacramen- ten und geheimnisvolle Ceremonien, besonders das heiligste Altars Sacrament, in wel- chem der Urheber aller Gnaden den Gläubigen zur Speise dienet; und unzählich andere Heils- mittel, so uns die wahre Kirch Christi, un- ser beider Heil und Ende glücklich zu erlangen, gewähret.

## §. IV.

### Frag.

### Wie dienet die Christliche Religion zum glücklichen Leben?

### Antwort.

Durch ihre für alle in diesem zeitlichen Leben sich ereignende Zufälle heilsam einge- richtete Vorschriften; diese [illegible] und in unsern Trübsalen [illegible]; sie erhöhen uns in dem Glück- stand; sie erhalten uns in der Demuth im Wohlstand des [illegible]; sie ermuntern in der Armuth; sie dienen uns zur Demüthigung von den Sünden und zur ewigen Seligkeit. Durch solche erkennen wir, daß Jesus alles, was uns gehöret, zum Heil unsrer Seel beytragen solches unsre Sünden abgewaschen worden ist; und daß alles, was uns Vergnügen bringt, allezeit ein ewiger Gefahr unterworfen sey, indem es uns allzumal an die Geschöpfe anheftet und von Gott abziehet. Durch sie begreifen wir, daß wir hier als im Elend und vielen Sünden leben; und daß wir ohne die uns zukommende Evangelien täglich unsere Bemerkung und der Welt, so beschaffen, vergessen würden. Mit einem Wort, sie versichert uns, daß nur allein, was ewig dauert, unsre Glückseligkeit und Vollkommenheit ausmacht; daß der Tod allen Unterschied unter Reichen und Armen, unter Edlen und Unedlen, zwischen Fürsten und Unterthanen aufhebe; und daß durch diesen der Unterschied zwischen einem Gerechten und Sünder an Tag falle. Kürzlich findet man in dieser Religion allein die Quelle des wahren Trosts in allem Zufall und Gefahren.

Vorzug der Christlichen Lehr vor weltlichen Lehre.

## §. V.

### Frag.

Haben dann andre Religionen keine solche Hilfsmittel?

Ant-

## Antwort.

Deswegen werden solche entweder geschwächt; daraus folgt er allen anderen; denn diese führen die Menschen vom Geist auf die Sinne; wo hingegen die Christliche Religion von den Sinnen zum Geist führet: jene lassen auch die Welt in dem Besitz der Herzen bleiben; wo hingegen die Christliche Religion uns vermahnet, allein Gott zu verehren, und der Welt zu entsagen; jene vertilgen auch und auch die Begriffe des Gesetzes, so Gott in die Herzen aller Menschen eingepräget hat, und schmeicheln der verderbten Natur; die Christliche Religion aber gehet auf die Zerstörung dieser Verderbniß, und auf die Herstellung der ächten Begriffe der Wahrheit und Gerechtigkeit in unsern Herzen.

## Einwendung.

### §. 1.

### Frag.

**Könnte man nicht sagen, die Glaubenslehre der Christlichen Religion seye in Wahrheit dem Verstand einer vernünftigen Vollkommenheit zuwider, so aber die Absichten der menschlichen Natur übersteige, und welche in der Uebung nicht können befolget werden?**

Antwort.

[illegible]

[illegible]

## §. II.

Frag.

Was sagen denn die Geschichtschreiber von den ersten Christen?

Antwort.

[illegible], sagen sie, [illegible]

[illegible]

hervor [illegible]; die Reiche eröffneten ih-
re Güter, und theilten das Geld unter alle
diejenige, so dessen benöthigt waren; sie [illegible]
[illegible] die [illegible], und erzeigten sich
leutseliger als so viele andre Freunde und
Brüder. Der Reiche [illegible]; der
Arme schämte sich seiner Armuth nicht; sie
[illegible] ein lautere Treu und Gefälligkeit un-
tereinander. Die Jungfrauen bewahrten ihre
Reinigkeit mit unüberwundener Standhaftigkeit,
wie auch die Frauen ihre standmäßige Keusch-
heit. Die Herren gaben den Bedienten ihre
Befehle mit Gelindigkeit und Sanftmuth; die
Bedienten thaten ihre Schuldigkeit aus Lieb.
Man war der Obrigkeit unterthänig, man
verehrte die Eltern; man liebte seine Freun-
de ohne Eigennutz; man vergab seinen Fein-
den; man [illegible] gegen die Armen mild ge-
wesen; gegen die Fremde übte man die Gast-
freyheit; gegen die Arme Barmherzigkeit; ge-
gen jedermann Höflichkeit und Menschenlieb.

[illegible]

Man bewunderte die Standhaftigkeit, mit
welcher sie die allergrausamste Tormenten [illegible]
[illegible]; man sahe sie zum Tod lauffen mit
einer [illegible] Freud, [illegible] durch
den Tod zum Besitz des ewigen Reichs ge-
langen; man wollte gern wissen, woher ein
so große Herzhaftigkeit käme, und [illegible]
nicht, es seye das Christenthum, und [illegible]
[illegible], gelobte und an-
genommen; die allseitige Gegenwart der Chri-

sen verlassen das Leben; ihre Freimüthigkeit machte sie unfähig den Göttern einen Got- [illegible] zu [illegible]; sie weigerten sich zum Tri- [illegible], nicht zur Wegnahme; wie man denn in dem bürgerlichen Kriege zur Zeit des Kaisers Severus [illegible] einigen derselben vorzüglich gefunden. Die Christen wurden nicht [illegible] der und [illegible] gerade wegen dem Leben, weilen sie das Christenthum mit der [illegible] und angenommen, ihr Leben, die ewige Glückseligkeit zu erhalten, [illegible]. Doch hielten sie gewöhnliche [illegible] über [illegible] halber aus, welche sie flohen, die Kinder Gottes mögen ihre Seele reinigen, welche sie als ihre Freunde liebten. Für alle Schauspielen hatten sie einen Abscheu, so wohl für den Tragödien und Comödien auf der Schaubühne, als für den blutigen Kämpfen der Fechter auf den runden Schauplätzen: sie sahen die Schaubühnen nicht anders als einen dem Teufel zugehörigen Platz an; ein jedes Laster war in ihren Augen ein Greuel; und wollten sie lieber das Leben gelassen, als solches mit einer Lüge erkauft haben; wie denn der H. Cyprianus den Bischof Eucratius mit Lob erhebt, daß, da er wegen einem vom Kaiser aufgelegten, von ihm aber [illegible] Verbrechen befragt wurde, zur Antwort gegeben, er könne weder ein Lügner werden ein Verräther seyn; keine andere [illegible] könne man von ihm auch durch verschiedentliche zugefügte Leibesstrafen erzwingen.

[illegible]

Mit einem Worte: man kann sagen, daß man nach Jesu Christo und Ausbreitung seiner Kirche gesehen habe, wie der Erdboden eine ganz neue Gestalt gewonnen: die bisher wenn sie an Heiligen ganz öde und unfruchtbar; aber damal wurde sie ein Heiligthum, so aus einer [illegible] Menge der Märtyrer, der Jungfrauen und vollkommenen Christen bestunde: alle Orten der Welt: unter den [illegible] Völker, sogar den allen wildesten Nationen konnten viele dergleichen aufzeigen; und diese ehemals so verfluchte und so unfruchtbare Weinberge sahe man, sobald sie mit dem Blut Jesu Christi befeuchtet worden, auf das schönste blühen, und die Sprossen der Heiligkeit und Gerechtigkeit hervorbringen: die Kirche hat sich selbst in einem Augenblick ohne Mensch ausgebreitet, und von allen Orten sind die Völker [illegible] gekommen, sich dem Reich Jesu Christi zu unterwerfen. [illegible]

Selbst die Heyden haben die Tugend der ersten Christen mit ihrem Zeugniß bestätiget. Was die Christen insgemein thun, sagt er einer aus ihnen zu Zeiten des H. Paulin (a) [illegible] mit einem unglaublichen Eifer, werden sie nichts sparen, die Gefängnisse und den Tod selbst verachten in der Hoffnung ein

S 4 ewi-

(a) [illegible]

[illegible] zu werden. Sie besiegen die [illegible] [illegible] [illegible], und [illegible] [illegible] [illegible] will, daß sich alle [illegible] [illegible] haben, also, daß sie auch ihre [illegible], als [illegible] sie [illegible] [illegible], [illegible].

## §. III.

### Frag.

**Hat man was besonders wegen den Christlichen Jungfrauen zu bemerken?**

### Antwort.

Es laßt sich wohl anmerken, daß der Teufel bey den Heyden eine Gattung einer Orden von Jungfrauen, so man den Namen Vestalen beygelegt hatte, gestiftet habe; allein wie waren diese Orden beschaffen? Erstlich musten die Vestalen nicht als solche [illegible] [illegible], sie verpflichteten sich zu einer Jungfrauschaft von dreyßig Jahre, nach dieser Zeit war es ihnen erlaubt zu heurathen. Um die Beständigkeit ihres Standes zu [illegible], lebten sie in Reichthum und Wohllüstigkeit; [illegible] [illegible] [illegible] zu [illegible], die Männer bey Tage, die Weiber bey Tag und Nacht; bey den Schauspielen hatten sie einen besondern Ort, [illegible] [illegible] Jungfrauen! Hingegen darf man nicht [illegible], wenn die [illegible] [illegible] und [illegible], es haben sich sehr viel [illegible], daß auch von dieser kleinen Anzahl [illegible] in die Schande der Unzucht gefallen [illegible].

[illegible] [illegible] [illegible] [illegible]

den. Und es muß die Probe Gottes Vergebens von allzugewiß und offenbar gewesen seyn, wodurch man süchtig nach dem Gericht dieses Geschlechtsgeschlechter wie der Lebensweise bringe, dem Geist gemäß zu thun. Woraus sich denn leicht der Schluß machen läßt, die Heiden achtete so wenige Jungfrauen seyn vielmehr weltlichen gewesen haben zu sterben, als in den Ehestande zu seyn. Was ist aber also für ein erstaunlicher Unterschied unter den Heiden und Christen in Absicht dieser Tugend? das Christenthum machte ganze Völkerschaften von Jungfrauen; die einzige Stadt Oxyrinchus in Egypten hatte in ihren Ringmauern zwanzig tausend Jungfrauen, in deren Betragen man eine glänzende Abbildung des geistlichen Lebens, eine weiland Heiligkeit sahe; die auch der Tag und Nacht, wie die Kirchengeschichte meldet, das Lob Gottes absangen.

## §. IV.

### Frag.

**Kann die heutige Lauigkeit der Christen keinen gültigen Einwurf von der Vortrefflichkeit des Christenthums machen?**

### Antwort.

Antwort. Denn da man gezeigt hat, daß diese Lehre von den ersten Christen und den Heiligen aller Jahrhunderten seye ausgeübt der werden, so wird das Gegentheil die Weisheit jener Worte Christi begreifen: die Pforte zum Himmel seye enge, man müsse sich Gewalt anthun, dahin zukommen; das Himmelreich seye nur für jene, so sich selbst verläugnen und absterben, es seye zwar die Zahl der Berufenen groß, aber der Auserwählten klein. Hiernächst lehren uns diese Religion, daß Gott uns die Gnade mittheile, [illegible] anzunehmen, wenn wir einen [illegible] unserem Fleisch [illegible], und den [illegible] Gnade aufrichtig begehren: zu dem bringt uns die christliche Religion die [illegible] herrlichen Bewegursachen. Uebrigens lehren uns die Evangelien die Pflichten ihres Glaubens. Die Väter [illegible] die Erziehung ihrer Kinder, die Männer ihren Weibern, die Weiber ihren Männern, die Herren ihren Dienern, die Fürsten ihren Unterthanen. Freylich wenn es ankomme auf Verläugnung unserer eigenen bösen Begierden, so haben wir in dieser Lehre eine harte Vollkommenheit; kommt es aber an die Fehler des anderen zu bestrafen, so haben wir dieselbige ganz gerecht und vernünftig: es ist wahr, sie beschwert das Herz und [illegible] die Sinne; aber man weiß auch, daß sie eine glorreiche und ewige Belohnung verspreche: wer überwinden wird, sagt Christus in der heimlichen Offenbarung am III. Kap. dem will ich einen Sitz bey mir auf meinem Thron geben. Freylich wird

der

die Herrlichkeit des [illegible] durch die fürchterliche Drohungen [illegible]; und diese beyde Gegenstände [illegible] und [illegible], [illegible]. Die Vernunft selbst sagt uns, daß Gott nicht weniger thun konnte, als jene von sich zu entfernen, die in dem [illegible], ihn durch ihre Laster zu beleidigen, verharret seynd; und daß diese Entfernung und das äusserste Elend, welches der ewige Tod ist, [illegible] seyn. Das Christenthum giebt uns [illegible] durch [illegible] zu verstehen; die [illegible] Gottes [illegible] und [illegible]; der Begriff, den wir von seiner Gerechtigkeit haben, [illegible]; sein Gesetz [illegible], und das Evangelium Jesu Christi [illegible] dieses noch viel ausführlicher.

## Drittes Kapitel.

## Von dem himmelweiten Unterschied zwischen der Religion Jesu Christi und des Mahomeds.

### §. I.

### Frag.

Könnte man nicht einwenden, die Beweise der Mahometanischen Religion [illegible] jenen der Christlichen Religion ziemlich nahe, [illegible] was die Einführung und Verbreitung der Religion angehet?

Ant-

Antwort.

Der [illegible] unserer Zeiten [illegible], daß verschiedene [illegible] diese [illegible] zu machen sich [illegible] haben: [illegible] sey, als die Ungereimtheit derselben, und folglich die [illegible] dieser Vergleichung vor Augen zu stellen; denn was ist wohl für ein Unterschied, die christliche Religion zu [illegible], bisher [illegible] worden, der nicht einen augenscheinlichen Unterschied zwischen Jesu Christo und dem Mahomet enthielt, was der nicht an Tag lege, daß Jesus Christus der Messias, und Mahomet ein Betrüger sey?

§. II.

Frag.

Worinn bestehen diese so [illegible] Unterscheidungszeichen?

Antwort.

[illegible] kann man folgende anmerken.

Erstens. Die Religion des Mahomets gründet sich auf seine [illegible], [illegible] und göttliche [illegible] und Wunder. In der [illegible] seines Gesetzes [illegible] in dieser ganz [illegible] (1) in einem seiner [illegible], und [illegible], [illegible] in den göttlichen Rathschlüssen [illegible],

daß

daß nichts im Stande sey, solches zu verhindern. (1) Ja denn, daß die Mahometanische Religion nicht ohne Wunder, ohne Gründe, Widerspruch eingeführet worden; daß [illegible] [illegible] widerspreche, nicht [illegible] [illegible] gebracht worden; so [illegible] ein Muselmann einen solchen anbringe, verdiene er den Himmel. Man weiß ganz, daß Mahomet, da er als Urheber einer neuen Religion abgeben wollte, auch gesucht habe, sich einen Propheten und Wundermann angesehen zu werden: [illegible] ersten dienete ihm sein natürliches Uebel der fallenden Sucht, von welchem da er oft überfallen wurde, er erstlich seiner Frau, und durch dieselbe vielen andern weiß machte, diese Zufälle der Sucht wären so viele Verzückungen, bey welchen er ganz geheime und außerordentliche Unterredungen mit dem Engel Gabriel hielte, und von ihm viele geheimnige Dinge erführe. Zum andern eine Kühnheit zu dichten und zu lügen z. E. er seye bey Nachts in aller Eil von Mecca auf Jerusalem und von dar in den Himmel gereiset; die Bäume und Steine hätten sich ihm aus Ehrerbietsamkeit geneigt, der Mond seye von ihm in zwey Theile zertheilt worden u. s. w. Uebrigens bekümmerte er sich nicht die Erzählungen mit Zeugen zu bestätigen, oder mit deutlichen Wundern glaubwürdig zu machen, sondern wollte auf sein Wort geglaubt haben. Wie kann aber jemand in den Sinn kommen, dergleichen den asiatischen Ländern, so doch die großen Wunder des Mahomets sein sollen, mit den so großen und schon erfüllten Prophezeyungen, mit den so vielen, so herrlichen, so göttlichen eines angebeteten Wunders Jesu Christi in einige Vergleichung zu setzen?

Von der Gottheit Christi [illegible] mit Mahomet [illegible]

Zweytens. Keine einzige Prophezeyung der alten Propheten kann den größten Feind und Zweifler des Christenthums widerlegen; da doch von jenen die Gegenwart der Sachen und das Ganze der christlichen Religion so oft und so klar vorher durch Worte und Geschichten verkündiget und vorgebildet worden ist.

Drittens. Mahomet hat sich durch das Schwerdt und Gewalt der Waffen fürchterlich gemacht; Jesus Christus aber hat durch die Sanftmüthigkeit und Heiligkeit seiner Lehre die Welt an sich gezogen, und seine Religion auf Demuth und Leiden gegründet.

Viertens. Die Gehülfen des Mahomets waren seine Apostel und Glaubensverbreiter; da hingegen die Apostel Jesu Christi wie die Lämmer unter den Wölfen den Glauben Christi ausgebreitet und als Märtyrer gestorben sind.

Fünftens. Ein prächtiges Reich, ein [illegible] Sieg, ein [illegible] [illegible] Ehrgeitz [illegible] die Anhänger, so und der Lehre des falschen Propheten anzunehmen; aber oder die Jünger des Heilandes haben nur die Verachtung der Welt, die Flucht seiner Herrlichkeiten, die Lieb zur Erniedrigung, die Lieb. den Feinden, die Unterwürfigkeit gegen die rechtmäßige Obrigkeit gewürdigt.

Sechstens. Nichts ist in einer Religion erschrecklicher als das Gute und die Belohnung darnach bestimmt, so [illegible] folgen, erwarten müssen. Man kann man sagen, daß die vom Mahomet seinen Anhängern versprochene Seligkeit eine sinnliche Glückseligkeit sey, die nach der einzigen Gebrauche die Erhaltung aller sinnlichen [illegible] verlange, und die nur sinnliche Menschen ankleben kann. Mit einem Worte: die verderbte Natur hat allen Fortgang und Ausbreitung des Alkorans [illegible] getrieben; alles ist da irdisch, alles fleischlich und irdisch. Das Evangelium des Christenthums befördert die Unterdrückung des Fleisches und der Welt, macht eine Erniedrigung von uns selbst, und da es den Menschen an dem, was ihm am liebsten ist, angreift, ziehet es solche gar an sich. Das Reich eines Christen, wie seines Christi des Herrn, ist nicht von dieser Welt: nicht hier auf Erden findet er seine Freuden; er erwartet diese in seinem Leben nur durch das Trübsal; dessen Eingang ist rauh und schwer zu durchgehen, und doch nimmt man sie an.

Siebendens. Eine ganz [illegible] die politischen Stillschweigen, so [illegible]

Ge-

[illegible]

[illegible] am Ende [illegible]

Jesus Christus dagegen stellt seine himmlische Sendung, seine Glaubenslehre, [illegible] der ganzen Welt zur Prüfung [illegible] die christliche Religion [illegible] zum Trotz und Spott aller [illegible]

[illegible] Einführung der [illegible] Religion [illegible] zu erkennen, [illegible] die Verfolgung, die [illegible]

Lehre

Lasterstrafen ablegen können, als es gar nicht zu verwundern sey, daß das menschliche Herz derselben günstig geworden, und die verdorbene Natur sich leicht Mühe gegeben, sie zu verbreiten. Aber das Christenthum ist sein Gesellschafter mit der Tugend, der Enthaltsamkeit, der Einfalt, der Demuth, der Geduld, der Uneigennützigkeit, der Herzhaftigkeit und [illegible]. Was für ein erstaunlicher Unterschied unter beiden Religionen! Mögen wohl die glücklichen Erfolge der Mahometaner ihre Sache im geringsten dem Beweise [illegible], den man aus der so glücklichen Verbreitung des Christenthums herleitet! Wie herrlich und glorreich ist im Gegentheil für die Religion Jesu Christi diese Vergleichung!

## §. III.

### Frag.

**Wie kann mit wenig Worten die Ungereimtheit dieser Vergleichung erklärt werden?**

### Antwort.

Durch die Gegeneinanderhaltung beyder Gesetzgeber, deren einer ein von Gott gesandter Prophet, der andere ein sich für einen Propheten ausgebender Betrüger ist.

Jesus Christus hat seine Sendung gegründet und bewiesen durch unzählbare [illegible]

Vorzügliche Eigenschaften der Vergleichung von Christo und Mahomet.

gewisse Wunderwerke, daß seine Feinde selbst dieselbige eingestehen mußten. Mahomet hingegen hat kein einziges anders Wunderwerk gethan, und haben sich seine Jünger geschämt, ihm eines zu zueignen. Jesus Christus ist gestorben und wiederum zum Leben auferstanden, und seine Auferstehung ist durch unverwerfliche Zeugen bestätiget worden, welche ihr Zeugniß mit ihrem Blut unterschrieben haben. Mahomet ist gestorben ohne wieder aufzustehen, und man hat nicht einmal die Leichtheit gehabt auszustreuen, er sey auferstanden. Jesus Christus hat den Menschen große Wahrheiten verkündiget; allein er hat dieselbige durch seine Wunder, durch seine Prophezeyungen, durch seine Auferstehung und tausend andere Kennzeichen bestätiget. Mahomet hat die ungereimten Fabeln erzählet, und hat solche weder durch Prophezeyungen, weder durch Mirakel, weder durch seine Auferstehung oder gleichmäßige Kennzeichen glaubwürdig gemacht.

Was Mahomet gethan hat, kann ein jeder geschickter Betrüger bey gleichem Glücke unternehmen und ausführen; aber kein Mensch auf Erden, kein erschaffener Verstand kann eben das thun, was Jesus Christus ins Werk gesetzt hat. Aus welchem kann der Schluß gemacht werden auch, es sey nichts vernünftiger, als glauben, Jesus Christus seye der wahre Heyland der Menschheit, nis, und seine Religion sey allein wahrhaftig; hingegen sey nichts so unvernünftig, als was einen Augenblick traurig machen. Die Herren sey der wahre Prophet, und seine Religion könne die wahrhafte seyn.

## Einwendung.

### § 1.

### Frag.

**Kann nicht zur Entschuldigung der Ungläubigen dienen, daß bey allen diesen Bewegursachen der Christlichen Religion der Glaub eine Gab Gottes seye, die sie nicht haben?**

### Antwort.

Wir antworten, daß diese Ausrede nichts von den Ungläubigen besser angeführet, als wenn Gott erlaubte mehr nichts zu glauben, und die Gab des Glaubens ganz ruhig von Gott zu erwarten, ohne daß man die geringste Sorgfalt anwenden wolle, seinen Zweifeln abzuhelfen, und der Wahrheit sich zu nähern.

### Frag.

**Warum wird hierinn gefehlet?**

### Antwort.

Weilen die Gab des Glaubens den Erwachsenen nicht ohne gewisse Werk und Bewe-

[illegible] [illegible] wird, die uns [illegible] [illegible] [illegible]. In der That, wenn Gott die Wahrheit der [illegible] Religion, [illegible] er [illegible] gehalten seyn, [illegible] an Ehre und [illegible] [illegible] haben, so könnte ein jeder die jener Religion [illegible], warum er sich [illegible], [illegible] er [illegible] [illegible], [illegible] [illegible] die Wahrheit; und seine [illegible] [illegible] der [illegible], wie viel und [illegible] [illegible] auch immer ist, würde ohne Endzweck seyn. Da nun aber die [illegible], wie wir hier voraus setzen, von der Vernunft Gebrauch machen, und einen zu unterscheiden fähig sind, so wird uns solches niemand so [illegible] und [illegible] seyn, daß er sich weigere, dem Worte eines [illegible] Gottes zu gehorsamen, wenn er versichert wäre, [illegible], was man ihm verkündiget, sey wirklich das Wort Gottes. [illegible] und hat man durch so viele [illegible] in diesem [illegible] [illegible] Gründe und Beweise anderst dargethan, als die Lehre der Christlichen Religion sey das Wort Gottes selbst, eine von Gott kommende Offenbarung? und was kann man anderst vernünftiger Weise folgern, als man müsse sich dieser Offenbarung fügen und unterwerfen? Es ist also eine [illegible] [illegible] jenes Satzes, der Glaub seye eine Gab Gottes) es ist ein eitle Schutzwehr gegen die handgreifliche [illegible] [illegible], die Christliche Religion zu bekennen.

§. II.

## §. II.

### Frag.

**Wie kann diese Nothwendigkeit mehr erkläret werden?**

### Antwort.

Durch folgende Ueberlegungen.

Erstens. Es ist gewiß, daß Gott dem Menschen die Vernunft nicht gegeben habe, um ihm eine so große Erniedrigung oder eine [illegible] [illegible] und schädlich zu machen, da er ihm Dinge zu glauben vorstellte, gegen welche ihm seine Vernunft eine beständige Widersprechlichkeit zu zeigen hätte; sondern er hat einige den Menschen unbegreifliche Wahrheiten mit andern verknüpft, die sie begreifen, und die durch gemeinsam bekannte Dinge können gefaßt werden; nämlich solche Wahrheiten, so durch Begebenheiten, deren der Beweis [illegible] ist, leichtlich zu erkennen stund; und an dergleichen Begebenheiten, deren Wahrheit in keinem vernünftigen Zweifel mag gezogen werden, ist die Christliche Religion angeheft.

Zweytens. Die Wunder des Moyses, des Welterlösers Jesus Christus, der Apostlen, der Märtyrer, so anderer Heiligen in der ganzen Kirche seit mehreren Jahrhunderten [illegible] deutlich, überzeugend, und ohne allen Zweifel, und solche auch [illegible] wollen [illegible] gegen den natürlichen Verstand; bezeugen auch die Lehrer in den drey ersten Jahrhunderten der Kirche, da sie so augenscheinliche Wunder nicht laugnen konnten, [illegible] [illegible], solche der Zauberey zu zuschreiben. Wenn nun aber seltener Mirakel durch ganz gewisse und ganz deutlich erfüllte Vorhersagungen noch bestätiget werden, so muß auch der [illegible] Hartnäckigkeit den Mund schließen. Jesus Christus hat uns den Menschen gefordert, ihren Glauben [illegible], sagt der H. Augustinus, aber eher er diesen gefordert, hat er selbigen verdienet. Denn da er so viel Mirakel gewirket und [illegible] solche Mirakel, dergleichen, wie er selbst sagt, kein Mensch jemals gewirket hat, so mußte der, so nicht glauben wollte, [illegible] [illegible] [illegible] Eigensinn beklagen seyn. Christus, sagt der H. Lehrer ferner, hat sich durch Mirakel das Ansehen erworben, und daher durch das Ansehen den Glauben gefordert. Er hat so genau alle Wunderdinge, so die Propheten von dem Messias vorgesagt hatten, erfüllt, daß man nicht zu sagen wüßte, was unter beyden abgeschmackter wäre, entweder mit den Atheisten zu laugnen, daß ein Messias versprochen worden, oder mit den Juden zu glauben, er werde erst noch kommen.

[illegible]

Pro-

Deliberiren. Nichts ist der Vernunft mehr gemäßer, als ein gleichsam Ansehen, welches auf so überwiegende Gründe gegründet ist, [illegible] weiß man nichts anders, als mit einem ihm entgegen gesetzten [illegible] des [illegible] Weges. Selbst die Rechtsgelehrten gehen nicht so zu Werk, und sie glauben, daß es in gelehrten Sachen unvernünftig wäre, einem gewissen gegründeten Ansehen sich nicht unterwerfen wollen.

Es findet z. E. sehr merkliche Unterschiede unter den Familien: von [illegible] sind verschiedene groß und vornehm, deren Alterthum durch Urkunde, so nicht verdächtig scheinen, und das Zeugniß der Geschichten, die man für sicher halten, bewiesen ist. Sagt man einer solchen adelichen Person, man glaube nicht, daß seine Familie vornehmer wäre, als der anderen, und daß er keinen Beweis anführen könne, der diejenige, so daran zweifeln wollten, überzeugte. Wie! würde sich ein solche Person nicht billig über solche läppische Einwendungen erzürnen, und mit Grund antworten, so solche Einwendungen pflege man bewährten Begebenheiten und solchen Urkunden und Geschichten, deren Glaubwürdigkeit nicht bestritten wird, nicht entgegen zu setzen.

Dieser Vernunftschluß ist so gewiß, daß wenn sich jemand [illegible] dem widersetzen wolle, was durch ein ungezweifeltes Ansehen also festgestellt ist, die größte Ungereimtheit aus der Welt folgen würde; nämlich, daß man innerhalb zwey hundert Jahr mit Gewißheit sagen könnte, alle, so heut zu Tage leben, leben nicht; alle, so heut zu Tage schreiben, schreiben nicht; und alles, was heut zu Tage als die allergrößte und merkwürdigste Sache in der Welt sich zuträgt, sey nur eine Fabel; indem man innerhalb zwey hundert Jahr nichts von dem, was heut zu Tage geschehen, wissen wird, als was man in den Geschichten wird lesen können.

## §. III.

### Frag.

**Müssen die Freygeister diese Schlüsse zugeben?**

### Antwort.

Freylich, wenn sie nicht in einen offenbaren Widerspruch verfallen wollen: denn einmal sind diese so genannte starke Geister die erste, so [illegible] mit Betrachtung anführen, der ganz [illegible] behaupten wollte, es wäre niemal ein Julius Cäsar oder Alexander, ein Hannibal oder Virgilius gewesen; der also das heute vermeldete, was uns die Historie von den andern lehret, wie auch alle Schriften der [illegible] den letzteren zeiget. Wie können sie aber bey solcher Erfahrung ohne Widerspruch [illegible] anführen, oder [illegible]

sie

ihr sehr ungewisse Begebenheiten bekant seyn, die den Moyses und Jesus Christus angehen? Man fordert diese heilige Christen, die mehr als andere Menschen erleuchtet seyn wollen, hier auf, sie sollen uns in den Geschichten einige Begebenheiten zeigen, die besser als jene des Moyses und Jesus Christus bewiesen seyen. Umsonst wartet man hier auf Antwort. Da solchen seine nichts gegründet scheint, so ist man berechtiget, sie zu fragen, warum sie etwas glauben, die andere nicht glauben? [illegible]

Indessen ist es hier um nichts geringers zu thun: und die Frage, hier zu wählen ist erschrecklich, entweder die Begebenheiten der evangelischen Geschichte glauben, oder jene verwerfen, so ganz Grund der christlichen Religion stürzen. Denn es ist niemand, wer es immer ist, daran mehr gelegen, daß er wisse, ob ein Mensch gewesen, der sich Cäsar oder ein anderer, der sich Alexander genennet habe; ob sie diese oder jene Thaten verrichtet; aber da unser ewiges Wohl und Unglück an den in der H. Schrift verzeichneten Wahrheiten abhange, so ist an nichts mehr gelegen, als zu wissen, ob man selbigen Glauben soll beymessen; denn einmal, wenn das Evangelium wahrhaft ist, so folget, daß Jesus Christus in die Welt gekommen seye, daß er andere Wunder gewirkt, daß er von den Tod auferstanden; daß er folglich GOtt und [illegible] er [illegible] habe, [illegible] sey, und die [illegible] Wort Gottes selbst [illegible] [illegible] werden.

## Viertes Kapitel.

# Von allgemeiner Widerlegung der Haupteinwendungen, so die Freygeister machen.

### §. 1.

**Frag.**

**Worinn bestehen die Haupteinwendungen der Freygeister?**

**Antwort.**

Man mag solche auf diese drey Hauptgattungen setzen:

Erstens, machen sie gegen die heilige Schrift allerhand Einwürfe, und suchen gern aus gewissen Stellen einige Widersprüche herauszubringen.

Zweytens, greifen sie die Grundwahrheiten an, so auf den Verstand gehen, und [illegible] selbige einer Dunkelheit und Widersprüche zu [illegible].

Drit-

Drittens geben sie vor, die Beweise der Christlichen Religion wären nicht so klar und [illegible], als man sie ausgeben wolle; [illegible] in derselbigen Geheimnisse, welche sich unsre Vernunft widersetze, vorkommen.

## §. 11.

### Frag.

**Wie muß man solchen Einwendungen insgemein begegnen?**

### Antwort.

Mit folgenden Anmerkungen:

Erste Anmerkung, über die Schwachheit des menschlichen Verstands, deren eben gedacht worden. Gleichwie der Schöpfer [illegible] keine unumschränkte und vollkommene Begriffe gegeben; also muß man sich bey unbegreiflichen Geheimnissen seines Verstands erinnern. Nichts aber unvernünftiger, als [illegible], von welchen wir [illegible], [illegible], welche wir derselben Zusammenhang nicht begreifen, [illegible] sie nämlich begreifen [illegible], weilen wir nicht Gott sind, und unsre Vernunft ihre Schranken hat.

Zweyte Anmerkung, über die Unbegreiflichkeit anderer natürlichen Dinge. Wenn man allein in der Religion unbegreifli-

che

der Sachen verstehen, [illegible] vielleicht die Erwartungen der Neugierde eines Gelehr[illegible]; aber was in der Natur das allerbe[illegible] ist, z. B. eine Blume, eine Mücke, ein Juwel und dergleichen, wird uns nach [illegible] Entdeckungen [illegible] und [illegible], wie [illegible] unter den Augen und Händen haben. Ich kann dessen aber von der Religion diesen Vorzug, daß man sagt, so wir nicht begreifen, auf der Macht und Gerechtigkeit Gottes gegründeter zu [illegible], [illegible] gewiß ist, daß wir nichts, als was ihm gefällig seyn wird uns zu offenbaren, [illegible] in Erfahrung bringen können.

Kurze Anmerkung, über die ausnehmende Gewißheit der Christlichen Religion. Es ist keine Wahrheit in der Welt besser gegründet und befestiget, als jene der Christlichen Religion, und [illegible] zu ihrem größten Unglück davon zweifeln, [illegible] einer [illegible] Erklärung [illegible]; können sich auch über niemand als über sich selbsten beklagen. In der That, wenn man [illegible], und zugleich unter die Augen legt die große Menge und lange Reihe der Begebenheiten und Umstände, so die Wahrheit der Religion beweisen, so entspringt daraus eine viel gewissere und sicherere Gewißheit für das Gemüth, als die [illegible], [illegible] und [illegible] Beweisthümer

so

in den Wissenschaften haben, [illegible] jene
Gründe [illegible] [illegible] [illegible] [illegible]
[illegible] kann, also, daß ein [illegible] [illegible]
Wahrheit [illegible] kann. Aber diesen Ge-
genstand zu [illegible], welchen [illegible] [illegible], so zu
sagen, [illegible] [illegible] [illegible] [illegible]
sie müssen in der [illegible], [illegible] [illegible] [illegible] die
große Wahrheiten [illegible], so zum Grund
der Christlichen Religion dienen, als nämlich
das Daseyn Gottes, das ist, eines [illegible]
[illegible], [illegible] und [illegible] Wesens; die
Unsterblichkeit unserer Seel; die Noth-
wendigkeit eine Religion anzunehmen,
die dem Menschen seine Pflichten vorschreibt,
und ein zukünftiges Leben zu erkennen,
wo die Tugend wird belohnet und das Laster
bestraft werden. Wenn sie dieses nicht, wer-
den sie niemal das Licht in Betreff der Reli-
gion finden; die [illegible] ihres Herzens
[illegible] [illegible] [illegible] [illegible] [illegible] [illegible]
[illegible], und die [illegible] [illegible] [illegible]
[illegible] [illegible] [illegible], daß sie sich durch
[illegible] [illegible] [illegible] völlig überzeu-
gen. Es gibt Leute, die sich [illegible] die
Religion [illegible], von denen man auch
sagen kann, daß sie niemal die geringste [illegible]
[illegible] auf sich [illegible] gemacht haben, um [illegible]
jene große Wahrheiten, von welchen die Rede
ist, [illegible] zu [illegible].

Vierte Anmerkung. Über den Unter-
schied der Weise, die Religion und an-
dere

andere Mathematische Wahrheiten zu erkennen. Man kann den Ungläubigen sagen, Gott habe sich nicht auf solche Weise wollen erkennen lassen, auf welche man zu den Wahrheiten der Vernunft, in welchen das Herz keinen Theil hat, gelanget; und dieses kann man leichtlich beweisen. Er hat im Gegentheil gewollt, daß die Gnade in dieser Untersuchung einigen Vortheil vor den Bösen hätte; und das Betragen, so er gegen die Propheten in der Weise, in welcher er sie ihre Prophezeyungen vortragen ließe, beobachtet hat, beweist dieses nicht als eine Muthmaßung, sondern eine Wahrheit. In der That die Religion braucht weder eine gänzliche Ausschließung, weder eine offenbare Gegenwart der Gottheit, sondern die Gegenwart eines sich verborgenden Gottes; alles trägt dieses Kennzeichen. Was sagen z. E. die Propheten von Christo Jesu? sagen sie ganz deutlich, er seye der einzige wahre Gott? Nein, sondern er seye ein in Wahrheit verborgener Gott; er werde unbekannt werden; man werde es von ihm nicht denken; er werde ein Stein des Anstoßes seyn, an welchem viele sich stoßen würden. Also offenbaret sich Gott nicht ganz und gar; er verbirgt sich auch nicht gänzlich, sondern dieses ist wahr, daß er sich jenen verberge, die ihn versuchen; und jenen sich offenbare, die ihn aus ganzem Herzen suchen. Hieraus siehet man, warum er die Dunkelheiten und Deutlichkeiten in der heil.

Schrift

Schrift [illegible] daß er auf der [illegible] Herzen [illegible] das Volk [illegible] seiner Gnade zu [illegible] in der [illegible] zu [illegible]. [illegible] als welche [illegible] der Schrift, als welche [illegible] der göttlichen Wahrheit, [illegible] und [illegible], gegen die Geistlichkeit, als welche [illegible] die sie nicht verstehen, lästern.

## §. IV.

### Frag.

### Was folgt aus diesen Anmerkungen?

### Antwort.

Daß [illegible] zeige, wie die christliche Religion keinen Glauben, der von aller [illegible] frey sey, [illegible]; auch daß die Gründe, auf welche [illegible] allezeit so [illegible] seyen, daß sie [illegible]. [illegible] Glauben [illegible] haben, [illegible] aus der Schrift, [illegible] die Propheten, die seinen Sohn ankündigen, [illegible] reden lassen; [illegible] die [illegible]

Glaubenswahrheiten nicht so klar und Gewiß seyn sollen, daß nicht noch einige Zweifels fähig blieben, so hieraus kommen, die stolze Geister zu verblenden, und auch selbst jene, so die Wahrheit aufrichtig suchen, wenn sie ein heilsames Mißtrauen zu beschäftigen. Hätte wohl Gott eine Offenbarung geben, z. E. durch die Propheten ganz hell und deutlich den von einem ganzen Volk erwarteten Erlöser so anzeigen zu lassen, daß es unmöglich gewesen wäre, ihn nicht zu erkennen? Konnte er nicht den Tag, die Stunde seiner Geburt, und die ganze Folge seiner Thaten mit so genauen und so verständlichen Worten schreiben lassen, daß man sich nicht hätte betrügen können? Gleichwohl hat er niemals, diese Offenbarung der Deutlichkeit bey den Absichten seiner Weisheit nicht gemäß. Ja er hat gewollt, daß das Reich seines Sohnes, so ganz herrlich und ganz unsichtbar ist, unter dem Sinnbilde eines vergänglichen herrlichen und sichtbaren Reichs verhüllet ward; daß die geistliche Feinde, so er zu überwinden hatte, als weltliche leibliche Feinde vorgestellt, und die Verheißungen der Güter des Himmels, so er zu geben hatte, unter jenen der Erdengüter versteckt würden. Er hat gewollt, daß ein großer Theil jener Prophezeyungen einen doppelten Sinn haben, und den Buchstaben nach an unsichtbare Gelten den David oder den Salomon, aber einen andern von dem Messias angenommenen

Ver-

Geister können gezeiget werden, vermuthlich der [illegible] [illegible] und in ihrem ganzen Umfang erst in ihm allein sollten erfüllt werden. Eben so hat es geschehen, daß das Geheimniß der H. Dreyfaltigkeit, die Lehre von der Unsterblichkeit der Seel, die ewige Glückseligkeit des Himmels in den Büchern des alten Testaments gleichsam begraben lagen.

## §. IV.

### Frag.

**Hat Gott in dem neuen Testament eben diese Einrichtung befolget?**

### Antwort.

Ja in vielen Stücken: also ist gewiß, daß Jesus Christus alle Lehr-en, die sich in seiner Kirche [illegible] solten, vorgetragen habe; daß er sie aber niemals mit ganz deutlichen Entscheidungen habe erklären können; daß er ihnen seine Gedanken nur so klar und bestimmten Worten habe offenbaren können, daß es unmöglich gewesen wäre, solche zu [illegible] abzuändern; und daß er sich auch seiner Unterrichtung nicht allein einer gewissen Anzahl der Jüngern, wie er auch den Aposteln [illegible] am H. Matth. 4. v. [illegible] gethan, sondern dem ganzen Jüdischen Volk hätte können sichtbar darstellen.

Sie hätten auch die Apostel von seinen Reden und Thaten so vieles aufbehalten können, das wirklich geschehen, angeführten Wunder mit eingerückt, wie uns der H. Johannes versichert; und die Evangelisten hätten in Erzählung des Leidens Christi den nächsten Spuren einer Übereinstimmung mit aller Sorgfalt vermeiden können. Alles dieses wäre er Gott sehr leicht gewesen; aber er hat nicht gewollt, weilen die Kraft seiner Weisheit unendlich weit von der Schwachheit unserer Gedanken entfernet ist. Und vielleicht hätte er es so eingerichtet, wenn er nur seine Gütigkeit gegen seine Auserwählte hätte zeigen wollen; aber er wollte zu gleicher Zeit den Glauben aller Menschen prüfen, und folglich auch seine Gerechtigkeit gegen solche Christen zeigen.

## §. V.

### Frag.

**Was muß man dann von dergleichen Widersprechungen und Dunkelheiten denken?**

### Antwort.

Daß solche, sie mögen nun die Prophezeyungen oder die Geheimnisse betreffen, der von Gott bestimmten Einrichtung gemäß sind. Licht und Finsterniß sollten also gleich in der Offenbarung Gottes: und [illegible] seyn, wie sich Gott von einigen hat verborgen.

[illegible]

[illegible]

## §. VI.

### Frag.

Was zeuget eine solche Erniedrigung?

## Antwort.

Sie lehrten den Gläubigen, daß er nicht Ursach habe, über dergleichen Dunkelheiten, und dem menschlichen Verstande undurchdringlichen Geheimnissen in gewissen Religionswahrheiten zu erstaunen, sondern vielmehr für gewiß zu halten, daß sie nach der Ordnung der ewigen göttlichen Gesetze über die Menschen [illegible] [illegible] seyen; denn hierdurch erfahre man klar, daß Gott die Menschen nicht habe anhalten wollen, alle Geheimnisse, die man über die Glaubenswahrheiten machen kann, zu he- ben und auf zu lösen; als welches eben bis zu Aufhebung der Schwachheit unsers Ver- standes unmöglich ist; sondern er hat ihnen so viel Erkenntniß mitgetheilt, als nöthig war zu erkennen, [illegible] [illegible] [illegible] [illegible] [illegible] [illegible] [illegible] [illegible] [illegible]; und hat ihnen zugleich genugsame Beweise von der Wahrheit eben dieser Religion gegeben, jene zu überzeugen, welche die Wahrheit auf- richtig suchen. Wirklich muß man sich über die Glaubenssätze der Christen nicht [illegible], noch sich aufhalten bey Geheimnissen, die nicht ein jeder auf zu lösen im Stande ist. Man muß [illegible] [illegible], und das [illegible] [illegible], daß Gott [illegible], seine Barmherzig- keit gegen diese, und seine Gerechtigkeit gegen andere auf zu üben, [illegible]. [illegible] Ge- [illegible], als es der Ordnung der göttlichen [illegible] [illegible] gemäß war, daß sich [illegible]

[illegible]

erhalten, auf daß die Kirche Christi erwache, und durch diesen entgegengesetzten Wind die Spreu zerstreuet werde; so hat auch Gott zugelassen, daß die Unglaubigen von den Werken mit anderen Religionsstreitigkeiten in der heiligen Schrift als einem Mittel bedienet haben, und daß die Ketzer oder Unglaubige, die sich dem Urtheile seiner Kirche nicht unterwerfen wollen, allezeit Fallstricke finden; da indessen die andern Christen aus der Gewißheit der offenbarten Wahrheiten ihren Nutzen ziehen.

Gottes Zulassung der Einwürfe in Religionssachen.

Sicher ist es bey den meisten Glaubigen, daß, nachdem sie gegen die Einwendungen der Freygeister alle ihre Vernunft verschwendet haben, so in diesem Werke von der Wahrheit der Christlichen Religion und ihren göttlichen Kennzeichen enthalten sind, sie doch endlich lieber dieser eingewurzelten Gemächlichkeit der Gedanken den Rand zu lassen, indem als dieses besondere Absehen über die Menschen, davon hier die Rede ist. Denn durch dieses giebt man auf alles Acht, und ist dieses das einzige Mittel, die Ausschweifung der menschlichen Vernunft zu hemmen, die alles wissen und ergründen will, die sich ohne Unterlaß Widersprüche erfindet, und die einen besondern Gefallen an jenen hat, welche die Wahrheiten, so unsern Leidenschaften widerstreben, angreifen.

## Fünftes Kapitel.

# Von der insgemein nützlichsten und leichtesten Weise, sich und andere in der Christlichen Religion fest zu erhalten.

### §. I.

### Frag.

Giebt es eine so gemeinnützliche leichte Weise, sich in der Religion zu stärken, ohne die Glaubenslehren nach ihren Gründen [illegible] zu haben?

### Antwort.

Ja. Gott hat hierdurch allen auch [illegible] und unerfahrnen [illegible] [illegible] gethan: er hat ihnen den Beweis des Ansehens (Autorität) aufgestellt, das ist, die überaus große Menge der durch ihre Schriften, Gelehrsamkeit und Heiligkeit berühmtesten Männer, Kirchenväter, und so vieler andern durch lange Jahrhunderte in Vereinigung gestandenen Kirchen, welche die Christliche Religion angenommen und vertheidiget haben. Ganz recht wird behauptet, daß dieses Ansehen für die gemeine Leute ein [illegible] [illegible] be, welches einen lebendigen Eindruck auf unmäßige Geister machen mußte.

In der That, er ist niemand, besonders von denen, die seinen ganz entscheidenden Vorzug des Verfassers sich zeigen, welcher in wirklicher Ueberlegung der beständigen Untersuchung, welche so viele große und wegen der Vortrefflichkeit ihres Verstandes so berühmte Männer gegen alle Wahrheiten der Christlichen Religion bezeigt haben, nicht als das Gespräche des Unglaubens, so zu sagen, mit Händen greife. Denn könnte er wohl einen unsrigen Stolz in sich fühlen sagen, daß sich ein viel besseres Einsehen, einen viel größern Umfang der Erkenntniß, ein viel deutlichere Gründlichkeit, alle Grundsätze der wahren Weltweisheit zu entwickeln; eine richtigere Fähigkeit, gründliche Schlüsse daraus zu ziehen; als jene ansehnliche Männer, welche die Wahrheit der Religion erkannt und bekräftiget haben, dergleichen waren ein Justinus, Irenäus, Tertullianus, Origenes, Cyprianus, Athanasius, Basilius, Gregorius, Chrysostomus, Hieronymus, Augustinus, und alle in folgenden Jahrhunderten berühmte Päbste, Bischöfe, Lehrer, und Schriftsteller. Könnte er sich schmeicheln, daß man in seinen Schriften, sollte er sich auch alle ersinnliche Mühe gegeben haben, mehr Gründlichkeit und Stärke in den Vernunftschlüssen, mehr Ordnung und Richtigkeit, mehr natürlichen

Nichtigen Einwand aus Seiten der vielen und großen Gelehrten Männer.

Vernunft, mehr Glanz und Erhabenheit, mehr Einsichten in den Wahrheiten hier, als in den Werken der eben angezogenen ungläubigen Männer?

Wenn man aber den alten Vorurtheil und Gedankenlosigkeit, welche gute Köpfe haben, das Gehör, so erlauben es einer Religion nicht, zu entdecken, diese große Männer ihre Vernunft dem Wahrheiten des Glaubens unterworfen, und den Unglauben als den Weg zur ewigen Verdammung angesehen haben; wie können diese Geister, so gewiß viel weniger Wissenschaften, weniger Weisheit, weniger Vernunft, weniger Fähigkeiten besitzen, als jene so vortrefliche Vertheidiger der Religion, wie dürfen sie stärkere Beweise fordern, als jene gefordert haben; und wie gewiß kann es sie noch entschuldigen, welche die ehrwürdigsten und [illegible] so großer Geister als die [illegible] [illegible], und [illegible] welchen sie sich gänzlich ergeben haben?

## §. 11.

### Frag.

**Warum bewegt denn dieses so wichtige Ansehen die Freygeister nicht?**

### Antwort.

Weilen die Ungläubigen mehr im Herzen als in der Vernunft haben: diese Leidenschaften heit bringt sie dahin, daß sie auch übergro- ßen Thorheit weiter geben. Aber welche Umänderung! Diderot ein berühmter Weltweiser, als er einmal den Epicurus einen alten Herzog sahe in den Tempel gehen, hat laut aufgeschrien: was für ein Spott! was für ein Schauspiel für mich zu sehen, daß Epicurus die Götter erkennt, und ihnen seinen Dienst bezeiget. Sollten nicht unsere Freygeister, obwohl in einem andern Sinn, ihr Erstaunen ausdrücken: was für ein Schauspiel, was für ein Spott? was für unglaubliche Wundergeschichte für uns, sehen, daß so viele große Männer, die man in allen Jahrhunderten für solche gehalten, und unter welchen ein einziger H. Augustinus mehr Einsicht und Gelehrsamkeit besessen als alle andere ungläubige Helden, die christliche Religion so fest und beständig bekennen, deren Wahrheit vertheidigen, ihre Geheimnisse und Lehren zu ihrer Bestätigung schildern, und auch den Gehorsam, so lange leben, bis sie hin einschärfen! Und gewiß, man begreift weit und besser die Nothwendigkeit, unter Gehorsam den christlichen Glauben zu unterwerfen sein, als wenn man diese Menge der schönen Geister fühlt Schmähschriften für die Religion vertheidigen; wenn man vernimmt, daß sie übrigens in Anführung des Glaubens, beständige Verächter der Welt, Verehrer des Evangeliums, mit einem Wort, getreue Schüler Jesu Christi gewesen seyn. Von diesem

Urtheil der Väter; Gottseligkeit der Kirchenlehrer.

Spectakel [illegible] als Zweifel [illegible]. Die Religion ihre Grundsätze wieder angreifen, und die Kinder der Finsterniß, so die [illegible] [illegible], [illegible] sich verlängern und [illegible]. [illegible] hat [illegible] [illegible] [illegible], [illegible] [illegible] [illegible] Gewicht für die Wahrheit der Religion [illegible] die [illegible] Menge der [illegible], so zu derselben [illegible] [illegible] [illegible] [illegible]: [illegible] [illegible] [illegible] eine Frage [illegible] des [illegible] [illegible], und [illegible] [illegible] sich [illegible] [illegible] [illegible] [illegible] der Vernunft [illegible] [illegible]?

## §. III.

### Frag.

### Sind denn alle Freygeister hierinn so beständig?

### Antwort.

Nein; die Gewalt der Wahrheit hat einem der ungläubigsten (a) folgende Anmerkung abgedrungen:

„Wenn meine Religion falsch wäre, so könnte „die Wahrheit der [illegible] nicht besser [illegible] „seyn: es wäre [illegible] zu [illegible] [illegible] „gen zu bleiben. Was für eine Wahrheit! und „für eine Gewißheit in den Geheimnissen!

[illegible] [illegible] [illegible] [illegible]

„[illegible]

(a) [illegible] [illegible] des [illegible]: [illegible] [illegible] [illegible] Kap. [illegible] [illegible] [illegible].

„was für eine Folge! was für ein Zusammen-
„hang in der ganzen Lehre! was eine außer-
„ordentliche Vernunft! was für eine Aufrich-
„tigkeit! was für eine Unschuld der Sitten!
„was für ein unüberwindliche und überzeugende
„Macht des Zeugnisses, so nach und nach
„durch drey ganze Jahrhunderte von vielen Mil-
„lionen der weisesten und der edlen, so damals
„auf Erde lebten, durchgehends Personen abge-
„legt worden, und welche die unendliche Ueber-
„zeugung von einer absoluten Wahrheit in
„dem Christ, in Ketten und Banden, gegen
„den Schrecken des Todes und der grausamsten
„Tormente aufrecht erhalten hat. Erforschet
„die Geschichtbücher, schlaget sie auf, gehet zu-
„rück bis zum Anfang der Welt, hat man
„wohl etwas dergleichen zu einiger Zeit gehabt?
„Konnte wohl Gott selbst jemal etwas besser
„einrichten, um mich in Ueberzeugung zu führen?
„Wie kann ich zweifeln? wo irre gehen? Ich
„will nichts sagen, etwas besseres zu finden. Se-
„hen etwas, so wer kann gleich kommen. Wenn
„es auch zu Grund gangen seyn, so will ich
„lieber dadurch zu Grund gehen: es gefällt mir
„besser, Gott zu verehren, als dergleichen mir
„einer so schrecklichen und vollkommenen Betrü-
„gerey eingegriffen. Aber ich hab die Sach
„tief eingesehen. Ich kann kein Betrüger
„nicht seyn: ich bin davon zu weit geführt und die
„wahre Religion als Grund gegangen."

Eben dieses sagt auch folgende über die

unsere

wollen vernünftige Ueberlegung sagen: Die Religion ist wahr, oder sie ist falsch, wenn sie nur ein leeres Gedicht ist. Siehe denn, wenn du so willst, etwan sechzig Jahr für einen frommen Mann, für einen Carthäuser oder Einsiedler verlohren; wir haben sie nichts zu wagen; aber wenn sie auf die Wahrheit selbst gegründet ist, so ist es alsdann das allerschrecklichste Unglück für einen lasterhaften Menschen. Nur die Vorspiegelung der Uebeln, die er sich zubereitet, verwirrt meine Einbildung, der Gedanke ist allzu schrecklich, selbige zu begreifen, und die Worte seynd allzugeringhaltig, selbige auszudrücken. Gewißlich, wenn man auch einräumet, es seye in der Welt etwas weniger Gewißheit, als sich wirklich von der Wahrheit der Religion vorfindet, so ist einmal für den Menschen kein besseres Partheie zu ergreifen, als die Tugend.

Es lasse sich dann vorkommen, daß die ganze Glückseligkeit des Menschen bestehe in der aufrichtig abgelegten Bekanntniß, er habe sein ganzes Wesen und alle seine natürliche und übernatürliche Gaben von der per [illegible] Gütigkeit Gottes; daß sein Geist voll Irrthümer seye; daß seine Neigungen ganz verdorben; daß er aus seiner Natur nichts seye, und daß er durch seinen Ungehorsam zu einem Nichts worden

den sey, so sich Gott unterschiedlich gezeigt und oft gegen seinen allgebietenden Herrn widerbig worden sey. Um dahin zu gelangen, muß man Jesum Christum Mensch und Gott die Quelle und den Ursprung aller Wahrheit, das Licht, so unsere Wege erleuchten, erkennen; man muß sich zu ihm wenden und mit dem Salomon sagen: Herr, wir begreifen nur mit Beschwerniß, was auf der Erde vorgehet; und wir unterscheiden nur mit Mühe, was vor unseren Augen ist. Wer wird aber erforschen, was sich im Himmel zuträgt? Ertheile mir jene Weisheit, die auf deinem Thron bey dir sitzt, weilen ich ein schwacher Mensch bin, und wenig im stande, von etwas recht zu urtheilen. Im Buch der Weisheit am IX. Kap. Man muß seinen Glauben an Jesum Christum als wahren Gott und Erlöser der Welt bey so gefährlichen Zeiten stärker vermehren und am Fuß des Kreuzes sprechen:

„Ich schäme mich nicht, o mein Jesu, we„gen deinen Schmachen, wegen deinen Marte„rn, wegen deinem Tod. Diese außerordentliche „Schwachheiten, so den Juden und den Heiden „Aergerniß stiftig machen, seynd göttliche Ge„heimnisse, welche sie durch die Propheten, so „deine Ankunft auf die Erde verkündigten, „seynd vorgezeichnet worden. Die bey deinem „Tod geschehene Wunderbegebenheiten, die un„zählbare auf der Umfassung deines Namens

„ge-

„gemachte Wunderwerke, die ausgestreckten
„Tempel, die zum ewigen Stillschweigen gebra-
„chten Orackel der Heyden, das zu deiner Ehre
„noch blutfließende Altar der Märtyrer, die vor
„Dir auf die Knie niederfallende Welt, alles
„dieses überzeuget mich so helle als die
„Welt, so deine Gottheit so hoch, daß es un-
„möglich ist, selbige nicht anzubethen. Ich
„glaube, und glaube von ganzem Herzen und
„mit aller Festigkeit, die mir durch deine Gnad
„möglich ist, daß du seyest der wahre Emma-
„nuel, der Messias und Weltheiland, der Sohn
„des lebendigen Gottes, mein Herr und mein
„Gott. Ihr Christen, die ihr mit meinem
„Jesum Gott und Mensch zugleich wohl erke-
„net, so empfehlet Ihr mir meinen Trost, mei-
„ne Gebühr, meine Zuflucht, mein Rettungs-
„mittel, meine Hoffnung und Alles.

# Fünfte Abhandlung.

## Von der Catholischen Religion.

### Erstes Kapitel.

### Von den sichtbaren Kennzeichen dieser allein wahren Religion.

**Frag.**

**Da es so vielerley Religionen auch unter den Christen giebt, als z. B. die Calvinische, die Lutherische, die Protestantische in Engeland, die abtrünnige Griechische, so wohl der Catholischen sich für die wahrhaft Christliche Kirchen ausgeben, wie kann man die allein wahrhafte erkennen?**

**Antwort.**

Man muß einen unwidersprechlichen Grundsatz voraus setzen, nämlich, daß, da Gott eine Religion den Menschen geoffenbaret hat, um selbiger in allem zu folgen, er auch selbiger mit so deutlichen und sichtbaren Kennzeichen müsse begabet haben, daß sie als die allein göttliche Religion von andern menschen und falschen wohl könne unterschieden werden. Denn sonst würde welche die Züchtigung Gottes in der allerwichtigsten und höchst wohlthätigen Sache erkannten, also, daß die Menschen ohne ihre Schuld einen an sich falschen Gott anhangen könnten. Nun ist bereits erwiesen worden, daß Gott allein die christliche Religion geoffenbaret habe, die man folglich auch angenommen bestättiget ist, welche sie besonders von Gott offenbaret worden. Es wollen aber viele in verschiedenen Sekten unterschiedenen Gemeinden und Orten sich den Namen der von Gott geoffenbarten christlichen Religion zueignen: welche andere kann nun dieses mit Grund und Rechte thun, als jene, so für allen anderen die deutlichen Kennzeichen aufweisen, daß sie von Gott herkomme? Und dieses thut allein die Catholische, wie aus folgendem zur Ueberzeugung bewiesen wird.

Die wahre Religion muß man unterscheiden von andern [illegible].

## Frag.

**Was für Kennzeichen hat denn die Catholische Religion für anderen, daß sie die wahrhafte Christliche sey?**

## Antwort.

Sehr viele und ganz deutliche, die ihr auch allein zukommen, und sonst nicht mehr anderen hauptsächlich folgende:

§. I.

§. 1.

Erstes Kennzeichen der Wahrheit: das Alterthum der Römisch-Katholischen Religion: sie nimmt ihren Anfang mit dem Anfang der Welt vom Erschaffung des Menschen her, und dauert ohne Unterbrechung bis anjetzo; weilen sie nämlich das natürliche Gesetz, so vom Anfang der Welt in der Uebung war; sodann das geschriebene Gesetz in den mosaischen Schriften, so die [illegible] der [illegible] Hebräer und der Glaube an den Messias; und dann das Christliche oder Evangelische Gesetz beobachtet. Es machen aber in der That das natürliche, geschriebene und Christliche Gesetz nur eine von Gott hergestammte Religion aus, die gleich Anfangs [illegible] [illegible], nachgehends in Folge der Zeiten nach der Anordnung Gottes allmählig vollkommener geworden, da von Zeit zu Zeit neue Geheimnisse den Menschen offenbaret worden; bis sie endlich zur gänzlichen Vollkommenheit durch Jesum Christum den ewigen Sohn Gottes und unsern Heiland gebracht worden ist, der da das Ziel und Ende des ganzen Gesetzes und der [illegible] aller [illegible] [illegible] als [illegible] Jahrhunderten ist, und von welchem sich die wahre Kirche den Ursprung herleiten muß. Dagegen leugnen die Juden, so Jesum Christum als den Messias und den Gesetzgeber der alten Jüden

Alterthum d. [illegible] [illegible]

ihre Religion nicht reformiren wollte, sie abtrünnig; und alle andere Christliche Secten, so entstehen sie einer gewissen Zeit [illegible] haben, sie neu und neulich angefangen.

## §. II.

Zweytes Kennzeichen der Wahrheit. Die nach Jesu Christo niemal unterbrochene Nachfolge der Hirten und Bischöfe, besonders der Oberhirten der Römischen Kirche, von welchen wir vom H. Petrus an bis auf diesen Tag die beständige Folge gar genau wissen. Der einzigen Zwischenzeit in den Wahlen oder der Ernennung gewisser Gegenpäpste störte die richtige Folge bey den Gläubigen und bey dem christlichen Körper der Bischöfe, so allzeit den Willen erhalten, einen Nachfolger dem verstorbenen Papst zu geben, oder die Trennung aufzuheben; welche bey die Römisch-Katholische Kirche keinen andern Ursprung als Jesum Christum, der den H. Petrus und seine Nachfolger zu seinen Statthaltern bestellet hat; alle andere Christliche Secten kommen hier zu kurz.

## §. III.

Drittes Kennzeichen der Wahrheit. Die Standhaftigkeit dieser Religion. Wurde sie nicht gleich im Anfang von der Gewalt der Römischen heidnischen Kayser durch die

schreck-

[illegible]

[illegible]

## §. IV.

[illegible]

[illegible]

selben erhalten, und die Lutherische so lang er- tragen, oder immer der [illegible] liegen lassen, daß sie noch bey den Hrn. Protestanten in ihrem Vaterland ein Luther wieder hervor- gegangen!

## §. V.

Fünftes Kennzeichen der Wahrheit. Die Weise, womit sich die Catholische Religion so lang erhalten hat: es waren keine Em- pörungen, keine Empörungen, keine Zusam- menverschwörungen, keine Gewaltthätigkeiten, wie bey andern Secten, sondern geistliche Mittel und Waffen, Kirchenstrafen, Unterlassung des Gottesdienst und der Heilige [illegible] u. s. w. Gewiß in der That, wodurch andere neue Lehrer aufgekommen, womit sie sich eine Zeit lang erhalten, setzet man mehrers [illegible] und [illegible]; oder ist dem gewalten Lauf der Sachen gewiß, die [illegible] [illegible] [illegible] [illegible] [illegible], [illegible] solche Regierung. Man erkenne z. E. die grosse Britannische Regierung, und die Nie- derländisch [illegible], so aufgekommen sind.

Bekannte [illegible] Art.

## §. VI.

Sechstes Kennzeichen der Wahrheit. Die allzeit gleichmäßige Verwaltung der Ca- tholischen Religion: sie hat sich niemal von einer andern Religion abgesondert: sie hat ih-

ren

ten Anfang von Christo und den Aposteln genommen, durch alle Jahrhunderte, unter den Römischen Päbsten als Häupter der Kirche, und ihren besondern durch apostolische Weihe auf einander folgenden Hirten bestanden; und in diesem Sinn waren die Katholiken allzeit Papisten, wie denn auch alle Secten bei ihrem Abfall und Trennung allzeit Papisten gewesen, als Arius vorher ein Priester der Römisch-Katholischen Kirche, Luther ein Ordensmann der Römisch-Katholischen Kirche, Calvin ein Canonicus, Zwingel ein [illegible] der Römischen Kirche u. s. w. Sie haben sich aber gegen diese Kirche empöret und sich von ihr getrennet, und sind auch von ihren Leibern als faule Glieder abgeschnitten worden: die Kirche aber ist in ihrer Einrichtung wie zuvor geblieben; sie kann auch niemal von sich selbst ausgehen, weil sie als die wahre Kirche Christi niemal in Glaubenssachen fehlen kann. Haben sie in folgenden Jahrhunderten keine Namen, so werden sie auch in den entfernten Jahrhunderten die [illegible] erlanget haben; und diese folglich Christus nicht auf einen Felsen, sondern auf Sand gegründet.

## §. VII.

Siebendes Kennzeichen der Wahrheit. Die beständige apostolische Ein- und Unglaubige zu bekehren: dieses ist in der Katho-

[illegible] Kirche von den Aposteln [illegible] der [illegible] [illegible] und [illegible]; denn aber von den [illegible] Jahrhunderten zu reden, so habe man in früheren Jahrhunderten einen heil. Augustinus mit seinen Gehülfen auf Verordnung des heil. Papsts Gregorius in Bekehrung der Engelländer; im siebenden andere vom Papst geschickte apostolische Männer in Bekehrung der Niederländer; im achten einen heiligen Bonifacius mit seinen Gehülfen nach Ermahnung der Päpste in Bekehrung der Deutschen arbeiten. Im neunten wurden die Bulgaren, Mähren, Böhmen, Polen, Dänen, Schweden; im eilften die Ungarn mit ihrem König Stephanus; im zwölften und dreyzehnten viele Heiden in Africa, und anderen Ländern in Liefland und Norwegen; [illegible] viele Märtyrer und Ungläubige in Asien; die [illegible] Ketzer in Frankreich [illegible] Lehre [illegible] und [illegible] [illegible] allein durch apostolische von den römischen Päpsten abgeschickte [illegible] [illegible] Männer zum [illegible] Glauben bekehrt. Was in den zwey letzteren Jahrhunderten ein heiliger Franciscus Xaverius und so viele [illegible] von Jahr zu Jahr aus Europa durch die [illegible] der Päpste abgeschickte Missionarien und Glaubensprediger in Asien, Africa und America für große Bekehrungen gemacht haben, lehret die tägliche Erfahrung. Was aber [illegible] die Ketzer? [illegible] haben sie

doch

nach eigener Erkänntniß [illegible]. Die [illegible] [illegible] die Glaubenssätze zu verändern. [illegible] anstatt [illegible] ihrer Führer [illegible] in die neue Welt, [illegible] zu bekehren, so lehren sie sich selbst, daß sie nicht aus dem Munde ihres Herrn eine [illegible] Belehrung haben; sie tragen auch keinen Theil, des Glaubens [illegible] zu [illegible], das [illegible] wird zum [illegible] gereichen.

## §. VIII.

Erstes Kennzeichen der Wahrheit. Die Einigkeit des Glaubens bey allen Gliedern; sie glauben in allen Orten und Ländern, was allzeit die Christliche Kirch nach der Offenbarung Jesu Christi und seiner Apostel geglaubet hat, die niemal in ihren Glaubensartikeln und [illegible] etwas geändert hat; die den Erklärungen der Glaubenssätze nicht niemal [illegible] aufgedrungen, sondern nur, was [illegible] werden, allzeit [illegible] hat; die [illegible] in einer rechtmäßigen allgemeinen [illegible] Versammlung in Glaubenssachen [illegible] worden, [illegible] niemal [illegible], sondern [illegible] werden, allzeit [illegible] hat; die [illegible] mit einem [illegible] Ausspruch von ihrer Gemeinschaft [illegible] hat, die auch nur einem einzigen Glaubensartikel [illegible] widersprochen haben. Auf solche Weise wird, [illegible] Catholische [illegible] (Einigkeit in der Lehre [illegible] Kirche.)



[illegible]

der ehemalige Glaube auch der letzten in der Kirchenversammlung zu Trient ausgesprochene [illegible] [illegible] und [illegible], die sämtliche Sacramente empfangen und ausgespendet u. s. w. Und [illegible] Unruhigkeiten, Neuerungen, [illegible], Veränderungen und Widersprüche trifft man im Gegentheil bey [illegible] den Gemeinden beständig an? alle, wenn sie auch unter sich selbst in [illegible] Zwietracht verharren, [illegible] nur einig, wenn es gegen die Catholische geht.

## §. LX.

Heiligkeit in der Catholischen Kirche.

Viertes Kennzeichen der Wahrheit. Die Heiligkeit der Römisch-Catholischen Kirche, sowohl in ihrem Haupt Jesu Christo, als in ihren Gliedern und Lehren, wie denn nach der Verheißung Jesu Christi solche vom heiligen Geist allzeit belehret, alle Wahrheit erinnert und von Christo bis ans End der Welt regieret wird. So findet man nur in der Catholischen Kirche wahrhaft heilige Gemeinen, wie alle Jahrhunderte und auch die heutigen Zeiten beweisen; außer derselben ist kein wahrer Heiligkeit und keine Erlösung. Diese beweiset nicht nur allein unsere [illegible], die wahre Tugenden zu erlangen, hin, sondern sie zeigt selbige auch in die Uebung; die [illegible] des Lebens, so in der heiligen Schrift besonders im Neuen Testament so hoch angepriesen werden; die Evangelischen Räthe, die Bre-

Verehrung todter Menschen, Krucifixe und Gebeinen, die Haltung strenger Ordensregeln, die kräftigste und zugleich beschwerlichste Gebräuche und [illegible] werden da in großer Menge, besonders da sie sich eine [illegible] Gelegenheit bis man zu angenommen. Andere Religionen schmeicheln zu viel nach Fleisch und Blut; halten ab, was in der Religion rauh und beschwerlich ist. Beichten, Enthalten, Fasten u. s. w. machen den Weg zum Himmel, gegen die Verführung des Heilandes, ganz eben und bequemlich: thun sie auch etwas nach den [illegible] Gebräuchen, so ist es nur ein Schatten gegen das, was in der Römisch Catholischen Religion gefordert und allzeit geschehen ist.

## § X.

Zehendes Kennzeichen der Wahrheit. Die beständige Sichtbarkeit der Römisch Catholischen Kirche: sie konnte niemals unterdrücket, verfinstert und unsichtbar seyn, weilen sie als die allein seligmachende Kirche allzeit muste für jene bereit, so sich in ihren Schooß begeben wollten, eingerichtet seyn; weilen sonst Gott, der alle Menschen will selig machen, hätte die Gelegenheit, zu ihrem Heil zu gelangen, entzogen haben: sie wurde auch vom Heiland Jesu Christi gleich einer auf einem hohen Berg gelegenen und von jedermann ersichtlichen

Von Sichtbarkeit der catholischen Kirch.

ihren Staate, gleich darum auf den Trümmern gestifteten geistlichen Stuhle, so weit und breit alles erobert, sey; und so waren die Römische Kirche allzeit bestehen. allzeit rechtmäßig nach einem ganz den grausamsten Verfolgungen und schrecklichen Ungewittern; aber doch so und erwarte diese Staate zu Grunde richten, oder dieser Stuhl ausschließen konnte.

## §. XI.

Eilftes Kennzeichen der Wahrheit. Die stetige Dauerhaftigkeit dieses Stuhles, welche, obschon oben davon einige Erwähnung geschehen, hier wegen der Wichtigkeit dieses Kennzeichens besser erkläret zu werden verdienet. Zuvörderst allein dieser Stuhl, so man den Römischen Stuhl heißt, kann vollkommen dann genennet werden, erstlich, weilen man seinen besonderen Anfang und Ursprung nicht schlechterdings angeben; zweytens, weilen man den ihn die stetige und ununterbrochene Nachfolge beweisen kann. Von allen anderen Secten weiß man den Urheber und Anfang anzugeben; man kann so gewiß sagen, daß Arius im vierten Jahrhundert in Egypten die Arianische, Nestorius im fünften Jahrhundert in Thracien die Nestorianische, als daß im sechzehnten Jahrhundert Luther in Deutschland die Lutherische, Calvin in Frankreich die Calvinische, Zwingel in der Schweitz die Zwinglianische Secte angefangen habe. Man

Ewige Dauerhaftigkeit dieses Stuhls.

sahat aber die Römische Kirche ihren Anfang genommen? wer war der Urheber der Geistlichen Gewalt? zu welcher Zeit, an welchem Ort hat man angefangen, Päpste einzuführen? so bestehet niemand nicht nur vor Luthern und Calvin, sondern auch vor den Nestorianern, vor den Arianern, vor den Ebionen, vor den Cerinthianern und andern Irrlehrern auch des ersten Jahrhunderts, welche werde sie im Anfang des Christenthums, und kann keinen andern Urheber haben als Jesum Christum, der sie mit Bestimmung des ersten Papstes des heiligen Petrus so eingerichtet, daß sie in sich selbst den Grund ihrer steigen Dauerhaftigkeit habe, nämlich die Vereinigung aller besonderen Kirchen und aller Glieder mit dem sichtbaren Haupt dem Römischen Papst. In der Stadt Rom herrschten seit der Geburt Christi, erst die Kayser, hernach maßten sich einige Könige und Ostgothische Tyrannen die Herrschaft an. Die Stadt wurde zu verschiedenen eingenommen, geplündert, verheeret und verwüstet, das Römische Reich selbst ist in Italien unter den sogenannten Augustulus zu Grunde gegangen; allein der Stuhl des H. Petrus blieb unter so gewaltigen Erschütterungen fest und unbeweglich, allzeit unter auf folgten ein Nachfolger Petri bis auf den heutigen Papst Clemens den XIV.

§. XII.

## §. XII.

Zwölftes Kennzeichen der Wahrheit. Die Allgemeinheit oder Catholische Ausbreitung der Kirche. Wenn die Römische Kirche erhielte den Namen Catholisch oder allgemein, insgesamt man mit Wahrheit anders sagen kann, daß alle Völker der Welt zu verschiedenen Zeiten unter der Römischen Kirche und Anerkennung des Papsts gestanden seyen. Zur Zeit des H. Papsts Leo (e) hatte sich solche schon weit über die Gränzen des so weitschichtigen Römischen Reichs in Asien, Africa und Europa ausgebreitet; welche Länder sie nach dieser Zeit zur Einigkeit ihres Glaubens gebracht habe, mag aus dem folgenden Verzeichnisse abgenommen werden. Kurz zu sagen: es ist kein namhaftes Volk auf dem Erdboden, das nicht ehemals oder anjetzt entweder ganz oder zum theil dem Römischen Papst unterworfen gewesen; und welche Provinzen heutiges in Spaltungen, Heidenthum und Irrthümern verfallen sind, waren alle zuvor der Römischen Kirche einverleibet; etliche größere Länder in Zeiten ausgenommen, die zu erst von Protestantischen Predigern bekehret worden. Mithin wird allein bey dieser Kirche jene Verheißung erfüllet, so Gott der Kirche Jesu Christi gethan hatte im zweyten Psalm: Ich will dir die Heyden zum Erbtheil geben und zu deinem Besitz die Ende der Erde. Nur ihr allein ist der Befehl

befohl

befolget worden, den Jesus Christus seinen Aposteln gegeben Marci am XIV. Kap. Gehet hin in alle Welt und prediget das Evangelium aller Creaturen. Ja noch heut zu Tage ist die Römische Kirche in der alten und neuen Welt weiter ausgebreitet, als ein jede Christliche Sect insbesondere, und alle dergleichen insgemein, wie es aus Beschreibung der Erde und ihrer [illegible] bekannt ist. Indem sonst die Katholische in geringer oder mindrer Zahl auch in jenen Ländern, so von der Römischen Kirche abgefallen sind, und man das Hauptwerk ausmacht. Derselben Völker, wo sie immer sich aufhalten, einen dergleichen Glauben in allen Stücken nach dem [illegible] bekennen die Secten, wo sie auch noch so weit ausgebreitet, unter und gegen einander so verschieden sind, daß sie mit einander keine Gemeinschaft haben wollen. Gesetzt sie auch wie ehemals, ihre Parteyen zahlreich zu machen, die älteren Ketzereyen der Albigenser, Waldenser und dergleichen zu Vorgängern aufsuchen annehmen, so kann niemalen keine Einigkeit mit selbigen erwiesen werden; indem ein jede alte Ketzerey gewisse Irrthümer behauptete, so die heutige Protestanten verwerfen. Aber das wird eben daher ein neues Kennzeichen der wahren Kirche genommen.

§. XIII.

## §. XIII.

Wahrheits Kennzeichen aus ihrer Einigkeit.

Das vierte besondere Kennzeichen der Wahrheit. Die Gleichheit und Einigkeit der heutigen Römischen Kirche mit der ersten Apostolischen Kirche in Ansehung des Glaubens und der kirchlichen Einrichtung, und zwar erstlich in dem Namen Catholisch, welcher nach Bezeugung des H. Augustinus der wahren Kirche allzeit eigenthümlich bleiben wird. Zweytens in der Nachfolge der Römischen Bischöfe, welche man, wie ehemals Irenäus, Optatus und Augustinus bis zu ihren Zeiten gethan, vom H. Petrus an bis auf den heutigen Papst zählen kann, der alles glaubt oder verdammt, was seine Vorfahrer geglaubt oder verdammt haben. Drittens in der Form des Kirchen Regiments, nach welchem die Gemeinde allzeit dem Pfarrer, die Pfarrer dem Bischof, die Bischöfe dem Erzbischof, die Erzbischöfe dem Patriarchen, oder sonst dem Römischen Papst als dem Haupte der ganzen Kirche eben wie die Patriarchen untergeben sind. Viertens in den kirchlichen Gebräuchen, Ceremonien, Einweihung, Ausspendung der H. Sacramenten, Einsegnungen und Fasttäge, Feyertägen und Festtäge u. s. w. welche in der Hauptsache allzeit gewesen, obschon sie in Folge der Zeiten in Nebendingen einige Änderungen und Ergänzungen der ehemaligen Kirche erhalten haben. Fünftens in der Rechtschaffenheit der Glaubens-

nach

nach welchen man wie von Zeiten [illegible] geistliche und Ordens Leute bekannter Geschichte [illegible] werden, welche die [illegible] [illegible] [illegible], und [illegible] Tag und Nacht das [illegible] [illegible]. [illegible] in dem [illegible] [illegible] der [illegible], der wie in den ersten Jahrhunderten auch zu dieser Zeit wahre Heilige zur größten Zierde der christlichen Kirche hervorbringt, wenn die von Zeit zu Zeit auch aller [illegible] [illegible] [illegible] der [illegible] gehen. [illegible] in dem [illegible], welche wie ehemals die Apostel, auch noch zu unseren Zeiten viele [illegible] Völker [illegible], den Catholischen Glauben unter den Heiden zu predigen. [illegible] in den Glaubenswahrheiten selbst, welche alle in den Schriften der [illegible] Heiligen Väter so [illegible] [illegible], wie man heut zu Tage die [illegible] zu glauben [illegible]: der Augenschein kann es einem jeden [illegible] zeigen. Dargegen findet man im Anfang und Fortgang, in den Irrwegen der heutigen [illegible] alles das von [illegible] abgeschildert, was man in den alten [illegible] und Irrlehren beobachtet: die Ähnlichkeit fällt so deutlich in die Augen, daß man [illegible] und [illegible] nicht weiter ausführen will. [illegible] ist, daß vernünftige [illegible] [illegible] der [illegible] nicht besser zu [illegible] führen, und den [illegible] [illegible] [illegible] ziehen.

[illegible]

## Anmerkung.

Diesen bisher vorgetragenen Kennzeichen der Wahrheit müssen alle aufrichtig gesinnte Christen völligen Beyfall geben; sie sind alle so gründlich, und einnehmend, daß [illegible] zu werden geben [illegible] [illegible] kann, [illegible] man auch diese ganze Schrift zu bewundern hat: Erstens daß Gott zu jederzeit seine wahre Kirche ununterbrochen erkenntlich gemacht habe, obschon die Ordnung der Glaubenswahrheiten nach dem Unterschied der Zeiten in einiger Abänderung gestanden; also haben die Catholischen in den ersten Jahrhunderten die stetige Ununterbrochenheit der Kirche und Nachfolge der Christen nicht so vor Augen, wie [illegible] nach [illegible] Jahr, bewiesen wenn sie [illegible] von einer [illegible] Wunderwerke, die [illegible] jener Ordnung gaben; so muss man sagen, daß sie die stetige Ununterbrochenheit der Kirche so glauben, als wie dieselbige [illegible] nach so langer Zeit sehen. Zweytens daß man, um die Ueberzeugung nicht zu fehlen, die bisher vorgetragene Kennzeichen der Wahrheit nicht besonders aller einer jeden allein erkennen müsse, sondern alle zugleich; und so kann man alle Gelehrten der ganzen Welt auffordern, eine andere Religion zu zeigen, welche diese eben vorgestellte heilige Ordnung der Glaubenswahrheiten in so großer Anzahl und so großen Wichtigkeit für sich anführen könne. Von der Unmöglichkeit dieses zu thun werden nachfolgende Kennzeichen nähere Beweise geben.

Die wahre Kirche war je allezeit erkenntlich.

Zweyt-

## Zweytes Kapitel.

# Von den deutlichen Kennzeichen für die Falschheit aller anderen Secten.

§. I.

Erstes Kennzeichen der Falschheit. Die Neuigkeit aller anderen Secten; denn man weiß von allen, zu welcher Zeit, in welchem Jahr, an welchem Ort sie in der Welt zu erscheinen angefangen haben; man weiß den Namen ihrer Urheber, ihrer Anhänger und ersten Vertheidiger, und dieses ist ein unauslöschliches Brandmahl, so alle auch heutige Secten auf der Stirne tragen; sie machen eine neue Religion aus, haben, weil sie neu ist, das Gepräg der Falschheit ihnen verschafft. Umsonst suchen die heutige Ketzer vorzugeben, den Anfang ihrer Secten aus der Apostel Zeiten herzuleiten: die Erfahrung zeigt durch ganze sechzehn Jahrhunderte, wo man von ihnen nichts gewußt hat. In der ganzen Kirchengeschichte findet sich von ihnen keine Meldung, bis man kommet an die Jahrzeiten, in denen sie entstanden sind, und sich mit schrecklichen Verwirrungen der Kirche und der Staaten bekannt gemacht haben. Brandmahl der Neuigkeit anderer Secten.

§. II.

## §. II.

Zweytes Kennzeichen der Falschheit. Die Einführung und Befestigung der andern Secten: diese ist aufgekommen als durch boshafte Anschläge und heimliche Versammlungen, und dann folgends durch Aufruhren, durch Empörungen, durch innerliche Kriege und Gewalt der Waffen. Wegen der einzigen sogenannten Reformation, so eine Quelle so vieler andern Secten war, sind viele Millionen Menschen darauf gegangen. In Frankreich haben die Anhänger des Calvins gegen ihre rechtmäßige Könige siebenzehn ordentliche Schlachten geliefert. Was für Verwirrung, Jammer und Morden ist wegen der Religionsänderung in England entstanden? was in Deutschland? was in Niederland? wie gern wollten die Herren Protestanten einen Schleyer über diesen ihren Ursprung ziehen, können sie auch selbst gewissen Umständen nicht verleugnen. Indessen was für eine Religion? was für eine Reformation? was für ein Evangelium?

Der erste Entstehung.

## §. III.

Drittes Kennzeichen der Falschheit. Beständige Veränderungen der andern Secten. Heut diese, morgen eine andere Glaubensformel; dieselben sind zu der ehemaligen Zeit verschiedener heraus gekommen, gleichsam

als

als wahr, was gestern eine Glaubenswahrheit gewesen, heut Irrthum werde, weilen sich die Zeiten und die Umstände des [illegible] geändert haben. Man darf nur [illegible] nachlesen die vortreffliche Geschichte des [illegible] Bossuet von den Veränderungen der Protestantischen Kirchen, und man wird erstaunen über die [illegible] [illegible] Veränderungen. Und woher alle diese Veränderungen? als weil sie nach [illegible] [illegible] Entscheidungen der Kirche keine sichere Glaubensregel mehr haben: sie überlassen sich den Untersuchungen ihrer eigenen Dünkels, und werden in den Religionsgeschäften [illegible] [illegible].

Von den [illegible] [illegible] [illegible].

## § IV.

[illegible] [illegible] der [illegible]. Der große Unterschied der Meinungen über die H. Schrift. Man hat mehr als [illegible] Auslegungen über die einzige Stell Matth. XXVI. 26. Das ist mein Leib, [illegible]. Luther wollte, Christus wäre wahrhaftig im Abendmahl zugleich mit dem Brod; Zwinglius der Gegentheil sagte, [illegible] [illegible] in der Figur [illegible]; Calvin wollte, wie es scheint, beyde Meinungen vereinigen mit Vorgeben, Christus wäre wahrhaftig im Abendmahl durch den Glauben. Jetz laßt man einen Protestanten, wer der [illegible] [illegible], [illegible] [illegible], wer von diesen dreyen den [illegible]

Von den [illegible].

von Gnaden dieser Gottes gewesen, weil er den heiligen Geist gehabt habe; wenn niemand als diese Männer unmöglich wahr haben; ganz besonders solchen [illegible] und der den letzteren findet sich kein hinlänglicher Ursach, warum er nicht eben falsch sey; besonders auch der Erfolg der Protestanten ein jeder Mensch selbst kann; so mag denn ein vernünftiger Protestant sich nun von diesen Sachen glauben. Vielleicht sagt ihr, daß einer Mann, aber so beruhet sein Glaube auf einem Menschen; so ist dann dem Glaube menschlich und zweifelhaft, das ist, kein Glaube; wenn ein jeder Zweifeln und Ungewißheiten unterworfener Glaube dieses Namens nicht werth ist. Was nun immer ein Lutheraner in Auslegung der H. Schrift gegen den Calvin und Zwingel sagt, das sagt ein Calvinist und Zwinglianer gegen den Luther; keiner von beyden kann sich hierinn einen Vorzug zuschreiben.

## §. V.

Das sechste Kennzeichen der Falschheit. Die schönste Frucht der Uneinigkeit und Trennungen: der solchen Secten ist ein jeder auch selbst Lehrer und oberster Kopf, ein jeder
Folge der Trennungsgeist.
Schriftsteller, ein jedes Weib sein eigener Schriftausleger, sein eigener Richter in Glaubenssachen; und ist ansehnlicher als die ganze allgemeine Kirche, als alle Kirchenversammlungen, die auch wirklich, wie die Protestanten

savorgeben, auch dem einzigen Schwärmern in große Gefahr gefallen wären. Was Ungereimtheit? Ein jeder Privatgeist muß in Auslegung der Schrift [illegible] seyn, erlauben sich die [illegible] über die ehrliche Schriftstell selbst widersprechen, daß heißt ja, allen Frechheiten Thür und Thor öffnen! Ein jeder Privatgeist ist sich selbst genug, er hängt von keinem höheren Richterstuhl ab; inzwischen haben doch die Protestanten einige Versammlungen ihrer Glaubensgenossen gehalten; sie haben auch ihre Symbolen, einen äußeren Beyfall ihren Gottesdiensten zu leisten, erhalten wollen. So [illegible] ihre Prediger [illegible], diese Versammlungen [illegible]; ja die Versammlungen selbst erklärten, ein jeder solle sich an seinen Privatgeist fest halten. Nach anderen verschiedenet man gar oft, [illegible] wie sie wohl wissen und [illegible]. [illegible] und [illegible]. Rechtgläubigkeit und [illegible] [illegible] auch [illegible], was [illegible] oder die andere [illegible] Partheyen seit der vorgegebenen Reformation über dieses und jenes Stück [illegible]. Hamburg und Genf geben den Ton, und dennoch soll bey einem jeden sein eigener Geist die Religionsartikel aus der [illegible] H. Schrift entdecken. Was eine Verwirrung? was Schwärmerey?

## §. VI.

Widerspruch der heiligen Schrift.

Das sechste Kennzeichen der Falschheit. Der Widerspruch der H. Schrift, welche eine jede andere Secte nach ihrem Entwurf mit [illegible] Auslegungen zu haben beschuldiget ist, ohne daß sich eine von den Secten ein gelehrtes Recht zulegen könne, den wahren Sinn in einer streitigen Stelle getroffen zu haben; denn warum solle ein Lutheraner mehr [illegible] Recht haben, den Sinn einer Stelle mit Wahrheit und Gewißheit zu bestimmen, als ein Calvinist oder ein Socinianer und Arminianer? Ein Lutheraner verdammet die Auslegungen der Socinianer z. E. in den streitigen Stellen von der Gottheit Christi; und ein Socinianer verdammen hinwiederum die Seinige; und weil ein jeder nach dem Grundsatz der Protestanten seinem Privatgeist seinen Glauben [illegible] kann, so hätte ein Socinianer eben so viel Recht zur andern Auslegung als ein Lutheraner und Calvinist; mithin können die H. Schrift nach einem jeden Wohlgefallen gedrehet werden; wie ich, leider, auch andern in so vielen zum Theil [illegible] Auslegungen der Protestanten zum [illegible] [illegible], da man [illegible] aus einem [illegible] [illegible] Grundsätzen oder [illegible] Wort, so man nur [illegible] ansiehet, oder nur besser verstehen will, dem Geist Gottes in der heiligen Schrift solche Widersprüche andichtet, die er niemals gesagt hat. Endlich wird aus der

Viel

[illegible] gegen die Wahrheit Christi zu einem [illegible] Merkmal der Ketzereyen gemacht, ein Merkmal, in dem alle Glaubensgegner sich von Ursprung [illegible] haben.

## § VII.

Sicheres Kennzeichen der Falschheit. Der grausame Haß aller anderen Secten gegen die Römische Kirche: der Anfang und Fortgang der ältern beweisen es; die neuern Glaubensgegner sind getreulich nachgefolgt, und haben noch ihre Vorgänger übertroffen. Die schrecklichen Lästerungen des Luthers und Calvins gegen die Kirche zu Rom sind allen ehrbaren Gemüthern zum Eckel, und werden auch von vielen ihrer gelehrten Protestanten mißbilliget. Wir fragen aber, daß man von den [illegible] Ausschweifungen der Lehrer nicht den Schluß auf den Ursprung und ihre Lehre mache? Kann wohl der Geist Gottes, ein Geist des Friedens, der Sanftmuth und der Lieb, so unmäßige, so wild ausgelassene, ich will nicht sagen, so unsinnige Flüche [illegible]? Gewiß wer des Luthers Lästerworte gegen den Römischen Papst liest, kann nichts anders denken, als er sey in eine Wuth gerathen. Und warum sind alle Glaubensgegner der alten und neuern Zeiten mit solchem Haß gegen die Römische Kirche behaftet? Sie sehen nämlich ein, daß ihre neue Lehre von dieser ehrwürdigen Gesellschaft ver-

Kennzeichen der Haß gegen die Katholiken.

verbessert werden; darum muss man ihnen viel [illegible], und [illegible] Beschuldigungen, [illegible] und Lästerungen das [illegible] dieses Gebäude zu verschönern, und alle die [illegible] mit nichtigen Erfindungen zu [illegible].

## §. VIII.

Letztes Kennzeichen der Falschheit ist. Mangel der nothwendigen Berufung zur Verkündigung einer neuen Lehre bey allen andern Secten; denn was haben die letzteren Reformatoren Luther und Calvin für eine Berufung gehabt? Es giebt, wie bekannt ist, zweyerley Berufungen, erstlich eine ausserordentliche, wenn Gott einen oder mehrere Menschen seinen Willen zu verkündigen, erwecket; derowegen diese Macht und Berufung mit deutlichen Wunderwerken ausführlich und glaubwürdig machet, wie es im alten Testament mit dem Moyses, und im Neuen mit den Aposteln geschehen ist. Zweytens, die ordentliche, wenn man zu solcher Verkündigung durch die Vorsteher der Kirche berufen ist. Nun welche von beyden können sich beyde Glaubensänderer anmassen? von den rechtmässigen Kirchen Vorsteher sind sie so wenig zum Predigtamt berufen worden, daß sie vielmehr als reissende Wölfe erkannt und aus der Kirche verjaget worden. Es können sie auch keine ausserordentliche Berufung;

[illegible margin note]

haben

hungen von ferne die göttliche Wunderwerke, so eine solche Sendung bezeichnen? folglich haben sie sich zu Aposteln selbst aufgeworfen, wie so viele Verkäufer von Waare; sie haben sich selbst, wie ein jeder anderer ihres Gleichen, ihre Sendung gegeben; oder sagen sie uns doch, woraus sie denn Luthers oder Calvins eine Sendung wollen herleiten, wenn Arrius und Nestorius keine gehabt haben!

Ein gewisser Zug [illegible] bey den Protestanten ist, daß ihre Predigten der Lehre nach sehr unvollkommen seyn; ihre beste Prediger seyn ohne Salbung, ohne Rührung der Herzen, mehr Philosophische Redner als Apostel; sie sehen selbst gewissermassen! Hier die Ursach der allgemeinen Klagen; man kann es ihnen mit zwey Worten sagen: sie haben keine Sendung, sie haben den Geist Christi nicht, der allein Apostel und Apostolische Prediger machet.

## § IX.

Das sechste Kennzeichen der Falschheit. Die lange Unbeständigkeit solcher andern Kirchen. Zeiget man z. E. die Arrianer, die Donatisten, die Lutheraner und Calvinisten, in welchem Land oder Theil der Welt ihre Kirchen angewachsen gewesen, als Arrius, Donat, Luther und Calvin ihre Secten in die Höhe gebracht haben, so ist die Antwart, ihr Glauben wäre niemals unterbrochen. Ihr Glaubensgenossen wären unter den Katholischen verborgen gewesen, dieselbige hätten die Reinigkeit der Religion Jesu Christi so lang im Herzen verborgen gehalten, bis die von Gott zum Offenbaren bestimmte Zeit angekommen seye. Allein wie kann die Kirch Jesu Christi, zu welcher ein jeder, so selig werden will, halten muß, verborgen seyn? (Siehe oben Seite 329) kann nicht ein jede falsche Religion auf diesen Grundsatz sich steifen? können nicht alle Ketzer auf die Frag, wo sie vorher gewesen, antworten, sie wären verborgen gewesen bis zur Zeit, wo sie nach der Anordnung Gottes sich öffentlich zeigen sollten; indessen stammen sie in gerader Linie von den Aposteln her. Vermittelst dieses Schlupfwinkels der Unsichtbarkeit, in welchem sich alle falsche Religionen verstecken können, gereicht Gott, der uns Licht ist, zur Unehre.

## §. X.

Das zehende Kennzeichen der Heiligkeit. Die Absonderung von der allgemeinen Kirche: alle Secten, so jemals in der Welt entstanden, haben die Römische allgemeine Kirche verlassen, sowohl auch ihr fortgepflanzter; sie allein ist in ihrem Wesen und Einrichtung von den Zeiten Christi und der Apostel bestanden, wie oben Seite 330 bewiesen worden. Nun aber ist die Absonderung von der Kirda ein so trauriges Zeichen der Falschheit, daß man zu allen Zeiten wegen die Creaturen und Zeichen erkannt hat; alle Ketzereyen der christlichen Kirche gehen davon [illegible]. Es ist also unmöglich, daß die Lutheraner und Calvinisten, deren Absonderung von der bey ihrem Anfang allein sichtbaren allgemeinen Römischen Kirche bis am Tag liegt, dieses Kennzeichen der Falschheit von sich abwälzen können.

## §. XI.

Das eilfte Kennzeichen der Falschheit. Der gewaltsame schnelle Anwachs und Abfall der anderen Secten: die [illegible] Secte [illegible] wie ein reißender Strom ausgebreitet. Sie haben große Verwüstung gemacht, und anfänglich eine große Menge Anhänger gefunden, welche allzeit die leere und blose Sprache der guten Freyheit annehmen; besonders in ganz unruhigen und verwirrten Zeiten, dergleichen auch das sechzehnte und siebzehnte Jahrhundert waren, wo denn Luther und Calvin mit ihren wider die Geistlichkeit und weltlichen Obrigkeiten so angemessenen Lehren geneigt eingenommen haben; aber man weiß nun auch viel größere Secten z. B. der Arianer zerfallen; man weiß, wie die heutige große Secten mit Luther und Calvin wenig zu thun, der wenige sich an eine gewisse Glaubens Formel halten, wie stark die [illegible] einige einigkeit unter denselben herrsche, wie weit der Catholischen Glaube und der Ungläubigen ihrer Lehre, und jener aus einer ununterbrochlichen Folge ihrer Grundsätze entsprossen sey. Hat die Catholische Kirche durch ihre Absönderung einen Abgang erlitten, so hat solche einen ansehnlichern Zuwachs durch die Bekehrung so vieler Völker in Asien und America bekommen; und so hat zu allen Zeiten die hierinn sichtbare göttliche Vorsichtigkeit den Lauf der Sachen angeordnet.

## §. XII.

Das zwölfte Kennzeichen der Falschheit. Das ärgerliche Betragen der Urheber anderer Secten gegen einander. Man sehe nur zum Beyspiel die von den Protestanten, als so viele außerordentlich berufene und als Werkzeuge Gottes angesehene Männer und Urheber der letztern Secten, den Luther, den Calvin, den Zwingel und andere zu ihrer Zeit hauptsächlich entstandene neue Lehrer; wie haben sich diese von Ehre dem Evangelio nach ausgezeichnete große Glaubensmänner gegen einander verhalten? haben sie nicht einander zum Trutz widersprochen, gescholten, verschimpfet und verdammet! Können wohl gröbere und ärgere Schmach- und Lästerworte erdacht werden, als sie nicht gegen einander gebraucht! Was haben hierinfalls gemacht so viele von den Fürsten, so diese Betragen, wie billig, [illegible]

[illegible]

[illegible], [illegible] [illegible], um einen [illegible] zu stiften? hat man nicht eine Partei wider die andern, und diese mit der beiden in verschiedenen [illegible], so sie als [illegible] Lehren ansehen, jemals [illegible]? haben sie nicht die andern [illegible], einander auf das bitterste [illegible]? Es ist ja alles dieses so bekannt, daß es keines fernern Beweis bedarf, ja der Beweis [illegible] gegen die mit [illegible] Mäßigung [illegible]. Hierzu kommt die ganz [illegible] Menge unzähliger Secten, so aus dieser sogenannten Reformation [illegible] hervorgekommen, und die in Deutschland, Frankreich und Engelland mit den christlichen Lehren, [illegible] Meinungen eine [illegible] Verwirrung angestellt haben. Können sich aber [illegible] Personen in der [illegible] dieser [illegible] Begebenheiten mit einem Grund der Wahrscheinlichkeit nur in Sinn kommen lassen, daß Gott, ein Gott des Friedens und der Einigkeit, Männer von solchen Gesinnungen zu seinen Werkzeugen, den Glauben zu reformiren, [illegible] [illegible] und [illegible] wollen; daß er durch sie habe [illegible] und so viele Widersprüche [illegible] und [illegible] wollen; wäre es nicht eben so viel, als den Geist der Wahrheit einer Mitschuld von Lügen und Betrügereyen beschuldigen wollen? Will man nicht die Gegenwart [illegible] [illegible] greifen, Menschen von solcher Art blieben auch ihrem Eigensinn

nach

nach eigenmächtigen Absichten, nach ihren verkehrten Leidenschaften geurtheilt, und Gott habe einen so greulichen Unterschied der Meynungen und Einbildungen zugelassen, um sie durch sich selbst zu bestrafen? Zuweilen bringen die Protestantischen Schriftsteller eine Liste von verschiedenen Meynungen auch unter den Catholischen bey, als z. E. der Scotisten, Thomisten und dergleichen; bemerken aber diese keinen einigen Glaubensartikel betreffen: es gibt unschädliche Schulstreitigkeiten; sobald aber eine Parthie gegen einen Glaubenssatz aufsteht, wie zu unseren Zeiten die Quesnellisten und Jansenisten, werden sie von der Catholischen Kirche verdammt und abgeschnitten. Mithin ist sichtbar die vollkommene Einigkeit in Glaubenssachen ein Hauptkennzeichen der Wahrheit ausmachte, wie oben S. 32[illegible] erwiesen worden ist.

## §. XIII.

Das dazugehörende Kennzeichen der Heiligkeit. Der sich selbst genommenen Gewalt, in eigenen Sachen zu richten, welche die so genannten Reformirte sich eine Freyheit zugeeignet haben, als jene gethan, die von ihnen selbst als Irrlehrer angesehen werden. Die Catholische Kirche übet diese oberste Gerichtsbarkeit in Glaubenssachen aus, welche ihr der Gewalt von Christo ist ertheilet worden, in dessen Besitz sie auch von den Apostelzeiten her

[illegible]

der beständig gewesen, also daß diese niemal unterbrochenen Nachfolge der obersten Seelsorgern Gewalt in Entscheidung der Glaubensstreitigkeiten für das sichtbare Kennzeichen der wahren Kirche billig kann gehalten werden. Und in diesen Entscheidungen ist die Kirche niemal Richter und Parthey zugleich; indem wenn ein neu besondere Lehr von einer Privatperson aufgeworfen wird, als z. B. da Arius anfienge zu lehren, das Wort hätte keine gleichförmige göttliche Wesenheit mit dem Vater, wurde ihm von anderen Lehrern heftig widersprochen: es wurde von beyden Theilen hierüber gestritten: man konnte aber in dieser wichtigen Frage nicht einig werden; man berufte sich auf das Urtheil der Kirche: diese entschiede die Frage gegen die Meynung des Arius; wer sich diesem Urtheil widersetzte, wurde demnach für einen Ketzer gehalten: die Kirche selbst hierin keine Parthey, sondern den obersten Gerichtshof für: und so gienge es mit allen Irrthümern in den nachfolgenden Jahrhunderten; endlich auch mit jenen des Luthers und Calvins, da diese so durch das Gutachten der Kirche verdammt wurden, welchem nach dem Ausspruch Christi ein jeder Christ sich unabweislich unterwerfen muß. Allein die Protestanten wollten sich diesem Urtheil nicht fügen, sie beriefen sich auf ihren Privatgeist und zum Scheine auf die heilige Schrift, die in Wahrheit ein Richter ist, aber ein stummer Richter; die in dunklen

Stel-

[illegible]

## §. XIV.

### Frag.

[illegible]

### Antwort.

[illegible] Erstens. [illegible] Gott [illegible] Religion, [illegible] Jesu Christo [illegible] ich habe der Religion angehangen.

bungen, bey welchen ich die sichersten Zeichen der Wahrheit und der allein wahrhaften Religion gefunden; und ich habe alle andere verabscheuet, bey welchen ich lauter Kennzeichen der Falschheit und des Irrthums deutlich erfahren hab. Sollte die Römisch-Catholische Religion falsch gewesen seyn, würdest du sie wohl, o mein Gott, der du alle Menschen willst selig machen, würdest du wohl selbige mit so vielen, so deutlichen, so scheinbaren Kennzeichen der Wahrheit, mit so viel mächtigen und überzeugenden Gründen der Glaubwürdigkeit, mit so vielen unwidersprechlichen und so entscheidenden Merkmalen der Göttlichkeit ausgeschmücket haben? gewißlich, wann eine vom Himmel mit so fürtrefflichen Vorzügen begabte und so augenscheinlich bestätigte Religion falsch wäre, so würdest du uns, o mein Gott, einen unvermeidlichen Fallstrick gelegt und zum Irrthum, ohne unsere Schuld, den Weg gebahnet haben. [illegible]

Zweytens. Die Römisch-Catholische Kirche, so die wahre Kirche Christi ist, muß nothwendig in ihren Entscheidungen über Glaubenssachen unfehlbar seyn; sie kann in solchen Urtheilen nicht irren; denn wenn Jesus Christus, wie auch die Gegner zugeben, eine Kirche auf Erden gestiftet hat, so muß

Nothwendigkeit der Kirche.

er frühzeitig verschiedene gemacht haben; sonst hätte er dieselbe auf seinen unbetrüglichen Beystand, sondern auf hinfällige Gründe gebauet; ja wenn auch die wahre Kirche fehlen könnte, wer würde denn die entstehenden Streitigkeiten sicher entscheiden? Die heilige Schrift? aber die meiste Streitigkeiten entstehen über die heilige Schrift; die meiste Glaubensfragen werden über die Auslegung und den wahren Sinn der Schrift aufgeworfen; aus übel verstandener Schrift sind die meiste Ketzereyen entsprungen, woraus auch eben einige Spaltung geschehen ist. Jesus Christus wußte in seiner Kirche einen lebenden, redenden, unfehlbaren Richter aufstellen, der nämlich vom H. Geist regiert würde, und der allen auch über die heilige Schrift vorkommenden Glaubensstreitigkeiten von Seiten Gottes aus erklären [illegible], jeder frey ein Irrthum und Ketzerey. Würde ein so beschaffener Richter ermangeln, so hätte Gott die heilige Schrift und die Religion Preis gegeben allen Leidenschaften, Stolzen und andern Unfällen, allen ungereimten lächerlichen Meynungen und Ausschweifungen des menschlichen Witzes: er hätte selbige dem Hoffart, dem Eigensinn, den Uebereilungen und Leidenschaften der Menschen überlassen, also, daß ein jeder nach seinem Gefallen sich eine Religion schmieden könnte, wie es zu allen Zeiten bey den Ketzern im Gebrauch gewesen ist.

Drit-

Christen. Alle von der Römisch-Catholischen Kirche vorgestellte Glaubenslehren müssen als gewisse von Gott offenbarte Wahrheiten angesehen, und folglich mit festem unbeweglichen Glauben mit Herz und Mund der Beyfall gegeben werden, alldieweilen folget die Ordnung des menschlichen Verstandes ... gen; denn wo nun sicher ist, daß Gott geredet und solche Wahrheiten offenbaret habe, muß der schwache menschliche Verstand schweigen, sich mit Gehorsam biegen, und mit diesem Gehorsam dem göttlichen Wesen huldigen. In diesen Gedanken schon ein Catholischer Christ sagen, er will und brauche sich nicht über göttliche Geheimnisse den Kopf zu brechen; er denkt allzeit mit anderen Christen: Gott ist so groß, und ich bin so klein: er sagt dem grossen Gott herzlichen Dank, daß er ihm in der Religion einen unfehlbaren Wegweiser und Lehrmeister gegeben, welcher ihn durch einen so leichten und sichern Weg aller Sorg in diesem so wichtigen Geschäft überhebt. (Auctoritati credere magnum compendium, nullus labor. August. l. de quant. anim.) Er bedauert hierbey das Schicksal seiner irrenden Brüder, denn Christen so viele hundert Jahr in einem diesen glückseligen Gehorsame der Römisch-Catholischen Kirche gelebt und gestorben seynd, und dankt Gott für sie, daß sie die so tröstliche Versicherung des Catholischen Glaubens auch einsehen und

Gewißheit aller Glaubens Wahrheit.

sich nicht durch falsche Lehren bis zum [illegible] bewegen lassen.

## § XV.

### Frag.

**Was für ein Unterschied ist noch zwischen der Katholischen und Protestantischen Kirche in Absicht der Heilsmittel zum ewigen Heil?**

### Antwort.

Der Unterschied ist so wesentlich, als je einer zwischen der äußerlichen Gewalt und dem geistlichen Kirchenamte seyn kann. Die Protestantische Kirche leitet ihre [illegible] Ursprung; sie kann kein einziges rechtmäßiges [illegible] bei ihren Kindern in ihren verschiedenen Gebieten aufweisen; wie alle ihre [illegible] daß sie selbige [illegible] Wahrheiten, ohne Gewalt gegen die Feinde ihres Heils; sie können selbige mit einem kläglichen Trost so viel geringer ist, als das göttliche Wesen. [illegible] sie sich, erklären sie das göttliche Leben der Seel, so hat sie kein Mittel, die Gnade, so sie empfangen hatten, wieder in ihnen aufzuwecken. Sie ist wesentlich unfruchtbarer als die Spaltung, da sie sich in die [illegible] gesetzt hat, die Nachfolge ihrer Hirten auf ordentliche Art und wie Glieder fortzupflanzen. [illegible] ihre Kinder wie ihre [illegible]

[illegible] [illegible]

[illegible]

Sünder vertrauen, so kann sie ihnen keinen seligen Beystand leisten, ihr Uebel zu erleichtern oder ihnen Kraft zu geben, bis zu dem Berg des Herrn zu gelangen: sie läßt sie leben und sterben ohne diese Trostmittel, ohne wahre Buß, wahre Absolution oder Lossprechung, ohne wahre Sacramente, ohne wahre Wegzehrung; und nachdem sie in die Hände des lebendigen Gottes gefallen sind, überläßt sie selbige einer Verantwortlichkeit seiner erschrecklichen Gerechtigkeit, und hält es für eine grausame Schuldigkeit, nichts von seiner Gütigkeit für sie zu erbitten.

Im Gegentheil zeigt sich die Catholische Kirche überall als eine wahre Mutter gegen alle ihre Kinder: es ist ihr nicht genug, uns in Jesu Christo durch den Tauf gebohren zu haben, sie unterläßt niemalen über uns zu wachen und uns zu stärken; zu jederzeit öffnet sie alle ihr von Gott anvertraute Schätze. Um die geistliche Hülfsmittel für uns zu häufen, befolgt sie alles, was sie von den Aposteln und ihren Nachfolgern bei ihnen sahen. Bald eilet sie unsere Seelen zu stärken, uns den heiligen Geist mitzutheilen; bald verleihet sie uns die Verzeihung der Sünden, die wir in Demuth bekennet haben; sie giebt uns an die Hand die Mittel, solche abzuwaschen, und den Rückfall durch heilsame Wachsamkeit vorzukommen. Täglich opfert sie den Leib Jesu Christi dem himmlischen Va-

Geistliche Hülfsmittel von der Catholischen Kirche.

er an vielen tausend Orten auf, und sprach uns als [illegible]. Wie [illegible] für Gebets- [illegible], als man die Herrlichkeit welcher sie ihre Christliche und [illegible] die Priesterthum fern? und für [illegible] Einsegnung ertheilen sie nicht den Gläubigen, die sich im Herrn ver- [illegible]? allzeit [illegible] sie im Gebete [illegible] unserm ewigen Heil, daß uns niemal aus dem Gesicht, [illegible] sich die alten [illegible] [illegible], warum wir uns [illegible] [illegible]. [illegible] gen [illegible] sie Zufluchtsorte in den Klöstern; anderen [illegible] sie heilige Übungen vor, um in der Welt [illegible] zu leben. Hier [illegible] [illegible] sie unsern Verstand mit heiligen Unter- weisungen; dort rühren sie unsre Herzen durch den [illegible] [illegible] ihrer Feyerlichkeiten und Gottesdienste. Kommen wir endlich zu jenem letzten Stand, da man aus der Welt in die Ewigkeit übergeht, [illegible] [illegible] sie ihre Sorgfalt, wenn alle ihre Hülfsmittel [illegible] zu unserm Besten [illegible]: sie giebt uns die Waffen in die Hand, den Schlingen der [illegible] abzuwenden; sie [illegible] uns in das [illegible] des [illegible]; sie [illegible] uns nach dem [illegible] des H. Cyprianus, mit dem Schutz des Leibs und Bluts Jesu Christi; sie reinigen durch das Sacrament der letzten Oehlung alle unsre Sünden; sie [illegible] [illegible] unsre letzte Blicke auf das Kreuz des Erlösers, um uns dieses Gedächtnisses zu erinnern [illegible] und dessen Kraft uns zu [illegible]; sie [illegible] den ganzen himmlischen Hof, uns

[illegible]

nem Todeskampf beyzustehen; sie sehe Himmel und Erde für uns zu Gebeth. Wenn wir endlich von dem Kerker unsers Leibs abgeschieden seynd, so begleiten sie uns zu dem Füßen des obersten Richters, und seine Gnade zu erbitten; und da sie eines theils den Rest unserer Sterblichkeit ins Grab versenken mit allen Ehren, welche den Tempeln des heiligen Geistes gebühren, so ist andern theils ihr [illegible] nach unserem Hinscheiden noch lebendig [illegible] bringt, unsere Seelen in vielem Gebeth und Opfern zu erhalten, und bitten [illegible] auf, für uns die ewige Ruhe von Gott zu begehren. Ich fodere die Herren Protestanten hier, den wesentlichen Unterschied ohne Vorurtheil einzusehen, wie wehrte sie die Erb, so sie zu sich selbsten tragen, angreifen, zu jener Kirche zurück zu kehren, von welcher sich ihre Väter in unglücklicher Weise getrennet haben, um diese Schuld, so die Ewigkeit betreffen, wie mit zu theilen?

## §. XVI.

### Frag.

**Was soll man von den Griechen denken, die sich von der Römisch-Catholischen Kirche abgesondert haben?**

### Antwort.

Man hat von selbigen eben das zu halten, was von den Protestanten. Weil sie eben

eben

mer für Ursachen einwenden, so bleibt alle-zeit wahr, daß sie sich mit der Scheidung von der Römischen Kirche von der wahren katholischen Kirche abgesondert, und das Band der Einigkeit zerrissen haben.

Der Beweis davon ist ganz leicht; [illegible] müssen die Griechen vor ihrer Trennung den Römischen Papst für das Haupt der Kirche erkannt haben. Dieser Satz hat seine Richtigkeit und völlige Bestätigung aus den ersten sieben in Orient gehaltenen allgemeinen Kirchenversammlungen, in welchen der Primat und die oberste Würde des Römischen Papstes [illegible] ist erkannt worden. Photius selbst, Patriarch zu Constantinopel, der den ersten Saamen der Uneinigkeit gestreuet, [illegible] und der ganzen Welt ist bekannt, daß Constantinopel niemal einen anderen als den zweyten Platz nach Rom in der Kirchenverfassung gehabt habe. [illegible] Tage der Papst das sichtbare Haupt der Kirche, und Rom der Mittelpunct der Einigkeit, wie schon im zweyten Jahrhunderte ein heiliger Irenaeus Bischof zu [illegible] gesagt hat: zu dieser Kirche muß wegen ihres vorzüglichen Vorgewalts die ganze Kirche halten. (a) [illegible] im Verlauf der ersten [illegible] Jahr-hun-

Zeugniß der Griechen.

(a) L. 3. Contr. Haer. Cap. 3.

nen und auch beweisen, daß es, wie zur völligen Trennung der Griechen mit Rom, so den Papst für das sichtbare Oberhaupt erkennet, die wahre Kirche aber Widerspruch gewesen ist (wie denn auch die Ausfälle einiger Griechen, die im neuern und jüngern Jahrhunderte vom Hochmuthe zum Christlichen Glauben bekehrt worden, zu [illegible] Zeiten mit der Römischen Kirche vereiniget geworden) so folgt, daß sie [illegible] für alle Zeiten werde, und daß weiter sich absondern von der Kirche, so den Papst für das sichtbare Oberhaupt erkennet, eben das sey, als sich von der wahren Kirche absondern; es heißt, aus ihrem Schooß ausgehen und abtrünnig seyn; welches, wie sehr es Gott mißfalle, die Griechischen Kirchen unter dem Türkischen Joch [illegible] schon über drey hundert Jahr erfahren.

Doch hat es unter den Griechen in Orient allezeit verschiedene Gemeinden gegeben, die an der Römischen Kirche beständig fest angehalten, als die Armenier, die Maroniten und andere. Alles aber mit einem Wort zu schließen, ohne daß man sich in weitere Untersuchung über diese Sache einlasse, so ist genug, sich an diesen Grundsatz zu halten, daß die wahre Kirche niemals fehlen könne; und daß diejenige, so zu einer Zeit die wahre Kirche gewesen, zu allen Zeit dieselbige seyn müsse. Nun ist die Römische Kirche nach dem Glaubensbekenntniß aller, so Kennen ausgegangen sind, ehemals die wahre Kirch Christi gewesen, so folget daraus, daß sie es noch itzt und allezeit seyn werde, weilen ihr Bestand nicht mag unterbrochen werden, und sie ohnmöglich nach den Verheißungen Jesu Christi in den Verfall gerathen kann. Derowegen alle, so von derselben sich absonderten, sich von der wahren Kirche absönderten und Abtrünnige wurden, so nicht mehr zum Leib Christi, der in der Lehr und Gemeinschaft aller Glieder bestehen, gehören.

## Beschluß des ganzen Unterrichts.

### Frag.

**Wie kann man sich und andern von der wahren Religion einen kurzen gründlichen Begriff machen?**

### Antwort.

Die bisher angeführten Grundlehren der Catholischen Religion können nach folgendem Begriff kurz gefaßt werden.

Es ist ein Gott, sagt der Catholische Christ. Wie tröstlich diese Wahrheit, die doch keines Beweises nöthig zu haben scheinet! ich fühle, ich finde sie in dem Innersten meiner Seele: sie ist mir so klar und deutlich, als dieser Grundsatz, ohne Ursach ist

keiseiner Wirkung. Ist aber ein Gott, so ist es ebenfalls klar und deutlich, daß er einen Heiligern gebe, eher daß ich ihn erzeigen möchte; denn weil Gott als Gott das aller vollkommenste, heiligste Wesen ist, und wir wegen ganze Wesen seine Heiligkeit, ihn zu erkennen, zu lieben, und zu ehren gegeben hat, so verlangt er, daß wir darin zu leben; und eben das ist sein Will; welcher er nothwendig will, und gut und der Ordnung gemäß ist; nun aber ist es natürlich gut und der Ordnung gemäß, daß man dem höchsten Wesen [illegible], was ihm gebühret; [illegible] bis ich auch nur zu diesem Ziel und Ende erschaffen, daß ich seiner Heiligkeit [illegible], dem großen Gott die gebührende Ehre und Glory zu [illegible].

[illegible]

## Frag.

**Aber wie soll ich ihn ehren? was für eine Verehrung ist diesem unendlichen Wesen gefällig?**

## Antwort.

Hier stehe die sich [illegible] Vernunft still. Die Dunkelheit verirrt sie. Ich erkenne wohl gar deutlich, daß ich seine Majestät nicht genug bewundern, seine Gottheit loben, seine [illegible] [illegible], und seine Gütigkeit [illegible], seine Barmherzigkeit [illegible], seine Vollkommenheit lieben, seinen Gesetzen gehor-

samen

seinem Wesen, und daß ich als ein geselliger Mensch diese Gesinnungen mit andern, mit welchen ich lebe, bezeigen müsse.

Allein was für Wahrheiten hab ich zu wissen? was für Güter hab ich zu hoffen? was für Uebel zu fürchten? wie viel muß ich dem Urheber meines Wesens leiden? welchen Gesetzen muß ich mich unterwerfen? wie kann ich mir helfen? wenn ich in Sünden gefallen bin? was für Ehrbezeugungen hab ich mit meinem Gleichen gegen dieses höchste Wesen zu erweisen? Auf diese Fragen antwortet mir meine Vernunft nichts; oder macht mich mit ungewissen Muthmaßungen noch irrender; frage ich aber andere weise Menschen, sowohl Alte als Junge, so finde ich nichts, als widersprechende Meynungen, mit welchen sich das menschliche Geschlecht zu allen Zeiten abgemattet und gequälet hat.

## Frag.

**Was kann und muß die Vernunft bey solchen Ungewißheiten, die das Schicksal aller Menschen betreffen, denken und schließen?**

## Antwort.

Erstens wird leicht geschlossen, daß Gott allein in diesen Zweifeln könne das Gewisse

offen-

offenbaren, was ich nämlich für Wahrheiten zu wissen, was für Güter zu hoffen, und was für Uebel zu fürchten habe. u. s. w.

Zweytens. Daß der gütige Gott den zu seiner Ehre erschaffenen Menschen in dieser wichtigen Angelegenheit seinem Gutdünken, oder vielmehr seiner Unwissenheit und Blindheit nicht überlassen habe; daß er vielmehr seinen Willen erkläret und den Menschen geoffenbaret habe; welches auch der größte und beste Theil des menschlichen Geschlechtes schon so lange Zeit geglaubet hat.

## Frag.

**Wer versichert mich aber, welches die wahre Offenbarung sey, da ein solche viele Partheyen für sich angeben?**

## Antwort.

Wer das Glück hat, die Catholische Kirche zu kennen, oder die vorhero angeführten Grundlehren und Kennzeichen der Wahrheit recht einsehen und überlegen will, kann so gewiß seyn, daß dieser allein seye die wahre göttliche Offenbarung zugekommen, daß, wenn er mit allem dem betrogen wäre, die Schuld auf Gott selbsten müßte geschoben werden) wie oben ein vorhero erkläret worden. Und was mich in meiner Versicherung noch mehr bestärket, ist, daß ich in der Lehre dieser Kirche die

die Erneuerung aller meiner Zweifel finde, deren Erklärung mir zur wahren Religion nothwendig geschienen. Ich finde in dieser [illegible] bessern Begriff von dem unendlich vollkommenen Wesen, einen richtigen Begriff von mir selbsten und von meinem Ziel und Ende; einen genauern Begriff von dem Guten und Uebeln, so auf mich nach diesem Leben warten, nachdem ich nämlich einen guten oder bösen Gebrauch meines Daseyns in dieser Welt werde gemacht haben; die vollständige Erzählung aller meiner Pflichten sowohl gegen den Urheber meines Wesens als gegen mich und andere meines Gleichens; alle Hülfsmittel, so ich verlangen kann, entweder meine Schwachheit zu unterstützen, oder mich, wenn ich gefallen bin, wieder aufzurichten, oder die Vergebung meiner Sünden von der göttlichen Barmherzigkeit zu erhalten. Endlich sehe ich da, was ich [illegible] deutlich [illegible], daß der Schöpfer des Menschen, nachdem er sie zu seinem Bilde erschaffen hat, nicht habe unterlassen ihnen seinen eigenen Rathschluß, um die Weise, wie er Gott auf eine ihm gefällige Art dienen solle, zu eröffnen.

Ich erkenne ferner, daß ich alles [illegible]ge, so diese katholische Kirche als eine göttliche Offenbarung zu glauben vorstellt, ob es schon meinen Verstand übersteigt, mit vollkommenem Beyfall annehmen müsse; weil ich gar wohl weiß, daß sie unmöglich anders

er

der Gott mehr vermag, als die menschliche Vernunft, die auch in natürlichen Sachen so eingeschränkt und unwissend ist, fassen kann.

Ich schließe, daß ich allen Einwürfen, so die heutige Freygeister gegen diese geoffenbarte Religion und deren Geheimnisse machen, am besten und kürzesten antworten könne: Gott hat geredet, du Mensch, und schweige!

### Frag.

**Wie kann nun alles aufs kürzeste gefaßt werden?**

### Antwort.

In folgendem Schluß:

Es ist nur ein einziges unendlich vollkommenes, unendlich gnädiges Wesen, so alles hat erschaffen können, und vor allem den Menschen, das Vollkommenste unter den sichtbaren Geschöpfen; nur allein dieses Wesen hat genug thun können für den sündigen Menschen, als welcher allzu schwach und allzu ohnmächtig war, den gerechten Zorn eines beleidigten Gottes zu versöhnen. Dieses Wesen allein hat ihm den Weg der ewigen Glückseligkeit zeigen können mit Errichtung einer Religion, deren Größe in ihrer tiefen Dunkelheit, in ihren Glaubenslehren, in ihrer Sittenlehre, und in ihren Verheißungen

be

heil erschienen; als Aufrichtung einer göttlichen Regierung auf Erden, der welcher die Ordnung überaus wunderbar ist, also [illegible] [illegible] Geistern im [illegible] sich bis zu den [illegible] die [illegible] und den Beyfall erworben hat. Endlich als Errichtung einer [illegible] zur [illegible] des Menschen, dessen höchstes Gut er allein ist.

Aus diesem kurzen Lehrbegriffe folgt die unläugbare Sittenlehre, daß unsere Erkenntlichkeit gegen das unendlich gutthätige Wesen müsse ohne alle Einschränkung seyn; sintemal die Gutthaten dieses Wesens unzählbar und unschätzbar seynd.

## Anhang

## Einiger Erwägungen über das freye Lesen gefährlicher Bücher.

### Frag.

**Was versteht man heutiges Tags unter dem Namen gefährlicher Schriften und Bücher?**

### Antwort.

Alle diejenige Schriften, Bücher, und Bilder, welche entweder öffentlich oder heimlich.

sich, geradezu oder hinterlistig die Christliche Religion, oder die gute Sitten im Ganzen oder in gewissen Theilen einiger Werke angreifen. Solche zeigen sich nun unter dem Namen der [illegible] oder Abhandlungen von der [illegible], oder unter dem [illegible] Namen der Philosophie. Untersuchung der Natur, Lehren von der Staatskunst, ferner Briefen und Reisebeschreibungen, [illegible] Geschichten und in [illegible] Titeln eingekleideten Romanen, Anecdoten, Theatralischen Stücke, Comödien und Tragoedien, Versuchen und witzigen Gedanken, und [illegible] vielen andern Werke und Benennungen, [illegible] mit den [illegible] Kupferstichen und Bildern versehen; wie man denn zu dieser Zeit, nach der Bemerkung eines Schriftstellers, an gewisse Orte ganze Ballen von Witz [illegible] für Holland, für die Schweiz und Deutschland; auch kleine Päckchen für America in keiner andern Absicht, als die Religion, und gute Sitten zu verderben; [illegible] [illegible] man [illegible] nicht weniger auch den [illegible] Tand und die [illegible] Uebersetzung solcher Schriften verwenden solle. Das sind nemlich die schwarze Dämpfe der Hölle und die Werke des Fürsten der Finsterniß, welcher nach der Bemerkung des heil. Augustinus zu gleicher Zeit ein [illegible] [illegible] ist, der [illegible] [illegible]; und ein [illegible]

[illegible]

 [illegible]

sige Schöpfung, die schändliche Verläumdungen gieße. ([illegible] in Psalm. LXIX.)

## Frag.

### Darf man dergleichen Schriften frey lesen?

## Antwort.

Nein; denn nicht nur allein die Kirche, sondern auch das natürliche Gesetz die freye Lesung solcher Bücher schärfest verbiethen, so wohl wegen dem lasterhaften Gegenstand und Absichten solcher Schriftsteller, als wegen der näheren Gefahr, durch dergleichen Schriften in seinem ewigen Unglück verstricket zu werden, wie es die leidige Erfahrung jetziger Zeiten mehr als zuviel bezeuget.

## Frag.

### Was enthalten insbesondere solche Schriften?

## Antwort.

Gewiß einige aber mehrere von jenen Grundsätzen, welche die im Jahr 1765. zu Paris versammelte Französische Geistlichkeit, da solche eine Anzahl solcher bösen Bücher ver-

[illegible], in den viele angesteckte bey, nahend falsche Grundsätze, die Gott und seinen höchsten Eigenschaften zum Schimpf gereichen, dem Atheismus günstig, und voll des Materialismus Gift seynd, welche die Sittenregel vernichtigen, den Unterschied unter den Laster und Tugenden einführen, so im Stand seynd den Frieden der Familien zu stöhren, und die Gesinnungen, die selbige vereinigen, auszulöschen; die alle Leidenschaften der sinnlichen Wohllüsten und Unordnungen von allerley Gattung in Gang und Aufnahm bringen, die göttliche Offenbarung verneinen, und nur trachten, die Bücher der heiligen Schrift verächtlich zu machen, ihr Ansehen herunter zu werfen, der Kirche den von Jesu Christo verliehenen Gewalt zu beschimpfen und derselben Lehre zu verläumden; welche fähig seynd, die Unterthanen gegen ihre Fürsten aufzuwiegeln, Aufruhr und Verwirrungen zu unterhalten; ärgerliche, freche, gottlose, gotteslästerliche Schriften, die sowohl die göttliche Majestät beleidigen, als das Wohlseyn der Staaten und Gesellschaften beeinträchtigen. Auf welchen Entwurf diese zahlreiche und berühmte Versammlung der Bischöfe auch ihren großen Eifer hinzuführen:

Wir verbieten allen Schafen des Rechts allen unserer Sorgfalt vertrauten Gläubigen, solche, oder andere dergleichen Bücher zu lesen, oder zu behalten, mit Ermahnung, eingedenk zu seyn, daß dieses Verbott nicht sowohl eine heilsame Stärkung, als ein nothwendige Warnung seye über die wesentliche Pflicht ihres Berufs; daß der, so die Gefahr liebt, darinn zu Grund gehe; und daß der sich schon einer Sünd schuldig macht, welcher auch nur aus der einzigen Ursach eines Fürwitzes sich unterfangt, solche Bücher zu lesen, die im Stand seynd, den Glauben auszulöschen, die Sitten zu verderben, und die Ruhe des Staats zu stören.

## Frag.

**Was für besondere Schaden bringt die Lesung solcher Schriften?**

## Antwort.

Solche lassen sich aus der Erfahrung bemerken:

1) Die Lesung solcher Bücher [illegible] die [illegible] aufsteigende [illegible] den Verstand; und das [illegible] Leben, so hieraus entsteht, [illegible] die [illegible] Gaben des Gewissens nach und nach [illegible].

2) Die

2) Die Lesung solcher Bücher macht den geistlichen Umgang vertraulich und [illegible]; [illegible] die [illegible] eine [illegible] Früchten als [illegible] Unterhaltung und Gottseligkeit ohne Lehre [illegible].

3) Die Lesung solcher Bücher schafft den Glauben an; der in manchen Ländern herrschende, in andern überhandnehmende Unglaube giebt den Beweis.

4) Die Lesung solcher Bücher erhalten die Sitten: die [illegible] Verderbniß unsrer Zeiten dient zum Beweis.

5) Die Lesung solcher Bücher führt zur Verbesserung des Herzens in Ansehung der Sakramente; denn diese [illegible] das Reich der Gnade, und die ganze Heilsordnung: Jesus Christus ist für solche umsonst gestorben; sie aber [illegible] wie das Vieh.

6) Die Lesung solcher Bücher ist Ursach unsrer bejammernswürdigen unglückseligen Zeiten: man weicht von Gott ab, und Gott weicht von solchen Ländern: die [illegible], und die traurige Umstände der Zeiten können viel lehren.

Die nächste Gefahr bey der längern Erhaltung solcher Bücher liegt [illegible] am Tag: niemand, [illegible] zu seyn, darf dergleichen Schriften auch nur zum Gebrauch lesen: niemand nehme ein solches an als zum verbrennen. Wenn hie und da die Kirche und eine gute Seele [illegible] Ursach einige Exemplare gesammelt, wird sich auch zu verhüten wissen.

E. Z. G. C. G.

www.ingramcontent.com/pod-product-compliance
Lightning Source LLC
Chambersburg PA
CBHW032016220426
43664CB00006B/270
*9783741158001*